운전직

기출문제 정복하기

자동차구조원리 및 도로교통법규

운전직
기출문제 정복하기

개정2판 발행   2025년 01월 10일

개정3판 발행   2026년 01월 09일

편 저 자 | 공무원시험연구소

발 행 처 | ㈜서원각

등록번호 | 1999-1A-107호

주　　소 | 경기도 고양시 일산서구 덕산로 88-45(가좌동)

교재주문 | 031-923-2051

팩　　스 | 031-923-3815

교재문의 | 카카오톡 플러스 친구[서원각]

홈페이지 | goseowon.com

PREFACE
이 책의 머리말

운전직 공무원은 각급기관의 차량운행관리 및 각종 공문서 수발업무, 기타업무를 수행하는 직책으로서, 과거에 소수의 인원모집과 10급 기능직 공무원 편성으로 비인기 직렬이었던 것에 반해, 현재는 9급 공무원으로 전환 및 통합되면서 그 관심이 날로 증대되고 있습니다.

특히 서울특별시를 비롯한 각 지역의 지방직 공무원 및 교육청의 운전직 공무원 채용인원이 늘어남에 따라 9급 운전직 공무원의 역할과 활동영역 또한 더욱 확대되는 추세입니다. 9급 운전직 공무원의 시험과목은 지역별로 조금씩 다르지만 공통적으로 [자동차구조원리 및 도로교통법규]를 치르고 있습니다. 이 과목은 대다수의 수험생이 고득점을 목표로 하는 과목이기 때문에 한 문제 한 문제가 당락에 영향을 미칠 뿐만 아니라 방대한 양으로 인해 학습에 부담이 있을 수 있지만, 시험의 난도 자체는 높은 편이 아니므로 효율적인 학습전략이 요구됩니다.

본서는 9급 운전직 공무원 채용시험 대비를 위한 문제집으로서 [자동차구조원리 및 도로교통법규]에 대한 최근 기출문제를 수록하여 출제유형을 파악, 핵심 내용을 온전히 자기 것으로 만들 수 있도록 하였습니다.

1%의 행운을 잡기 위한 99%의 노력! 본서가 수험생 여러분의 행운이 되어 합격을 향한 노력에 힘을 보탤 수 있기를 바란다.

STRUCTURE
이 책의 특징 및 구성

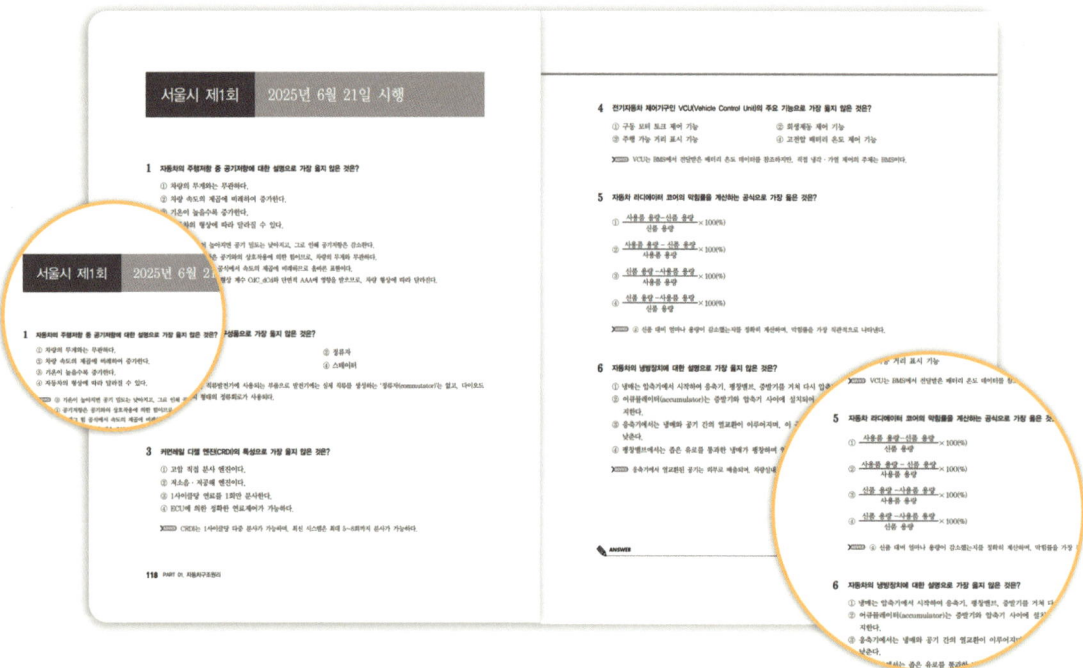

최신 기출문제분석

최신의 최다 기출문제를 수록하여 기출 동향을 파악하고, 학습한 이론을 정리할 수 있습니다. 기출문제들을 반복하여 풀어봄으로써 이전 학습에서 확실하게 깨닫지 못했던 세세한 부분까지 철저하게 파악, 대비하여 실전대비 최종 마무리를 완성하고, 스스로의 학습상태를 점검할 수 있습니다.

상세한 해설

상세한 해설을 통해 한 문제 한 문제에 대한 완전학습을 가능하도록 하였습니다. 정답을 맞힌 문제라도 꼼꼼한 해설을 통해 다시 한 번 내용을 확인할 수 있습니다. 틀린 문제를 체크하여 내가 취약한 부분을 파악할 수 있습니다.

CONTENT

이 책 의 차 례

01

자동차
구조원리

1 〈보기〉에 대한 내용으로 가장 옳은 것은?

───── 보기 ─────

조향핸들의 회전각도를 일정하게 유지한 상태에서 일정한 속도로 주행하면 자동차는 선회 반지름이 일정한 원운동을 한다. 그러나 일정한 주행속도에서 서서히 가속을 하면 처음의 궤적에서 이탈하여 바깥쪽으로 벌어지려고 한다.

① 뉴트럴 스티어링(neutral steering)
② 오버 스티어링(over steering)
③ 아웃사이드 스티어링(out-side steering)
④ 언더 스티어링(under steering)

> **ADVICE** 언더 스티어링(under steering) … 정상적으로 원을 선회할 경우 핸들각을 일정하게 하거나 선회 반지름을 일정하게 한 정상 주행에서 뒷바퀴에 발생하는 선회 구심력이 큰 경우(선회속도가 빨라질 경우)에는 차체에 원심력이 작용하기 때문에 자동차는 바깥쪽으로 나가게 되어 선회 반지름이 커지는 경향이 발생한다. 이 현상을 언더 스티어링이라 하며, 이때에는 핸들을 선회하는 안쪽 방향으로 더 꺾어 주어야 정상적인 선회를 할 수 있게 된다. 언더 스티어링이 발생한 후 앞 타이어의 코너링 포스가 한계값에 도달할 무렵부터 선회 반지름이 급격히 증가하여 끝내 선회할 수 없게 되는 현상을 드리프트 아웃이라 한다.

Tip

스티어링(steering) … 차량의 진행 방향을 운전자가 운전대로 주행 방향을 조작할 수 있게 해주는 장치로 조향장치라고도 한다. 운전대를 돌려서 얻는 힘을 기어를 통하여 증폭하여 바퀴의 방향을 움직여 차량의 방향을 조작할 수 있게 한다.

2 〈보기〉에서 설명하는 엔진과 행정 조합으로 가장 옳은 것은?

─ 보기 ─

피스톤이 하강하면 실린더 내부의 압력이 낮아져 혼합기가 흡입된다. 흡기밸브가 열리고 배기밸브는 닫힌다.

---

① 가솔린 엔진 – 흡기 행정
② 가솔린 엔진 – 연소·팽창 행정
③ 디젤 엔진 – 흡기 행정
④ 디젤 엔진 – 연소·팽창 행정

> **ADVICE** 가솔린 엔진의 4행정
> ㉠ 흡기 행정 : 피스톤이 하강하면 실린더 내부의 압력은 낮아지고 혼합기가 흡입된다. 흡기밸브가 열리고 배기밸브는 닫힌다.
> ㉡ 압축 공정 : 피스톤이 상승하면 실린더 내부의 압력이 높아지고 혼합기가 압축된다. 흡기밸브와 배기밸브가 모두 닫힌다.
> ㉢ 배기 행정 : 피스톤이 상승하면 피스톤 내부의 연소가스가 배출된다. 흡기밸브가 닫히고 배기밸브는 열린다.
> ㉣ 연소·팽창 행정 : 압축된 혼합기에 불을 붙여 연소를 일으킨다. 연소가스가 팽창해 피스톤이 하강한다. 흡기밸브와 배기밸브가 닫힌다.

3 LPG 연료를 사용하는 자동차의 연료공급 순서로 가장 옳은 것은?

① LPG봄베 → 솔레노이드 유닛 → 프리히터 → 베이퍼라이저 → 믹서 → 엔진
② LPG봄베 → 솔레노이드 유닛 → 베이퍼라이저 → 프리히터 → 믹서 → 엔진
③ LPG봄베 → 솔레노이드 유닛 → 프리히터 → 믹서 → 베이퍼라이저 → 엔진
④ LPG봄베 → 프리히터 → 솔레노이드 유닛 → 베이퍼라이저 → 믹서 → 엔진

> **ADVICE** LPG 자동차 연료공급 순서 … LPG 봄베(연료탱크) → 긴급차단 솔레노이드 밸브 → 액/기상 솔레노이드 밸브 → 프리히터 → 베이퍼라이저 → 믹서 → 엔진의 순서로 연료가 공급된다.

ANSWER 1.④ 2.① 3.①

4 캠각(cam angle)이 크면 나타나는 현상으로 가장 옳지 않은 것은?

① 접점간극이 작아진다.   ② 점화시가가 빨라진다.

③ 1차 전류가 커진다.   ④ 점화코일이 발열한다.

〉ADVICE 캠각(cam angle)이 크면 나타나는 현상
    ㉠ 접점간극이 작게 된다.
    ㉡ 점화시기가 늦어진다.
    ㉢ 1차 전류가 커진다.
    ㉣ 점화코일이 발열한다.
    ㉤ 접점이 타게 된다.

> **Tip**
>
> **캠각**(cam angle) … 접점이 닫혀 있는 동안 배전기 축의 캠이 회전한 각도를 말하며, 캠각의 변화에 따라 엔진에 많은 영향을 미친다.
>
> $$캠각 = \frac{360°}{실린더 \ 수} \times 0.6$$

5 타이어 규격이 〈보기〉와 같을 때 타이어 높이에 가장 가까운 값은?

보기

235/55 R 17 103 W

---

① 12cm   ② 13cm

③ 14cm   ④ 15cm

〉ADVICE 235/55 R 17 103 W
    ㉠ 235 : 타이어 단면폭(215mm)
    ㉡ 55 : 편평비(45%)
    ㉢ R : 레디알 타이어
    ㉣ 17 : 림 직경(17인치)
    ㉤ 103 : 하중지수
    ㉥ W : 속도기호

> **Tip**
>
> $$편평비 = \frac{타이어 \ 단면높이}{타이어 \ 단면폭} \times 100$$
>
> $$타이어 \ 높이 = \frac{편평비 \times 타이어 \ 단면폭}{100} \ 이므로 \ \frac{55 \times 235}{100} = 129mm, \ 약 \ 13cm가 \ 된다.$$

6 시동 장치에 대한 설명으로 가장 옳지 않은 것은?

① 시동 장치는 스타터 모터(starter motor)와 플라이휠(flywheel) 또는 드라이브 플레이트(drive palte)로 구성되어 있다.
② 스타터 모터에서 피니언 기어의 회전축 방향으로의 이동은 마그네틱 스위치(솔레노이드 스위치로도 표기)에 의해 이뤄진다.
③ 시동 걸린 엔진의 회전이 스타터 모터를 파손하지 않도록 언더러닝 클러치(underrunning clutch)를 사용한다.
④ 시동에는 저속의 강한 힘이 필요하므로 스타터 모터는 감속 기어를 거쳐 피니언 기어에 동력을 전달한다.

> **ADVICE** ③ 엔진이 시동 후에도 피니언이 링 기어와 맞물려 있으면 시동 모터가 파손되는데, 이를 방지하기 위해서 엔진의 회전력이 시동 모터에 전달되지 않게 하기 위한 것을 오버러닝 클러치라고 한다.

> **Tip**
> **시동장치**(Starting Device, Starting System) … 엔진이 정지되어 있는 크랭크 샤프트(crank shaft)를 구동하여 엔진을 시동하는 장치로 배터리와 스타팅 모터로 구성된다. 시동장치는 시동 조작 형식에 따라 키 스위치 절환식 시동장치, 리모컨 제어식 원격 시동장치, 스마트 시스템을 도입한 버튼식 시동장치로 구분할 수 있다.

7 자동차 전자제어현가장치(ECS : Electronic Controlled Suspension)의 차량제어에 대한 설명으로 가장 옳지 않은 것은?

① 앤티 스쿼트 제어(anti-squat control) : 급제동할 때 노스다운(nose down)을 방지
② 앤티 롤링 제어(anti-rolling control) : 급커브에서 원심력에 의한 차량 기울어짐을 방지
③ 앤티 바운싱 제어(anti-bouncing control) : 비포장도로를 운행할 때 쇽업소버(shock absorber)의 감쇠력을 제어하여 주행 안전성 확보
④ 차속감응 제어(vehicle speed control) : 고속주행 시 쇽업소버(shock absorber)의 감쇠력을 제어하여 주행 안정성 확보

> **ADVICE** ① 앤티 스쿼트 제어(anti-squat control) … 급출발 또는 급가속 할 경우 차체의 앞쪽은 흔들리고 뒤쪽이 낮아지는 노스 업(nose up) 현상을 제어하는 것을 말한다. 작동은 컴퓨터가 스로틀 위치센서의 신호와 초기의 주행속도를 검출하여 급출발 또는 급가속 여부를 판정하여 규정 속도 이하에서 급출발이나 급가속 상태로 판단되면 노스 업을 방지하기 위하여 쇽업소버의 감쇠력을 증가시킨다.

> **Tip**
> **전자제어현가장치**(ECS : Electronic Controlled Suspension) … 자동차의 노면상태, 주행상태, 운전자 선택 등으로 차량 높이와 스프링 감쇠력 변화를 컴퓨터가 자동으로 조절하는 장치를 말한다.

✎ **ANSWER** 4.② 5.② 6.③ 7.①

8 자동차용 납산 축전지의 수명을 단축시키는 원인으로 가장 옳지 않은 것은?

① 전해액 부족으로 인한 극판의 노출
② 과다 방전으로 인한 극판의 영구 황산납화
③ 전해액의 비중이 낮은 경우
④ 방전 종지전압 이상의 충전

>ADVICE 자동차용 납산 축전지의 수명을 단축시키는 원인
　　　ⓐ 충전 부족 및 과다 방전에 의한 극판의 영구 황산납화
　　　ⓑ 과다 충전에 의한 전해액 온도 상승
　　　ⓒ 격리판의 열화 및 양극판, 음극판의 균열
　　　ⓓ 전해액 부족으로 인한 극판의 노출 및 불순물 유입
　　　ⓔ 전해액 비중이 너무 높거나 낮음
　　　ⓕ 극판의 단락 및 탈락

> Tip
> **전지** … 전지에는 1차 전지와 2차 전지가 있으며, 자동차에는 충전이 가능한 2차 전지가 사용된다. 2차 전지에는 납산 축전지와 알칼리 축전지가 있는데, 자동차용 축전지로는 납산 축전지가 사용되고 있다. 납산 축전지는 제작이 쉽고 가격이 저렴하여 거의 모든 자동차가 사용하고 있으나, 중량이 무겁고 수명이 짧다.

9 〈보기〉의 자동차용 기동전동기 구성 부품 중 회전하는 것을 가장 옳게 짝지은 것은?

보기	
㉠ 계철과 계자철심	㉡ 브러시와 브러시 홀더
㉢ 정류자	㉣ 마그네틱 스위치
㉤ 전기자	㉥ 계자코일

① ㉠㉣　　　　　　　　　　　　　② ㉡㉤
③ ㉢㉤　　　　　　　　　　　　　④ ㉢㉥

>ADVICE ㉠ 계철과 계자철심 : 자속을 발생시키기 위해서 주자극 또는 보극에 감은 권선, 자력선의 통로이며 계자철심은 계자코일에 전류가 흐르면 강력한 자석이 됨
　　　㉡ 브러시와 브러시 홀더 : 정류자를 통해 전기가 코일에 전류를 공급
　　　㉢ 정류자 : 전기자(회전부분) 권선에 교류를 가할 때 언제나 일정 방향의 회전을 얻음
　　　㉣ 마그네틱 스위치 : 전류증폭작용과 엔진의 링 기어와 접촉하는 연결기능
　　　㉤ 전기자 : 철심과 권선으로 되어있으며 쇄교하는 자속과의 상대적 운동에 의해 기전력을 발생하는 부분, 회전력을 발생
　　　㉥ 계자코일 : 계자철심에 감겨져 전류가 흐르면 자력을 일으켜 계자 철심을 자화시키는 역할을 하는 도선

10 〈보기〉와 같은 구조를 갖는 하이브리드 자동차에 대한 설명으로 가장 옳지 않은 것은?

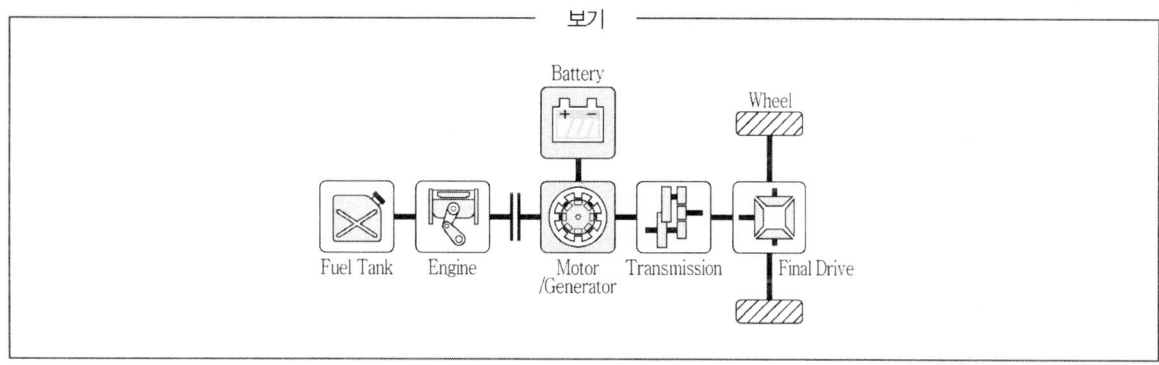

① 내연기관 엔진과 전동·발전기 요소가 필요하다.
② 동력의 제어 및 혼성이 이루어지므로 제어 기술 및 기계장치가 복잡하다.
③ 복수의 동력원을 설치하고, 주행 상태에 따라 한쪽의 동력을 이용하여 구동하는 방식이다.
④ 직렬형 하이브리드 시스템이다.

ADVICE 하이브리드 시스템

㉠ 직렬형 : 기관을 가동하여 얻은 전기를 배터리에 저장하고 차체는 전동기의 힘만으로 구동하는 시스템으로 엔진은 바퀴를 구동하는 것이 아닌 배터리를 충전하기 위한 것이다.
   엔진 → 발전기 → 배터리 → 모터 → 변속기 → 구동바퀴의 순으로 동력이 전달된다.
㉡ 병렬형 : 기관과 변속기가 직접적으로 연결되어 바퀴를 구동시키는 방식으로 발전기를 사용하지 않는다.
   기관 → 변속기 → 구동바퀴의 순으로 기계에너지가 전달되며, 배터리 → 전동기 → 변속기 → 구동바퀴 순으로 전기가 전달된다.

Tip

하이브리드 자동차 … 내연 엔진과 전기 자동차의 배터리 엔진을 동시에 장착하는 등 두 가지 이상의 구동계를 사용하도록 만들어진 자동차로 기존의 일반 차량에 비해 유해가스 배출량, 연비를 획기적으로 줄인 차세대 환경 자동차를 말한다. 보통은 전기모터를 같이 쓰며, 전기자동차와는 달리 내연기관 엔진을 함께 사용한다. 대개는 종래의 검증된 석유(가솔린, 디젤)를 사용하는 엔진을 채용한다.

ANSWER 8.④ 9.③ 10.④

1 일정한 조향각으로 선회하여 속도를 높였을 때, 선회반경이 커지는 현상을 무엇이라 하는가?

① 언더스티어(Under-Steer)

② 오버스티어(Over-Steer)

③ 뉴트럴스티어(Neutal-Steer)

④ 리버스스티어(Reverse-Steer)

>**ADVICE** ① 언더스티어 … 일정한 반지름과 속도로 선회하다 갑자기 가속했을 때, 후륜에 발생되는 코너링포스가 커지면 바깥쪽
전륜이나 후륜이 안쪽 전륜보다 모멘트가 커지기 때문에, 조향각을 일정하게 하여도 선회반지름이 커지는 현상이다.

> Tip
>
> **오버스티어링 현상** … Steer(조향능력)이 Over(오버)되어 예측한 조향능력보다 과하게 방향전환되는 현상으로 차체가 조
> 향바퀴의 각도에 비하여 지나치게 많이 돌아가는 것을 말한다. 뒷바퀴의 구동력에 의하여 작용하는데, 일정한 조향각도
> 로 회전하는 도중에 뒷바퀴가 바깥쪽으로 미끄러져 나가 접지력을 잃었을 때 발생한다. 뒷바퀴가 미끄러진 상태이므로
> 스핀 현상이 이어지기 쉽고, 가속 시에 동력이 노면에 충분히 전달되지 않음으로써 가속도가 떨어진다.

2 기관에 냉각수가 혼입되었을 때 윤활유의 색으로 가장 적합한 것은?

① 검정색　　　　　　　　　　　　　② 붉은색

③ 우유색　　　　　　　　　　　　　④ 회색

>**ADVICE** 윤활유의 분별색상
> ㉠ 우유색 : 냉각수 혼입
> ㉡ 검은색 : 심한 오염
> ㉢ 회색 : 에틸 납 연소생성물 혼입
> ㉣ 붉은색 : 유연가솔린 유입

윤활유 … 기계의 마찰면에 생기는 마찰력을 줄이거나 마찰면에서 발생하는 마찰열을 분산시킬 목적으로 사용하는 유상 물질로 내연엔진에는 주로 석유계 윤활유가 사용된다. 윤활유의 분류에는 SAE분류, API분류, MIL분류 등이 있었으나 요즘에는 SAE신분류가 제정되어 이것만을 사용하고 있다.

윤활유의 구비조건

㉠ 응고점이 낮고, 청정력이 좋아야 한다.

㉡ 점도가 적당하고, 열전도성이 좋아야 한다.

㉢ 적당한 비중이 있어야 하고, 산에 대한 안정성이 커야 한다.

㉣ 카본 및 회분생성이 적어야 하고, 유막을 형성해야 한다.

3 어느 기관의 점화순서가 1-3-4-2일 때, 사이클 4기통 엔진에서 1번 실린더가 압축행정을 할 때 4번 실린더는 무슨 행정을 하는가?

① 흡입행정

② 압축행정

③ 폭발행정

④ 배기행정

ADVICE 점화순서는 시계 방향으로 흡입, 압축, 폭발, 배기이며 폭발행정은 반시계 방향이므로 배기행정이다.

4행정 엔진의 작동 순서

㉠ **흡입행정** : 피스톤의 하강운동에 의해 공기가 실린더 안으로 들어오는 행정이다. 배기밸브는 닫혀있고, 흡기밸브만 열려있다.

㉡ **압축행정** : 피스톤의 상승운동으로 흡입행정에서 흡입한 공기를 착화온도($500 \sim 550℃$) 이상으로 될 때까지 압축시키는 행정이다. 피스톤이 하사점에서 다시 상승하기 시작하면 흡기밸브를 닫아 공기의 출입문을 막는다.

㉢ **폭발행정** : 혼합기가 연소되는 과정으로, 이 과정에서 디젤 엔진은 연료를 분사하여 폭발시킨다. 가솔린 엔진의 경우엔 점화플러그에서 스파크를 이용하여 점화하지만, GDI 엔진은 가솔린을 분사하며 스파크 점화를, 디젤 엔진의 경우 공기가 압축되면 온도가 올라가는 현상을 이용하여 압축압력으로 점화를 한다.

㉣ **배기행정** : 배기행정은 배기밸브가 열리면서 폭발행정에서 발생한 연소가스를 실린더 밖으로 배출시킨다. 피스톤은 상사점에서 하사점으로 내려가면 배기밸브가 열린다. 이 과정까지 크랭크축이 회전한 각도는 720도로, 2회전이다.

크랭크축의 점화순서

형식	크랭크핀의 위상차	점화순서
4기통	180°	1 → 3 → 4 → 2, 또는 1 → 2 → 4 → 3
6기통	120°	1 → 5 → 3 → 6 → 2 → 4(우수식) / 1 → 4 → 2 → 6 → 3 → 5(좌수식)
8기통	90°	1 → 6 → 2 → 5 → 8 → 3 → 7 → 4(직렬형)

☞ **좌수식 · 우수식** … 1 ~ 6번 크랭크핀을 상사점의 위치로 하고 축을 앞에서 보았을 경우 3 ~ 4번 핀의 위치가 좌측에 있으면 좌수식, 우측에 있으면 우수식이 된다.

✎ **ANSWER** 1.① 2.③ 3.④

4 가솔린 자동차의 공연비가 농후할 때의 영향으로 잘못 설명한 것은?

① 엔진의 출력이 저하된다.
② 일산화탄소(CO)가 증가한다.
③ 탄화수소(HC)가 증가한다.
④ 질소화합물(NOx)이 증가한다.

》ADVICE 이론 공연비보다 농후할 때 CO와 HC는 증가하고 NOx는 감소한다. 이론 공연비보다 약간 희박할 때 NOx는 증가하고, CO와 HC는 감소한다.

> **Tip**
>
> **공연비**(Air fuel ratio) ⋯ 혼합기내의 공기와 연료의 비율을 말한다. 보통 무게비로 나타내며, 연료를 완전 연소 하는데 필요한 최소 공기량과 연료와의 비를 이론 공연비라 한다. 보통 가솔린 연료의 이론 공연비는 14.5 ~ 25.0이며 공연비의 수치가 커진다는 것은 보다 희박한 혼합기를 뜻하고 반대로 공연비의 수치가 적어진다는 것은 보다 농후한 혼합기가 됨을 뜻한다.

5 자동차의 자세제어 기능 중 주행 중에 급제동을 하면 차체의 앞쪽은 낮아지고, 뒤쪽이 높아지는 노즈 다운(nose down) 현상을 제어하는 기능은?

① 안티 스쿼트(anti-squat) 제어
② 안티 다이브(anti-dive) 제어
③ 안티 피칭(anti-pitching) 제어
④ 안티 바운싱(anti-bouncing) 제어

》ADVICE ② 안티 다이브 제어 ⋯ 주행 중에 급제동을 하면 차체의 앞쪽은 낮아지고 뒤쪽이 높아지는 노즈 다운 현상을 제어한다. 작동을 브레이크 오일 압력 스위치로 유압을 검출하여 쇽업소버의 감지력을 증가시킨다. 주행 중 제동 시 차체가 앞으로 기울어지는 것을 방지하기 위해 전륜은 급기하고 후륜은 배기를 행한다.
① 안티 스쿼트 제어 : 자동차가 급출발하거나 급가속을 하는 경우에 차체의 앞쪽은 들리고, 뒤쪽이 낮아지는 노즈 업 현상을 제어한다.
③ 안티 피칭 제어 : 과속방지턱이나 요철 노면을 주행할 때 차고의 변화와 주행속도를 고려하여 쇽업소버의 감쇠력을 증가시킨다.
④ 안티 바운싱 제어 : 차체의 바운싱은 G센서가 검출하여, 바운싱이 발생하면 쇽업소버의 가쇠력은 소프트에서 미디엄이나 하드로 변환된다.

6 다음 중 동력 전달장치에 관한 설명으로 맞게 설명한 것은?

① 종감속비는 구동 피니언 잇수에 대한 링기어 잇수의 비율로 구할 수 있다.
② FR형식에서 변속기와 종감속장치 사이에 설치된 것은 추진축이다.
③ 차량선회 시 차동 사이드 기어의 회전수는 같고, 차동 피니언 기어의 회전수가 달라진다.
④ FF방식에서 변속기와 차동기어장치가 일체형으로 제작된 것을 트랜스퍼케이스라고 한다.

》ADVICE ② 변속기와 종감속장치 사이에 설치된 부품은 추진축이다.

> **Tip**
>
> 동력전달장치
> ㉠ **클러치** : 엔진의 동력을 변속기에 전달하거나 차단하는 장치이다.
> ㉡ **변속기** : 자동차의 주행상태에 따라 기어의 물림을 변환시켜 구동력을 증감시키고 전진과 후진 및 중립상태로 할 수 있는 장치이다.
> ㉢ **추진축** : 변속기로부터의 동력을 종감속 기어에 전달하는 장치이다.
> ㉣ **종감속 기어** : 추진축에서 전달되는 동력을 직각으로 뒤차축에 전달하여 일정한 감속(구동력 증대)을 얻어내기 위한 장치이다.
> ㉤ **차동장치** : 커브길 또는 굴곡 노면에서 양쪽바퀴의 회전수 차이를 자동적으로 조절해주는 장치이다.
> ㉥ **액슬축** : 종감속 기어로부터의 동력을 좌우바퀴에 전달해주는 장치이다.

7 다음 중 계기판에 표시되는 경고등의 종류로 바르지 않은 것은?

① 비상 점멸 표시등
② 연료부족 경고등
③ 브레이크 오일 유압 경고등
④ 엔진오일 경고등

》ADVICE ③ 브레이크 오일은 MINIMUM과 MAXIMUM 사이 눈금으로 육안검사를 통해서 가능하다.

> **Tip**
>
> **계기판**(cluster) … 자동차의 주행 상태와 각 장치의 작동에 관한 정보를 정확하게 운전석에 전달함으로써 자동차를 안전하게 운행하도록 하기 위한 장치이다.
> **계기판에 표시되는 경고등**
> 상향등 표시등, 배터리 경고등, 엔진 오일 경고등, 방향전환 지시등, 연료 부족 경고등, 연료계, 냉각수 온도계, 문 열림 경고등, 주행 기록계, 주행 거리계, 속도계, 안전띠 경고등, 회전 속도계, 태코미터 등이 있다.

✎ **ANSWER** 4.④ 5.② 6.② 7.③

8 다음 중 자동차 냉방장치의 설명 중 틀린 것은?

① 압축기 : 증발기에서 저온, 저압 기체 상태로 된 냉매를 고온, 고압 기체 상태로 된 냉매로 하여 응축기로 보낸다.
② 팽창밸브 : 증발기 입구에 설치되어 응축기와 건조기를 거친 고온, 고압의 냉매를 증발하기 쉽게 저온, 저압의 냉매로 증발기에 공급하며, 동시에 냉매의 양을 조절한다.
③ 증발기 : 송풍기에 의해서 불어지는 공기에 의해 증발하여 기체가 되고, 공기로부터 열을 흡수하는 일을 한다.
④ 리시버드라이어 : 응축기에서 들어온 냉매를 저장하고, 냉매속의 수분을 흡수 분리, 이물질 제거 등의 역할을 하며 고온, 고압의 기체 냉매를 팽창밸브로 보내는 역할을 한다.

> **ADVICE** 자동차 냉방장치
> ㉠ 증발기 : 안개 상태의 냉매가 기체로 변화하는 동안 냉각팬의 작동으로 증발기 핀을 통과하는 공기 중의 열을 흡수한다.
> ㉡ 송풍기(블로워) : 공기를 증발기에 통과시켜 차가운 공기를 공급하는 역할을 한다.
> ㉢ 리시버드라이어 : 냉매 속에 포함된 수분을 흡수하여 냉매를 원활하게 공급할 수 있도록 냉매를 저장한다. 저온, 저압의 액체 냉매를 저장, 기포분리, 수분 및 이물질 제거 등의 기능을 한다.

9 기동전동기에 흐르는 전류가 120A, 전압이 12V일 때, 이 기동전동기의 출력은 몇 PS인가?

① 0.98
② 19.2
③ 1.96
④ 147.0

> **ADVICE** 전동기 출력은 토크와 속도의 곱으로 나타낸다. 전류와 전압을 가지고 구할 수 있는 것은 전동기의 입력인데 전동기의 효율을 알고 있다면 입력에 효율을 곱하여 출력을 구할 수 있다.
> 전동기 입력은 $12 \times 120 = 1,440\text{W}$
> 위 결과를 PS 단위로 환산하면 1PS$=736\text{W}$를 이용해서 $1,440 \times \frac{1}{736} = 1.956 \fallingdotseq 1.96$

10 다음 중 트랜지스터의 특징으로 잘못된 설명은?

① 기계적으로 강하고, 수명이 길며 무겁다.

② 내부에서 전압강하가 매우 적다.

③ 내부에서 전력 손실이 적다.

④ 정격값 이상으로 사용하면 파손되기 쉽다.

⟩**ADVICE** 트랜지스터의 장점

　ⓐ 소형·경량이며 기계적으로 강하다.

　ⓑ 내부의 전압강하가 매우 낮다.

　ⓒ 수명이 길고 내부에서 전력손실이 적다.

　ⓓ 예열하지 않고 곧 작동한다.

1 **자동차 스프링 완충기(Shock Absorbor) 역할로 맞는 것은?**

① 스프링 잔진동을 흡수하고 승차감을 높인다.
② 차량 선회 시 롤링을 낮추고 차체 평형을 유지한다.
③ 엔진 폭발행정 시 에너지를 흡수하고, 일시 저장하는 역할을 한다.
④ 엔진작동 시 흡배기 밸브를 열고 닫아준다.

> ADVICE 스프링 완충기(Shock Absorbor) … 쇽업소버는 도로 면에서 발생한 스프링의 진동을 흡수하여 승차 감각을 향상시키고 동시에 스프링의 피로를 감소시키기 위해 설치하는 기구이다. 스프링이 압축될 때에는 급격히 압축되고 늘어날 때는 천천히 작용하며 스프링의 상하 운동에너지를 열에너지로 변화시키는 일을 한다.

2 **자동차의 치수 제원 설명으로 틀린 것은?**

① 윤거 : 타이어 접촉면 바깥쪽 밑부분부터 다른 쪽 타이어 바깥쪽까지의 거리
② 전폭 : 차체의 최대너비. 단, 백미러는 포함되지 않는다.
③ 전장 : 자동차의 최전단에서 최후단까지의 최대 길이
④ 전고 : 접지면으로부터 차체의 최고부까지의 높이

> ADVICE ① 윤거는 트레드라고도 표현하며 좌, 우 타이어의 접지면 중심사이의 거리를 말한다.

> Tip
>
> **축거(축간거리)** … 자동차의 앞차축 중심과 뒤차축 중심간의 수평거리로서 자동차의 회전반경을 결정한다.

3 가솔린 엔진에서 노킹이 일어나는 현상의 원인이 아닌 것은?

① 부하가 높을 때
② 점화시기가 느릴 때
③ 압축비가 높을 때
④ 혼합비가 맞지 않을 때

>**ADVICE** 노킹 발생 원인
ㄱ 기관에 과부하가 걸렸을 때
ㄴ 기관이 과열되었을 때
ㄷ 점화시기가 너무 빠를 때
ㄹ 혼합비가 희박할 때
ㅁ 낮은 옥탄가의 가솔린을 사용했을 때

> Tip
노킹 방지대책
ㄱ 압축비나 흡입공기의 온도, 엔진의 회전속도를 낮춘다.
ㄴ 점화시기를 조정한다.
ㄷ 옥탄가가 높은 연료를 사용한다.

4 자동차 윤활유의 설명이 아닌 것은?

① 밀봉, 냉각작용을 할 수 있다.
② 인화점과 발화점이 낮아야 한다.
③ 소모, 누설 시 연소가 원인이 될 수 있다.
④ 유압 조절밸브 스프링 장력이 크면 유압이 높아질 수 있다.

>**ADVICE** ② 윤활유는 인화점 및 자연발화점이 높고, 응고점이 낮아야 한다.

> Tip
윤활유의 구비조건
ㄱ 응고점이 낮고, 청정력이 좋아야 한다.
ㄴ 점도가 적당하고, 열전도성이 좋아야 한다.
ㄷ 적당한 비중이 있어야 하고, 산에 대한 안정성이 커야 한다.
ㄹ 카본 및 회분생성이 적어야 하고, 유막을 형성해야 한다.

✎ **ANSWER** 1.① 2.① 3.② 4.②

5 자동차의 전자제어 연료분사장치 ECU(Engine Control Unit)를 인지 할 수 없는 것은?

① 냉각수 온도 신호를 모니터링
② 크랭크 각을 모니터링
③ 흡입 공기 온도를 모니터링
④ 인젝터를 모니터링

>**ADVICE** ④ 인젝터는 센서가 아니며 ECU신호에 의해 작동만 한다.

> Tip
>
> **연료분사량 제어** … 연료분사량 제어는 크랭크 각센서 또는 캠축 센서의 신호를 기초로 회전속도 신호를 만들고, 이 신호와 흡입공기량 신호에 의해 기본 분사량 제어, 기관을 크랭킹 할 때의 분사량 제어, 기관시동 후 분사량 제어, 냉각수 온도에 따른 제어, 흡기온도에 따른 제어, 축전지 전압에 따른 제어, 가속할 때의 분사량 제어, 출력을 증가할 때의 분사량 제어, 감속할 때 연료분사 차단, 대시포트 제어를 한다.

6 자동차 연료 요구 조건이 아닌 것은?

① 가솔린엔진에서 안티노크가 클 것
② 디젤엔진에서 적정한 점도 있고 착화성이 좋아야 할 것
③ 가솔린엔진에서 옥탄가가 높고 자연 발화점이 높을 것
④ 디젤엔진에서 세탄가는 낮고 부식이 적을 것

>**ADVICE** ④ 디젤 연료의 세탄성분은 착화점을 낮춰주는 역할을 한다. 실린더내의 공기를 압축시켜 온도를 높여 연료를 분사하는데 이는 연료의 세탄가를 올려 착화점을 낮추어 연료를 분사했을 때 착화가 잘 되도록 하기 위함이다.

7 자동차 배출가스 저감장치에 대한 설명으로 틀린 것은?

① 가솔린엔진에서 CO, HC는 삼원 촉매장치를 통해 CO_2, H_2O로 산화된다.
② 디젤엔진에서 DPF는 입자상물질을 저감한다.
③ 가솔린엔진에서 배출가스 NOx는 삼원 촉매장치를 통해 N_2와 O_2로 환원된다.
④ 디젤엔진에서 SCR은 입자상물질을 저감하기 위함이다.

>**ADVICE** ④ SCR(선택적 환원촉매장치)는 질소산화물을 줄이는데 사용하며 요소수를 30% 농도로 물에 희석한 것으로 질소산화물을 환원시키는 역할을 한다.

8 아래의 나타내는 타이어의 ISO 기준에 의한 규격표기와 그 내용으로 틀린 것은?

보기

205 60 R 15 91 H
ⓐ ⓑ ⓒ ⓓ ⓔ ⓕ

① ⓑ 편평비 : 타이어 단명의 폭에 대한 높이의 비율
② ⓔ 하중지수 : 타이어의 최대하중을 나타내는 지수
③ ⓓ 타이어 단면 높이 : 타이어의 바깥지름 높이의 비
④ ⓕ 속도계수 : 허용 최고속도

>ADVICE ⓐ 타이어 단면폭 205mm
ⓑ 편평비 60%
ⓒ 레이디얼 구조
ⓓ 타이어 내경 15인치
ⓔ 최대하중지수(580kg)
ⓕ 최고속도(210km)

9 자동차 베이퍼록에 대한 설명으로 바르지 않은 것은?

① 풋 브레이크를 과도하게 사용할 때 발생할 수 있다.
② 여름철 내리막길에서 풋 브레이크를 지나치게 사용할 때 발생할 수 있다.
③ 엔진브레이크를 사용할 때 자주 발생한다.
④ 풋 브레이크를 사용하지 않고, 품질 우수한 브레이크액으로도 방지할 수 있다.

>ADVICE 베이퍼록 현상을 방지하기 위해 엔진브레이크를 자주 사용하며, 엔진브레이크는 엔진의 회전을 이용한 브레이크이다. 엑셀에서 발을 떼면 회전수가 떨어지면서 자연스럽게 제동이 걸리게 되고 차량의 속도가 떨어진다. 베이퍼록 현상은 브레이크 오일 노화에 따라 발생확률이 올라가게 되므로 주행거리와 관계없이 브레이크오일을 정기적으로 교환해야 한다.

Tip

베이퍼록현상(vapor lock) … 브레이크액에 기포가 발생하여 브레이크가 제대로 작동하지 않는 현상을 말한다.

✎ **ANSWER** 5.④ 6.④ 7.④ 8.③ 9.③

10 하이브리드 및 전기자동차에 사용되는 BMS의 역할이 아닌 것은?

① 배터리 온도를 모니터링해서 적정온도로 유지한다.

② 배터리 충전을 모니터링 한다.

③ 배터리 직류 전류를 교류로 변화하여 모터로 공급한다.

④ 배터리의 각 셀간 충·방전 상태를 모니터링 한다.

ADVICE BMS(battery management system) … BMS는 배터리 관리시스템으로 배터리의 전압과 전류, 온도, 사용시간 등 각종 정보를 모니터링하고 과도한 충전과 방전을 방지하면서 배터리의 안정성과 신뢰성을 향상시키며, 셀밸런싱 기능과 냉각장치를 관리한다. 직류를 교류로 바꾸어 주며 주파수를 바꾸어 모터에 공급되는 전류량을 제어함으로서 출력과 회전속도를 바꾸어 주는 것으로 인버터가 그 역할을 한다.

1 등화장치에 대한 설명으로 옳은 것은?

① 조명용 : 전조등, 번호등
② 신호용 : 방향지시등, 후미등
③ 표시용 : 차폭등, 브레이크등
④ 경고용 : 충전등, 연료등

〉ADVICE ① 조명용 : 전조등, 후퇴등, 안개등, 실내등
② 신호용 : 제동등, 방향지시등, 비상등
③ 표시용 : 차폭등, 차고등, 후미등, 번호판등, 주차등
④ 경고용 : 충전등, 냉각수 과열경고등, 엔진오일경고등, ESC경등고, 엔진점검경고등, 타이어공기압경고등, ABS경고등, 연료부족경고등

2 4사이클 엔진이 3,600rpm 회전하고 있을 때, 1번 실린더에 배기밸브가 1초 동안 열리는 횟수는?

① 30회
② 60회
③ 1,800회
④ 3,600회

〉ADVICE RPM은 1분당 회전수를 말한다.
4행정 기관의 경우 초당 폭발횟수는 3,600/60(1분) = 60
2바퀴 회전하면서 1싸이클을 완성하므로 30회이다.

3 연소실 체적 30cc, 행정 체적 180cc일 때, 압축비를 구하면?

① 5 : 1
② 6 : 1
③ 7 : 1
④ 8 : 1

〉ADVICE 압축비 = 1 + 행정체적 / 연소실체적이므로 1 + (180 / 30) = 7

 ANSWER 10.③ / 1.④ 2.① 3.③

4 밸브배열에 의한 분류에서 L−Head의 밸브 위치에 대한 설명으로 옳은 것은?

① 흡기 밸브와 배기 밸브 둘 다 실린더 헤드에 위치한다.
② 흡기 밸브와 배기 밸브 둘 다 실린더 블록에 위치한다.
③ 흡기 밸브는 실린더에, 배기 밸브는 블록에 위치한다.
④ 연소실을 기준으로 흡기 밸브와 배기 밸브가 블록에 위치한다.

〉ADVICE 밸브배열에 의한 분류
    ㉠ 흡기 밸브와 배기 밸브 둘 다 실린더 헤드에 위치 – I헤드형
    ㉡ 흡기 밸브와 배기 밸브 둘 다 실린더 블록에 위치 – L헤드형
    ㉢ 흡기 밸브는 실린더에, 배기 밸브는 블록에 위치 – F헤드형
    ㉣ 연소실을 기준으로 흡기 밸브와 배기 밸브가 블록에 위치 – T헤드형

5 가솔린 기관의 노킹을 방지하는 방법으로 거리가 먼 것은?

① 점화시기를 지연시킨다.
② 농후하게 해서 화염전파거리를 짧게 한다.
③ 세탄가가 높아야 한다.
④ 카본을 제거하여 열이 많이 모이는 열점을 제거하여 조기연소를 방지한다.

〉ADVICE ③ 착화성이 좋은(세탄가가 높은)연료를 사용하는 방법은 디젤기관의 노크방지법이다.

> Tip
>
> 가솔린 기관의 노킹 방지대책
> ㉠ 압축비나 흡입공기의 온도, 엔진의 회전속도를 낮춘다.
> ㉡ 점화시기를 늦춘다.
> ㉢ 옥탄가가 높은 연료를 사용한다.
> ㉣ 퇴적된 카본을 떼어낸다.

6 현가장치의 맥퍼슨에 대한 설명으로 옳은 것은?

① 현가장치와 조향장치가 일체형으로 되어 있다.

② 대형차에 주로 사용한다.

③ 구조가 복잡하고 수리가 어렵다.

④ 엔진룸 공간 활용에 불리하다.

> ✎ADVICE 맥퍼슨 형식 … 현가장치와 조향장치가 하나로 되어 있으며 쇽업소버가 내장된 스트러트와 볼조인트, 컨트롤암, 스프링 등으로 구성된다.

> **Tip**
> 맥퍼슨 형식의 특징
> ㉠ 구성부품이 적어 구조가 간단하다.
> ㉡ 위시본형식에 비해 정비가 용이하다.
> ㉢ 엔진 룸의 유효 체적이 넓다.
> ㉣ 승차감이 향상된다.
> ㉤ 스프링 밑 질량이 적어 로드 홀딩이 우수하다.
> ㉥ 조향 너클과 현가장치가 일체로 되어 있어 조향시 스트러트가 회전한다.

7 브러시리스(Brushless) 교류발전기의 특징에 대한 설명으로 틀린 것은? [기출 변형]

① 계자 코일이 필요없고 대형화가 가능하다.

② 일반적인 교류발전기에 비해 효율이 높다.

③ 개방형 발전기로 제작하여 먼지나 습기의 침입을 방지할 수 있다.

④ 브러시를 사용하지 않으므로 수명이 단축된다.

> ✎ADVICE 교류 발전기의 특징
> ㉠ 소형, 경량이고 속도 변동에 따른 적응범위가 넓다.
> ㉡ 가동이 안정되어 있어서 브러시의 수명이 길다.
> ㉢ 역류가 없어서 컷 아웃 릴레이가 필요 없다.
> ㉣ 브러시에는 계자 전류만 흐르기 때문에 불꽃 발생이 없고 점검·정비가 쉽다.
> ㉤ 다이오드를 사용하기 때문에 정류 특성이 좋다.

✎ **ANSWER** 4.② 5.③ 6.① 7.④

8 엔진에 흡입되는 공기량을 검출하기 위한 센서로 옳은 것은?

① O₂ 센서

② TPS

③ ISC

④ AFS

> **ADVICE** ① 산소(O₂)센서 : 지르코니아센서와 티타니아센서가 있으며 배기가스 속에 포함되어 있는 산소량을 감지
> ② TPS(스로틀 포지션 센서) : 스로틀밸브의 열림 정도를 검출하여 공회전, 가감속 등의 기관 운전조건을 판정하고 분사량을 결정한다.
> ③ ISC : 각종 센서들의 신호를 근거로 하여 공전상태에서 부하에 따라 안정된 공전속도를 유지하도록 하는 역할을 한다.

9 엔진성능과 관련된 용어에 대한 설명으로 틀린 것은?

① 성능곡선도상에는 최대출력, 토크, 연료 소비율이 표시된다.

② 출력은 토크(힘) × 엔진회전수(rpm)이다.

③ 회전력은 회전축 혹은 바퀴가 돌아가는데 사용되는 회전하는 힘이다.

④ 엔진 성능에서 견인력과 등판력, 경제성을 좌우하는 요소는 출력이다.

> **ADVICE** ④ 엔진 성능에서 견인력과 등판력, 경제성을 좌우하는 요소는 회전력이다.

10 제동장치에 관한 설명으로 틀린 것은?

① 차량속도를 감속하거나 정지시키기 위한 장치이다.
② 운동하고 있는 기계의 속도를 감속하거나 정지시키는 장치이다.
③ 열에너지를 운동에너지로 바꾼다.
④ 전기차량은 정전되어도 제동이 작동하는 구조로 되어 있다.

>ADVICE ③ 제동장치는 마찰력을 이용해 자동차의 운동에너지를 열에너지로 바꾸고 대기 중으로 방출시켜 제동 작용을 하는 마찰식 브레이크 원리이다.

> Tip
>
> 제동장치가 갖추어야 할 구비조건
> ㉠ 차량의 중량과 최고속도에 대하여 제동력이 적당해야 한다.
> ㉡ 신뢰성과 내구력이 뛰어나야 한다.
> ㉢ 조작이 간단해야 한다.
> ㉣ 점검 및 수리가 쉬워야 한다.
> ㉤ 브레이크가 작동하지 않을 때는 각 바퀴의 회전을 방해하지 않아야 한다.

1 다음 중 언더스티어링 발생 시 미끄럼을 방지하는 것은?

① ABS   ② VDC
③ TCS   ④ EBD

> **ADVICE** ② VDC(Vehicle Dynimic Control) : 차세 제어장치를 말하는 것으로 차량을 미끄러짐으로부터 안전하게 보호해주는 장치이며 눈이 많이 내린 지역, 진흙에서 출발할 때, 스포츠 드라이빙을 즐길 때 사용한다.
> ① ABS(Anti-lock Brake System) : 자동차의 브레이크를 컨트롤하는 장치로 자동차가 급제동할 때 바퀴가 잠기는 현상을 방지하기 위해 개발된 특수 브레이크를 말한다.
> ③ TCS(Traction Control System) : 눈길, 빗길 따위의 미끄러지기 쉬운 노면에서 차량을 출발하거나 가속할 때 과잉의 구동력이 발생하여 타이어가 공회전지 않도록 차량의 구동력을 제어하는 시스템을 말한다.
> ④ EBD(Electronic Brake force Distribution) : 승차인원이나 적재하중에 맞추어 앞뒤 바퀴에 적절한 제동력을 자동으로 배분함으로써 안정된 브레이크 성능을 발휘할 수 있게 하는 전자식 제동력 분배 시스템을 말한다.

2 구동바퀴의 구동력을 크게 하기 위한 방법으로 가장 옳은 것은?

① 토크를 크게 하고 타이어의 반지름을 크게 한다.
② 토크를 크게 하고 타이어의 반지름을 작게 한다.
③ 토크를 작게 하고 타이어의 반지름을 크게 한다.
④ 토크를 작게 하고 타이어의 반지름을 작게 한다.

> **ADVICE** 구동력은 어떤 속도로 기계를 움직이거나 자동차 등을 주행시킬 때 그 운동 저항을 이기기 위한 힘을 말하며, 차량의 구동에 이용되는 마찰로서 다음 식으로 표시된다.

> **Tip**
> **자동차의 구동력** = (기관회전력) × (전달효율) × (총감속비) ÷ (타이어반지름)

3 다음 중 선회 시 조향각이 커지는 것을 의미하는 것은?

① 언더스티어
② 오버스티어
③ 뉴트럴스티어
④ 리버스스티어

> **ADVICE** ① 언더스티어(Under Steer) ⋯ 일정한 반지름과 속도로 선회하다가 갑자기 가속하였을 때 후륜에 발생되는 코너링 포스가 커지면 바깥쪽 전륜이나 후륜이 안쪽 전륜보다 모멘트가 커지기 때문에, 조향각을 일정하게 하여도 선회반지름이 커지는 현상을 말한다.
> ② 오버스티어(Over Steer) : 차체가 조향바퀴의 각도에 비하여 지나치게 많이 돌아가는 것을 말한다. 뒷바퀴의 구동력에 의하여 작용하는데, 일정한 조향각도로 회전하는 도중에 뒷바퀴가 바깥쪽으로 미끄러져 나가 접지력을 잃었을 때 발생한다.
> ③ 뉴트럴스티어(Neutral Steer) : 직선 주행에서 코너 주행으로 바뀔 때에 운전자가 조향한 그대로 차량이 미끄러짐 없이 도로의 궤도를 따라 코너를 돌아 나오는 매우 이상적인 경우를 만한다. 뉴트럴(Neutral)은 중립이라는 의미이다.
> ④ 리버스스티어(Reverse Steer) : 코너 주행시 처음에는 언더스티어였던 조향 특성이 어느 순간 오버스티어로 변하거나 그와는 반대로 초기에 오버스티어였다가 중간에 언더스티어로 변하는 경우를 말한다. 여러 가지 요인이 있지만 코너링 시 발생하는 힘에 의해 휠 얼라인먼트가 변하면서 발생하는 현상이다.

4 커먼레일에 대한 설명으로 맞는 것은?

① 구조가 단순하다.
② 분사과정이 독립적으로 이루어진다.
③ 속도 증가에 따라 분사속도와 분사압이 증가한다.
④ 파일럿 분사를 하지 않는다.

> **ADVICE** 커먼레일 엔진의 특징
> ㉠ 고압 직접 분사 엔진이다.
> ㉡ 출력과 연비가 높다.
> ㉢ 강화된 배기가스 규제에 만족한다.
> ㉣ ECU에 의한 정확한 연료를 제어한다.
> ㉤ 저소음 및 저공해 엔진이다.

✎ **ANSWER** 1.② 2.② 3.① 4.②

5 6실린더 기관의 연소실 체적 50cc, 압축비 11의 총 배기량은?

① 2,000cc
② 2,500cc
③ 3,000cc
④ 3,500cc

>**ADVICE** $11 = (X + 50) / 50$

∴ $X = 500$

6실린더이므로 $6 \times 500 = 3,000$cc

> **Tip**
>
> **배기량** … 엔진(기관)의 실린더 내에서 배출되는 용적을 말한다. 즉 실린더 내의 피스톤이 하사점에서 상사점까지 이동하면서 배출되는 동작을 말하며, 주로 엔진의 크기를 나타낸다.

6 G센서와 관련 있는 장치는?

① 에어백
② 이모빌라이저
③ 에탁스
④ 정속주행장치

>**ADVICE** 임팩트 센서 … 에어백 시스템의 구성부품 중 하나로, 충격을 감지하는 일종의 G센서이다. 센서 내부에 가동 접점과 그 가동 방향으로 고정 접점을 가지고 설정 값 이상의 충격을 받으면 가동 접점이 이동하여 접점이 ON되는 구조로 되어 있다.

7 클러치판을 플라이휠에 압착시키는 것은?

① 클러치스프링
② 릴리스레버
③ 비틀림스프링
④ 클러치 커버

>**ADVICE** ① 클러치스프링 … 클러치커버와 압력판 사이에 설치되어 압력판에 압력을 가하는 스프링으로 6~20개 정도의 코일스프링이나 다이어프램스프링이 사용된다.
> ☞ 다이어프램스프링은 건식다판 클러치에 주로 사용되는 것으로, 다이어프램스프링 자신이 스프링의 작용과 릴리스레버의 작용을 겸하고 있다.
> ② 릴리스레버 : 릴리스베어링의 힘을 받아 압력판을 움직이는 작용을 하는 장치로, 강판을 프레스 가공하여 제작한다.
> ③ 비틀림스프링 : 코일의 중심선 주위에 비틀림을 받아 탄성 변형을 하는 스프링이다. 클러치판이 플라이휠에 접속되어 동력 전달이 시작될 때 회전 방향의 충격을 흡수하게 된다.
> ④ 클러치 커버 : 회전하는 클러치 기구를 지지하고 있는 금속 커버로 플라이휠에 장착 되어 있으며, 클러치 커버에 있는 클러치스프링의 힘을 압력판에 전달하는 작용을 한다.

8 가솔린 엔진과 디젤 엔진에 대한 비교 설명 중 틀린 것은?

① 가솔린보다 디젤 엔진이 압력이 더 높다.
② 가솔린보다 디젤 엔진이 열효율이 더 높다.
③ 디젤은 전기점화방식이다.
④ 디젤은 압축착화방식이다.

> **ADVICE** 가솔린 엔진과 디젤 엔진
>
> ㉠ 같은 점: 디젤 엔진은 본체와 이에 부속된 윤활, 냉각, 연료, 흡배기, 전기장치 등 기본적인 구조가 가솔린엔진과 거의 비슷하다.
> ㉡ 다른 점: 디젤 엔진은 전기점화장치가 필요하지 않고 대신 연료분사장치가 필요하다. 그리고 연료는 자기착화가 잘되는 저유황경유를 사용한다.

> Tip
>
> 가솔린 엔진과 디젤 엔진의 비교
>
> | 비교 항목 | 가솔린 엔진 | 디젤 엔진 |
> |---|---|---|
> | 압축비 | $7 \sim 10 : 1$ | $16 \sim 20 : 1$ |
> | 공기와 연료의 혼합 | 균일혼합 | 불균일혼합 |
> | 연료소비량 | $230 \sim 280 \text{g/ps-h}$ | $160 \sim 230 \text{g/ps-h}$ |
> | 착화 | 전기점화 | 자기착화 |
> | 열효율 | $25 \sim 30\%$ | $32 \sim 38\%$ |
> | 연소형태 | 화염전파에 의한 연소 | 혼합연소 + 확산연소 |
> | 부하제어원리 | 혼합기 양의 가감 | 연료분사기의 가감 |
> | 부하제어방식 | 기화기의 스로틀 밸브의 개도 | 연료분사펌프의 제어 |

✎ **ANSWER** 5.③ 6.① 7.① 8.③

9 배기가스로 출력을 증가시키는 장치는?

① 터보차저

② 슈퍼차저

③ EGR

④ 압축기

>**ADVICE** ① 터보차저(turbo charger) : 배기가스를 이용하여 터빈을 돌리고 혼합 기체를 실린더 안으로 보내 압력을 높여서 출력을 증대시키는 장치이다.
② 슈퍼차저(super charger) : 슈퍼차저는 터보차저와는 달리 크랭크축의 동력으로 벨트에 의해 구동된다. 운전방법은 에어컨 압축기와 마찬가지로 슈퍼차저 구동 풀리에 마그네틱 클러치를 장착하여 ECU가 제어하는 방법을 주로 사용한다.
③ EGR장치(exhaust gas recirculation ; 배기가스 재순환장치) : 배기가스의 일부를 연소실로 재순환시켜 NO_x(질소산화물) 발생을 억제시키는 장치이다. 질소산화물의 배출을 저감시키기 위하여 흡기 부압에 의해 열려 배기가스 중의 일부(혼합가스의 약 15%)를 배기다기관에서 빼내어 흡기다기관으로 순환시켜 연소실로 다시 유입시킨다.
④ 압축기(compressor) : 기체를 압축시켜 압력을 높이는 기계적 장치로 컴프레서라고도 한다. 압축기의 종류에는 크랭크방식, 사판방식, 베인 로터리방식 등이 있다.

10 자재이음, 슬립이음에 대한 설명으로 옳은 것은?

① 자재이음 – 각도 변화, 슬립이음 – 길이 변화

② 자재이음 – 길이 변화, 슬립이음 – 각도 변화

③ 자재이음 – 토크 변화, 슬립이음 – 길이 변화

④ 자재이음 – 길이 변화, 슬립이음 – 토크 변화

>**ADVICE** 자재이음과 슬립이음
㉠ 자재이음 : 각도를 가지고 동력을 전달하는 추진축이나 앞차축 등에 설치되어 자유로이 동력을 전달하기 위한 장치이다.
㉡ 슬립이음 : 추진축의 길이 변화가 가능하도록 하는 장치이다.

1 다음 중 자동차의 치수 제원에 대한 설명으로 틀린 것은?

① 전폭 : 사이드 미러를 개방한 상태를 포함한 자동차 중심선에서 좌우로 가장 바깥쪽의 최대너비를 말한다.
② 전고 : 접지면으로부터 자동차의 최고부까지의 높이를 말한다.
③ 전장 : 자동차를 옆에서 보았을 때 범퍼를 포함한 자동차의 제일 앞쪽 끝에서 뒤쪽 끝까지의 최대길이를 말한다.
④ 축거 : 자동차를 옆에서 보았을 때 전·후 차축의 중심 간의 수평거리를 말한다.

>ADVICE ① 전폭은 사이드 미러는 제외하고 차량의 맨 왼쪽에서부터 오른쪽까지의 거리를 말한다.

> Tip
>
> **윤거**(바퀴간의 거리) … 윤거는 바퀴 간의 거리로 트레드라고도 표현하며 좌우 타이어의 접지면 중심 사이의 거리이다. 좌우 타이어가 지면을 접촉하는 지점에서 좌우 두 개의 타이어 중심선 사이의 거리라고 할 수 있다.

2 피스톤이 상사점에 위치할 때, 피스톤 상면과 실린더 헤드 사이 공간의 구비조건에 대한 설명으로 틀린 것은?

① 가열되기 쉬운 돌출부를 두지 말지 말아야 한다.
② 연소실 내의 표면적을 최소로 한다.
③ 밸브 면적을 크게 하여 흡·배기작용을 원활하게 한다.
④ 압축행정 시 혼합기 또는 공기에 와류를 일으켜 화염전파에 요하는 시간을 길게 한다.

>ADVICE ④ 화염전파에 도달하는 시간은 짧게 해야 한다.

> Tip
>
> 실린더 헤드 연소실의 조건
> ㉠ 혼합기를 효율적으로 연소시키는 형상으로 해야 한다.
> ㉡ 화염전파 시간을 최소로 해야 한다.
> ㉢ 연소실의 표면적이 최소가 되게 하여 열손실을 적게 해야 한다.
> ㉣ 흡·배기밸브의 지름을 크게 하여 흡·배기작용을 신속하고 원활하게 해야 한다.
> ㉤ 압축행정시 혼합기 또는 공기가 와류를 일으킬 수 있는 형상이어야 한다.
> ㉥ 가열되기 쉬운 돌출부가 없어야 한다.

ANSWER 9.① 10.① / 1.① 2.④

3 다음 중 방열기의 구비조건에 대한 설명으로 틀린 것은?

① 단위 면적당 발열량이 커야 한다.
② 공기저항이 작아야 한다.
③ 냉각수의 저항이 커야 한다.
④ 가볍고 작으며, 강도가 커야 한다.

》ADVICE ③ 냉각수의 흐름이 원활해야 하고 저항이 없어야 한다.

> **Tip**
> **방열기(radiator)의 구비조건**
> ㉠ 단위 면적당 방열이 클 것
> ㉡ 공기저항이 작을 것
> ㉢ 냉각수의 흐름에 저항이 작을 것
> ㉣ 가볍고 작으며, 강도가 클 것

4 다음 중 노킹현상이 일어날 때 엔진에 미치는 영향으로 틀린 설명은?

① 압축압력과 평균유효압력이 동시에 증가한다.
② 엔진부품 각 부의 응력 증가에 따라 부품 손상이 촉진된다.
③ 배기가스 색이 황색에서 흑색으로 변한다.
④ 엔진의 타격음과 함께 출력이 저하된다.

》ADVICE ① 노킹이 발생하면 소음이 발생하고 출력이 저하한다. 따라서 압축압력과 평균유효압력이 감소한다.

> **Tip**
> **노킹이 엔진에 미치는 영향**
> ㉠ 기관 과열 및 출력 저하
> ㉡ 흡배기 밸브 및 점화플러그 등의 손상
> ㉢ 실린더와 피스톤의 마멸 및 고착 발생
> ㉣ 배기가스 온도 저하
> ㉤ 기계 각 부의 응력 증가로 부품 손상

5 다음 중 자동차 배터리에 대해 잘못 설명하고 있는 것은?

① 전해액의 비중이 낮아지면, 자기방전은 커진다.
② 전해액의 온도가 낮으면, 비중은 커진다.
③ MF 배터리는 사용하는 기간 동안 전해액을 보충할 필요가 없다.
④ 배터리는 사용하지 않고 방치하면 화학작용에 의해 자기방전을 일으킨다.

❯ADVICE ① 자기방전량은 전해액의 온도가 높을수록 커지며, 불순물이 많을수록 커진다.

6 다음 중 유체클러치 오일의 구비조건에 대한 설명으로 틀린 것은?

① 점도는 낮고, 응고점은 높을 것
② 비중이 크고, 인화점, 착화점이 높을 것
③ 비중, 내산성이 클 것
④ 유성, 윤활성이 클 것

❯ADVICE ① 오일은 점도와 응고점이 모두 낮아야 한다.

7 자동차가 빗길을 고속으로 주행할 때 노면과의 그립이 떨어지고, 구동력 및 제동력이 저하되는 현상을 무엇이라 하는가?

① 스노잉 현상
② 하이드로플레이닝 현상
③ 피드백 현상
④ 스탠딩웨이브 현상

❯ADVICE ② 하이드로플레이닝(hydro planing ; 수막현상) : 고속으로 빗길을 달리면 타이어와 노면 사이의 빗물 때문에 타이어가 노면에 접촉하지 않고 위로 뜬 상태가 되는 현상을 말한다.

ANSWER 3.③ 4.① 5.① 6.① 7.②

8 일정한 조향각으로 선회하여 속도를 높였을 때 선회반경이 작아지는 현상으로, 뒷바퀴 바깥쪽의 슬립각이 앞바퀴 바깥쪽의 슬립각보다 크게 나타나는 현상을 무엇이라 하는가?

① 오버스티어링

② 언더스티어링

③ 리버스스티어링

④ 토크스티어링

 오버스티어링 … 일정한 반지름과 속도로 선회하다가 갑자기 가속하였을 때 전륜에 발생되는 코너링 포스가 크게 되면서 안쪽 바퀴가 바깥쪽 전륜 및 후륜보다 모멘트가 커져 조향각을 일정하게 하여도 선회 반지름이 작아지는 현상이며, 차의 진행방향이 안쪽으로 향하면서 회전 반지름이 작아지게 되는 현상을 말한다.

> Tip
>
> 언더스티어링 … 코너링 포스가 커지면 바깥쪽 전륜이나 후륜이 안쪽 전륜보다 모멘트가 커지기 때문에, 조향각을 일정하게 하여도 선회 반지름이 커지는 현상이다.

9 EGR 장치에서 배기가스의 일부를 연소실로 재순환시키는 이유로 맞는 것은?

① 출력을 증대시키기 위해

② 승차감을 개선시키기 위해

③ 연비를 향상시키기 위해

④ 연소온도를 낮추어 NOx의 발생을 억제시키기 위해

 차량에서 배출되는 대기오염물질을 줄이기 위하여 설치하는 장치로 엔진에서 연소된 배기가스 일부를 다시 엔진으로 재순환시켜 연소실온도를 낮추고, 이로 인해 질소산화물 억제를 유도하는 저감장치가 EGR 장치이다.

10 디젤엔진에서 예열과정 중 매연이 발생되는 원인으로 틀린 설명은?

① 온도가 낮아 입자상물질이 응집되어 덩어리지기 때문에
② 출력을 높이기 위해 연료를 다량 분사하기 때문에
③ 연료입자가 대기 중의 산소와 결합되지 않아 불완전연소하기 때문에
④ 연료입자가 연소 시 공기 중의 산소와 혼합되지 않기 때문에

>**ADVICE** 매연이 발생하는 이유는 압축된 공기와 분무된 연료가 충분히 혼합되지 않아 일시적으로 불완전연소가 일어났을 때 발생하는 것으로 검정색 연기는 탄소의 미립자에서 발생하는 그을음이며, 일반적으로 가속페달을 많이 밟거나 완전 연소할 때, 산소가 부족할 때 발생한다.

11 다음 중 피스톤의 구비조건으로 틀린 것은?

① 열전도성이 클 것
② 열팽창계수가 작을 것
③ 기계적 강도가 크고, 고온에서 견딜 것
④ 밀도가 클 것

>**ADVICE** 피스톤의 구비조건
　　　㉠ 열전도율이 크고 방열작용이 좋을 것
　　　㉡ 고온·고압에 견딜 수 있을 것
　　　㉢ 가볍고 열팽창률이 적을 것
　　　㉣ 어떤 온도에서도 기밀을 유지할 것
　　　㉤ 적당한 윤활 간극이 있을 것

12 주행 중 방향성과 복원성을 부여하는 휠얼라인먼트 요소 중 하나로 그림에서 설명하고 있는 것은?

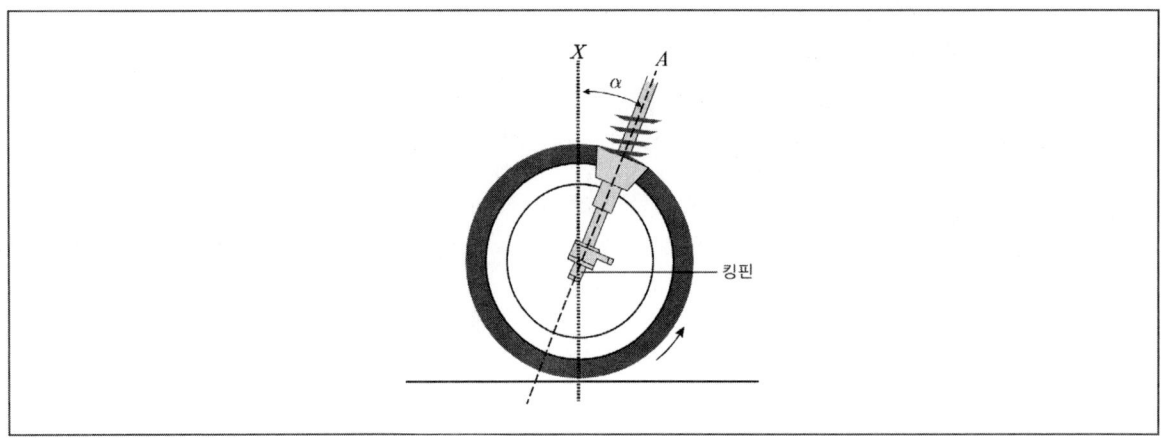

① 토인

② 토아웃

③ 캐스터

④ 캠버

>**ADVICE** ③ 캐스터(caster) : 자동차의 앞바퀴를 옆에서 보면 조향 너클과 앞 차축을 고정하는 조향축(일체 차축방식에서는 킹 핀)이 수직선과 어떤 각도를 두고 설치되는데 이를 캐스터라 하며 그 각도를 캐스터 각도라 한다. 캐스터 각도는 일반적으로 1 ~ 3° 정도이다.
>   ① 토인(toe-in) … 자동차 앞바퀴를 위에서 내려다보면 바퀴 중심선 사이의 거리가 앞쪽이 뒤쪽보다 약간 작게 되어 있는데 이것을 토인이라고 하며 일반적으로 2 ~ 6mm 정도이다.
>   ② 토아웃(toe-out) … 자동차 앞바퀴를 위에서 내려다보면 좌우 앞바퀴의 앞쪽이 뒤쪽보다 넓어진 것을 말한다.
>   ④ 캠버(camber) : 자동차를 앞에서 보면 그 앞바퀴가 수직선에 대해 어떤 각도를 두고 설치되어 있는 데 이를 캠버라 하며 그 각도를 캠버 각도라 한다. 캠버 각도는 일반적으로 0.5 ~ 1.5° 정도이다.

13 다음 중 공기스프링의 특징에 대한 설명으로 틀린 것은?

① 옆방향 작용력에 대한 저항력이 없어 로드나 링크가 필요하다.
② 하중이 변화해도 차체 높이를 일정하게 유지할 수 있다.
③ 스프링의 강도를 하중에 비례하여 바꿀 수 있다.
④ 진동 흡수율이 좋아 승차감이 좋으며, 주로 버스 등에서 사용한다.

>ADVICE 공기스프링의 특징
　　　ㄱ 다른 스프링에 비해 비교적 유연하다.
　　　ㄴ 진동 흡수율이 좋아 승차감이 좋다.
　　　ㄷ 차체 높이를 일정하게 유지할 수 있다.
　　　ㄹ 스피링의 세기(탄력)가 하중에 좌우된다.
　　　ㅁ 구조가 복잡하고 제작비가 많이 든다.
　　　ㅂ 주로 버스 등에서 사용한다.

14 다음 중 조향핸들이 한쪽으로 쏠리는 원인이 아닌 것은?

① 타이어 공기압력이 불균형 할 때
② 브레이크 라이닝 간격 조정이 불량할 때
③ 캠버가 맞지 않았을 때
④ 타이어 공기압이 높을 때

>ADVICE ④ 타이어 공기압이 높을 경우 외부충격에 의한 불규칙한 마모가 발생하며, 타이어의 중앙부 마모가 빠르게 진행된다. 또한 승차감이 불량하며 운전자가 쉽게 피로감을 느낄 수 있다. 조향핸들이 한쪽으로 쏠리는 원인과는 거리가 멀다.

Tip

조향핸들이 한쪽으로 쏠리는 원인
ㄱ 타이어 공기압의 불균형
ㄴ 전차륜 정렬의 불량
ㄷ 브레이크 라이닝 간격 조정 불량
ㄹ 현가 스프링의 절손이나 쇠손
ㅁ 속업소버의 불량
ㅂ 휠의 불균형
ㅅ 허브 베어링의 마모

✎ **ANSWER** 12.③ 13.① 14.④

1 CVVT시스템의 주요 부품으로 ECU의 제어에 따라 CVVT로 공급되는 오일의 통로를 제어하여 밸브 개폐시기를 조절하는 것은?

① OCV(Oil Control Valve)

② SCV(Swirl Control Valve)

③ OTS (Oil Temperature Sensor)

④ OHV(Over Head Valve)

> **ADVICE** CVVT(Continuously Variable Valve Timing ; 연속 가변 밸브 타이밍) ··· 연속 가변 밸브 타이밍은 엔진의 회전수와 엔진 부하에 따라 연속적으로 개폐시기를 변경할 수 있는 장치이며, PCM의 신호를 받아 강제적으로 캠샤프트를 회전시켜 밸브오버랩(Overlap)을 제어함으로서, 엔진 내부의 EGR(Exhaust Gas Recirculation)량을 필요에 따라 조절하는 장치이다. 이 시스템은 엔진 오일 압력에 의하여 작동되며, 배기가스 저감(NOx, HC), 연비 향상, 공회전 안정성 향상, 저속 토크 향상 및 고속 출력 향상의 효과가 있다.

2 쿨롱의 법칙(Coulomb's law)에 대한 설명으로 가장 옳지 않은 것은?

① 전기력과 자기력에 관한 법칙이다.

② 2개의 자극 사이에 작용하는 힘은 거리의 제곱에 비례하고 두 자극의 곱에는 반비례한다.

③ 2개의 대전체 사이에 작용하는 힘은 거리의 제곱에 반비례하고 대전체가 가지고 있는 전하량의 곱에는 비례한다.

④ 두 자극의 거리가 가까우면 자극의 세기는 강해지고 거리가 멀면 자극의 세기는 약해진다.

> **ADVICE** 쿨롱의 법칙(Coulomb's law) ··· 전하를 가진 두 물체 사이에 작용하는 힘의 크기는 두 전하의 곱에 비례하고 거리의 제곱에 반비례한다. 같은 극성의 전하는 서로 미는 척력이, 다른 극성의 전하는 서로 잡아당기는 인력이 작용한다. 이 법칙은 1785년 프랑스의 물리학자인 C.A.쿨롱이 비틀림 저울을 사용한 실험에서 발견되었다.

3 차축식 현가방식과 비교하였을 때 독립식 현가방식의 장점이 아닌 것은?

① 스프링 아래질량의 경감으로 차륜의 접지성이 향상된다.

② 전륜에서 좌우륜의 독립작용, 스티어링 링크의 간섭 감소 등에 의해 시미발생이 어렵다.

③ 일반적으로 차륜의 위치결정과 현가스프링이 분리되어 시미의 위험이 적으므로 유연한 스프링을 사용할 수 있으며 승차감이 향상된다.

④ 차륜의 상하진동에 의한 얼라이먼트 변화가 적으며 타이어의 마모가 적다.

> **ADVICE** 독립현가방식 … 좌우 바퀴를 별개의 암(arm)에 의하여 지지하는 방식으로서 승용차 등과 같이 승차감을 중시하는 경우에 사용된다.
>   ㉠ 장점 : 승차감 향상, 시미현상이 발생하지 않고 스프링상수가 작은 스프링도 사용이 가능하다.
>   ㉡ 단점 : 구조가 복잡하고, 취급이 불리하며, 얼라이먼트가 틀어지기 쉬우면서 타이어 마모가 높다.

4 하이브리드 모터 시동 금지 조건으로 가장 옳지 않은 것은?

① 고전압 배터리 온도가 약 -10도 이하인 경우

② 고전압 배터리 온도가 약 45도 이상인 경우

③ ECU/MCU/BMS/HCU의 고장이 감지된 경우

④ 고전압 배터리의 충전량이 35% 이하인 경우

> **ADVICE** 기관 시동 회전력이 부족한 경우
>   ㉠ 고전압 축전지의 온도가 -10도 이하 또는 약 45도 이상일 때
>   ㉡ 모터제어 컴퓨터의 인버터 온도가 94도 이상일 때
>   ㉢ 고전압 축전지의 충전비율이 25% 이하일 때
>   ㉣ 기관의 냉각수 온도가 -10도 이하일 때
>   ㉤ ECU/MCU/BMS/HCU의 고장이 감지된 경우

✎ ANSWER 1.① 2.② 3.④ 4.④

5 자동변속기에 사용되는 유성기어에서 캐리어를 고정하고, 선기어를 회전시킬 때 링기어가 하는 동작은?

① 정회전 감속
② 정회전 증속
③ 역회전 감속
④ 역회전 증속

> **ADVICE** 유성기어 캐리어를 고정하고 선기어를 회전시키면 링기어가 역전 감속하며, 유성기어 캐리어를 고정하고 링기어를 회전시키면 선기어가 역전 증속한다.

6 디젤 엔진의 연소 과정 중 〈보기〉 B – C에 해당하는 구간으로 가장 옳은 것은?

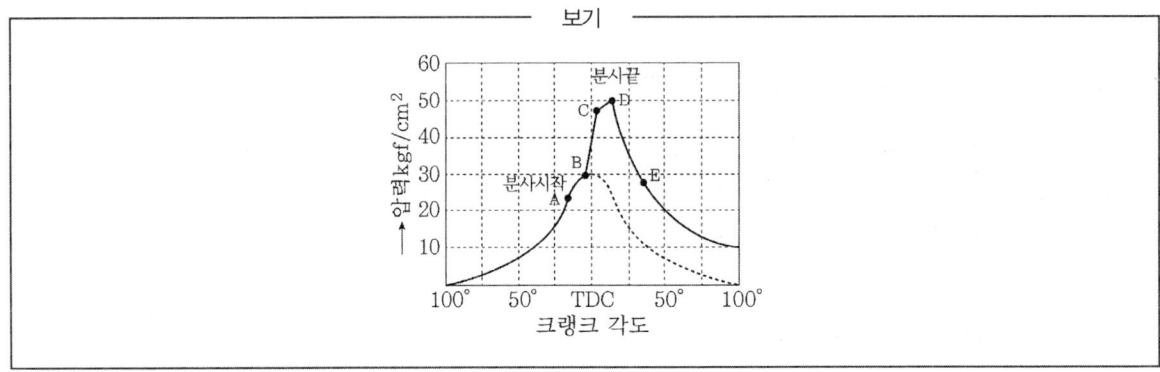

① 화염 전파기간(급격 연소기간)
② 직접 연소기간(제어 연소기간)
③ 착화 지연기간(연소 준비기간)
④ 후 연소기간

> **ADVICE** B~C 구간은 연료가 착화되어 폭발적으로 연소하기까지의 시간으로서, 폭발연소기간이라고도 한다. 분사된 연료가 동시에 연소하여 실린더 내의 온도와 압력이 상승하며, 실린더 내에서의 연료의 성질, 혼합상태, 공기의 와류에 의해 연소속도가 변화하고 압력상승에도 영향을 끼친다.

7 자동차 연소실의 구비조건으로 가장 옳지 않은 것은?

① 엔진출력을 높일 수 있는 구조일 것
② 압축 초 행정에서 강한 와류를 일으키도록 할 것
③ 가열되기 쉬운 돌출부가 없을 것
④ 노킹을 일으키지 않는 형상일 것

> **ADVICE** 자동차 연소실의 구비조건
> ㉠ 화염전파에 요하는 시간을 최소로 짧게 할 것
> ㉡ 가열되기 쉬운 돌출부가 없을 것
> ㉢ 압축행정 끝에 와류를 일으키도록 할 것
> ㉣ 연소실 내의 표면적은 최소가 될 것
> ㉤ 밸브면적을 크게 하여 흡배기 작용을 원활하게 할 것

8 자동차 배터리(battery)와 관련된 용어가 아닌 것은?

① RC(Reserve Capacity)
② CCA(Cold Cranking Ampere)
③ AGM(Absorbent Glass Mat)
④ PWM(Pulse Width Modulation)

> **ADVICE** ④ PWM(Pulse Width Modulation) … 펄스 변조의 일종으로 신호의 크기에 따라 펄스의 폭을 변조하는 방식이다. 원래는 통신용으로 개발된 기술이었으나 전류, 전압 제어용으로 탁월한 방식이었기 때문에 현재는 통신보다는 DC쪽 전력 제어나 모터 제어 쪽에 쓰이는 기술이다.
> ① RC(Reserve Capacity) : 발전기 고장시 차량의 전기시스템에 동력을 공급하는데 도움을 주는 예비용량으로 차량 내 필요한 최소한의 전기 소모량으로 방전 종지 전압(10.5V)까지 도달하는데 걸리는 시간이다.
> ② CCA(Cold Cranking Ampere) : 저온시동능력으로 혹한의 날씨에 전압이 사용 불가능한 수준으로 떨어질 때까지 차량의 시동에 필요한 전류를 지원해 줄 수 있는 능력으로 저온시동능력값이 높은 배터리일수록 겨울철 시동성이 양호하다.
> ③ AGM(Absorbent Glass Mat) : 유리섬유매트로 격리판으로 사용되며 배터리 전해액이 완전히 흡수되고 배터리 극판에 전해액이 고르게 반응하여 우수한 전기효율 및 높은 충전회복 능력제공, idle-stop and go 기능이 장착된 차량에 사용 시 일반 MF배터리보다 긴 수명을 제공하며 내부 저항이 매우 낮다.

ANSWER 5.③ 6.① 7.② 8.④

9 자동차 타이어에서 자동차 휠의 림과 접촉하는 부분으로 공기압을 유지토록 하는 부분은?

① 트레드(tread)
② 브레이커(breaker)
③ 카커스(carcass)
④ 비드(bead)

>**ADVICE** 타이어의 구조

ㄱ 트레드(tread) : 노면과 직접 접촉하는 고무부분이며, 카커스와 브레이커를 보호하는 부분이다.

> Tip
>
> 트레드 패턴의 필요성
> ㄱ 타이어의 사이드슬립이나 전진방향의 미끄럼을 방지한다.
> ㄴ 타이어 내부에서 발생한 열을 발산한다.
> ㄷ 트레드에서 발생한 절상의 확산을 방지한다.
> ㄹ 구동력이나 선회성능을 향상시킨다.

ㄴ 브레이커(breaker) : 트레드와 카커스 사이에 있으며, 몇 겹의 코드 층을 내열성의 고무로 싼 구조로 되어 있으며 트레드와 카커스의 분리를 방지하고 노면에서의 완충작용도 한다.

ㄷ 카커스(carcass) : 타이어의 뼈대가 되는 부분이며, 공기압력을 견디어 일정한 체적을 유지하고 하중이나 충격에 따라 변형하여 완충작용을 한다. 카커스를 구성하는 코드 층의 수를 플라이 수(ply rating, PR)라 한다.

ㄹ 비드부분(bead section) : 타이어가 림과 접촉하는 부분이며, 비드부분이 늘어나는 것을 방지하고 타이어가 림에서 빠지는 것을 방지하기 위해 내부에 몇 줄의 피아노선이 원둘레 방향으로 들어 있다.

ㅁ 사이드 월(Side Wall) : 트레드에서 비드부까지의 카커스를 보호하기 위한 고무 층이며, 노면과는 직접 접촉하지 않는다. 그러나 하중이나 노면으로부터의 충격에 의하여 계속적인 굴곡운동을 하게 되므로 굴곡성 및 내피로성이 높은 고무이어야 하며, 규격, 하중, 공기압 등 타이어의 기본 정보가 문자로 각인된 부위이다.

10 캠축에서 캠의 구성 중 밸브가 열려서 닫힐 때까지의 거리를 뜻하는 용어는?

① 로브(lobe)

② 양정(lift)

③ 노즈(nose)

④ 플랭크(flank)

❯**ADVICE** 캠은 캠축과 일체로 구성되어 있다.

   ㉠ 노즈 : 밸브가 완전히 열리는 지점

   ㉡ 로브 : 밸브가 열려서 닫힐 때까지의 거리

   ㉢ 플랭크 : 로커암이 접촉되는 부분

   ㉣ 양정 : 밸브의 작동거리(열림)

1 밸브오버랩일 때, 흡기밸브와 배기밸브의 상태로 적절한 것은?

① 피스톤이 상사점인 지점에서 흡기 밸브와 배기 밸브가 열린 상태
② 피스톤이 상사점인 지점에서 흡기 밸브와 배기 밸브가 닫힌 상태
③ 피스톤이 상사점인 지점에서 흡기 밸브가 열린 상태
④ 피스톤이 상사점인 지점에서 배기 밸브가 열린 상태

》ADVICE 밸브오버랩 … 배기 밸브가 완전히 닫히기 전에 흡기 밸브가 열려 배기 밸브와 흡기 밸브가 동시에 열려 있는 구간을 한다. 밸브 오버랩이 크면 흡·배기 효율이 높아지면서 출력이 상승하고 고속회전에 유리하며 연료소비율이 증가한다. 또한 저속 운전시 역화가 발생할 위험이 있다.

2 다음 중 디젤기관의 장점으로 가장 옳은 것은?

① 열효율이 높고, 연료소비율이 낮다.
② 기관의 중량당 출력이 낮다.
③ 소음이 적다.
④ 압축비가 낮다.

》ADVICE 디젤기관의 단점
 ㉠ 가솔린엔진보다 마력 당 중량이 무겁다.
 ㉡ 평균유효압력이 낮고 엔진의 회전 속도가 낮다.
 ㉢ 압축 및 폭발 압력이 높아 운전 중 진동과 소음이 크다.
 ㉣ 연료분사장치를 설치하여야 하기 때문에 제작비가 높다.

3 ETACS에서 제어하지 않는 부분에 해당하는 것은?

① 안전벨트 경고등

② 열선 경고등

③ 실내등 감광램프

④ 비상 점멸등

>ADVICE ETACS(Electronic Time & Alarm Control System) … 자동차 전기장치 중 시간에 의하여 작동하는 장치 또는 경보를 발생하여 운전자에게 알려주는 장치이며 간헐식 와이퍼, 와셔 연동 와이퍼, 열선 타이머, 시트벨트 경고등, 감광식 룸램프, 중앙집중식 도어 잠금장치, 점화키 리마인더, 점화 키 홀 조명, 파워윈도우 타이머, 미등 자동 소등, 트렁크 룸램프 제어, 도난 방지 기능, 키레스 엔트리 기능 등을 제어한다.

4 가솔린기관의 배출가스 특징으로 가장 옳은 것은?

① 농후한 공연비일 때 NOx의 배출량이 감소

② 매우 희박한 공연비일 때 HC의 배출량이 증가

③ 기관이 급감속시 NOx의 배출량이 감소

④ 기관의 온도가 낮을 경우 CO와 HC의 배출량이 감소

>ADVICE ① 질소산화물(NOx)은 질소와 산소의 화합물로 연소실의 온도가 높을 때 많이 발생되고 이론혼합비 부근에서 최댓값을 나타내며, 이론혼합비보다 농후해지면 발생률이 낮아진다.

5 피스톤링의 필요사양으로 옳지 않은 것은?

① 내열성 및 내마모성이 강하여야 함

② 피스톤링과 실린더 벽의 마모가 적어야 함

③ 열팽창률이 높아야 함

④ 실린더벽의 마모가 적어야 함

>ADVICE 피스톤의 구비조건

　　㉠ 열전도율이 크고 방열작용이 좋을 것

　　㉡ 고온 · 고압에 견딜 수 있을 것

　　㉢ 가볍고 열팽창률이 적을 것

　　㉣ 어떤 온도에서도 가스가 새지 않는 구조일 것

　　㉤ 적당한 윤활유 간극이 있을 것

✎ **ANSWER** 1.① 2.① 3.④ 4.① 5.③

6 다음 중 윤활유의 구비조건으로 틀린 것은?

① 점도가 적당할 것
② 응고점이 낮을 것
③ 인화점 및 발화점이 낮을 것
④ 열과 산에 안정성을 유지할 것

> ADVICE ③ 인화점이 높을 것, 발화점이 높을 것

Tip

윤활유의 구비조건
㉠ 응고점이 낮고, 청정력이 좋아야 한다.
㉡ 점도가 적당하고, 열전도성이 좋아야 한다.
㉢ 적당한 비중이 있어야 하고, 산에 대한 안정성이 커야 한다.
㉣ 카본 및 회분생성이 적어야 하고, 유막을 형성해야 한다.

7 과급기에서 속력에너지를 압력에너지로 바꿔주는 장치는?

① 디플렉터
② 디퓨져
③ 슈퍼차저
④ 터빈

> ADVICE ② 디퓨저(diffuser)란 확산한다의 뜻으로 유체의 유로를 넓혀 흐름을 느리게 함으로써 유체의 속도에너지를 압력에너지로 바꾸는 장치이며 감압확산장치라고도 한다. 설치 위치는 터보차저의 압축기 하우징부에 장착되어 있으며 이 디퓨저의 역할은 임펠러에 공기가 주는 운동 에너지를 효율성 있는 압력으로 변환시켜 가는 것이다.

8 TXV 타입의 냉매 흐름도로 맞는 것은?

① 압축기 – 응축기 – 리저브 – 팽창밸브 – 증발기
② 압축기 – 응축기 – 팽창밸브 – 리저브 – 증발기
③ 압축기 – 팽창밸브 – 응축기 – 리저브 – 증발기
④ 압축기 – 증발기 – 리저브 – 팽창밸브 – 응축기

> ADVICE 리시버 드라이어 … 보통 에어컨 가스통이라고 부르며 라디에이터나 에어컨 컴프레셔 주변에 설치되어 냉매를 저장하면서 냉매 속에 섞여 있는 습기를 제거하는 역할을 한다.

Tip

냉매(refrigerants) … 냉동 사이클의 작동유체로서 저온의 물체에서 열을 빼앗아 고온의 물체에 운반해 주는 매개체가 되는 물질이다.
☞ 냉매는 압축기 → 응축기 → 건조기 → 팽창 밸브 → 증발기 순으로 순환한다.

9 계기판의 적색경고등이 아닌 것은?

① 충전장치
② 브레이크 경고등
③ 배터리 경고등
④ ABS 경고등

> **ADVICE** 계기판의 경고등
>   ㉠ 적색경고등 … 엔진오일 경고등, 브레이크 경고등, 오일압력 경고등, 충전시스템 경고등, 냉각수수온 경고등, 안전벨
>   트착용 경고등, 보조구속장치(SRS) 경고등 등이 있다.
>   ㉡ 황색경고등 … 엔진체크 경고등, ABS 경고등, TPMS 경고등, 배출가스자가진단 경고등 등이 있다.

10 다음 중 승차감 향상과 관련된 것끼리 바르게 나열된 것은?

① 코일스프링, 토션빔, 타이앤로드
② 코일스프링, 쇽업소버, 토션빔
③ 코일스프링, 쇽업소버, 너클
④ 코일스프링, 타이앤로드, 스테빌라이저

> **ADVICE** ②는 현가장치 스프링을 나열한 것이다.

> **Tip**
>
> 현가장치 스프링
>   ㉠ **판 스프링** : 띠모양의 스프링 강판을 여러 장 겹쳐서 결합한 것으로 스프링 본래의 작용과 구동력을 전달하며 리어
>   앤드 토크를 흡수하는 작용을 한다.
>   ㉡ **코일 스프링** : 스프링강의 둥근 막대를 코일모양으로 감아서 만든 것으로 독립적으로 차체에 설치되지 않고 링크기
>   구나 쇽업소버를 병용하여 설치한다.
>   ㉢ **토션바 스프링** : 스프링강의 막대모양 스프링으로 비틀렸을 때 탄성에 의해 제자리로 되돌아가려는 성질을 이용한
>   것이다.
>   ㉣ **공기 스프링** : 공기의 탄성을 이용한 것으로 비교적 유연한 탄성을 얻을 수 있고, 작은 진동의 흡수가 좋아서 승차
>   감이 우수하고 차체의 높이를 항상 일정하게 한다.

1 다음 중 제동장치와 관련된 설명으로 적절한 것은?

① 디스크 브레이크는 드럼식 브레이크에 비해 방열이 나쁘다.

② 드럼식 브레이크는 디스크 브레이크에 비해 고속에서 반복 사용하여도 제동력이 안정된다.

③ 디스크 브레이크는 배력장치가 없어 밟는 힘이 커야 한다.

④ 브레이크 드럼과 라이닝 사이에 과도한 마찰열이 발생하여 마찰계수가 떨어지고 브레이크가 잘 듣지 않는 현상을 베이퍼 록(vaper lock)이라 한다.

〉ADVICE ③ 브레이크 배력장치는 외력을 이용하여 운전자의 페달조작력을 배가시켜 주는 장치이다. 배력장치가 고장일 경우에는 운전자의 페달답력만으로 브레이크를 조작할 수 있어야 한다.

> Tip
>
> **디스크 브레이크** … 드럼 대신에 바퀴와 함께 회전하는 강주철제 디스크를 설치하여 그 양쪽의 외주에 유압 피스톤으로 작용하는 브레이크 패드(Brake pad)를 밀어붙여 그의 마찰력에 의해 제동하는 것으로, 방열효과가 뛰어나 브레이크 페이드 현상을 방지할 수 있다.
>
> **베이퍼 록 현상**(vapor lock) … 브레이크액에 기포가 발생하여 브레이크가 제대로 작동하지 않는 현상을 말한다. 계속되는 내리막길에서 브레이크를 과하게 사용하면 차륜 부분의 마찰열 때문에 휠실린더나 브레이크 파이프 속의 오일이 기화되고, 브레이크 회로 내에 공기가 유입된 것처럼 기포가 형성된다. 이때 브레이크를 밟아도 스펀지를 밟듯이 푹푹 꺼지며, 브레이크가 작동되지 않는 현상이 생기는데 이를 베이퍼 록이라 한다.

2 에어컨에 대한 설명으로 옳지 않은 것은?

① 압축기 → 응축기 → 건조기 → 팽창 밸브 → 증발기 순으로 냉매가 순환된다.

② 압축기는 저온 · 저압의 기체 냉매를 고온 · 고압의 기체로 만들어 응축기에 보낸다.

③ 증발기에서 저온 · 저압의 냉매가 고온 · 고압으로 되어 나간다.

④ 응축기는 라디에이터 전단에 설치되어 있다.

〉ADVICE ③ 증발기는 팽창 밸브를 통과한 후 저온 · 저압으로 감압된 액체 냉매를 유입하여 차가워진 파이프로 주위의 열을 빼앗는 역할을 한다.

3 다음 중 현가장치로 제어하지 못하는 진동은?

① 롤링
② 피칭
③ 바운싱
④ 요잉

> **ADVICE** ④ 요잉 … 자동차가 선회할 때 일어나는 움직임으로서, 차체에 대하여 수직인 축(Z축) 둘레에 발생하는 운동을 말한다.
> ① 롤링(rolling) : 자동차가 좌우로 흔들리는 것을 말한다.
> ② 피칭(pitching) : 자동차가 앞뒤로 흔들리는 것을 말한다.
> ③ 바운싱(bouncing) : 차체 전체가 위아래로 진동하는 것으로, 앞뒤가 동시에 같은 방향으로 진동하는 상태를 말한다.

4 앞바퀴 정렬에 관한 설명으로 옳은 것은?

① 차량 정면에서 보았을 때 차량위쪽이 안으로 기울어진 상태는 부의 캐스터라고 한다.
② 킹핀 경사각이 클수록 조향범위는 증가한다.
③ 캐스터 각을 많이 줄수록 복원력이 줄어든다.
④ 토인은 타이어 마모방지 효과가 있다.

> **ADVICE** ④ 토인 : 주행 중 타이어가 옆 방향으로 벌어져 미끄러짐과 타이어 마모를 방지하고 조향연결기구 마모에 의한 토아
> 웃이 되는 것을 방지하는 기능을 한다.
> ① 부의 캐스터 : 조향축 윗부분(또는 킹핀)이 자동차의 뒤쪽으로 기울어진 상태를 정의 캐스터, 조향축의 중심선(또는
> 킹핀)이 수직선과 일치된 상태를 0의 캐스터, 조향축의 윗부분(또는 킹핀)이 앞쪽으로 기울어진 상태를 부의 캐스
> 터라고 말한다.
> ② 킹핀 경사각(조향축 경사각) : 자동차를 앞에서 보면 독립 차축방식에서 위아래 볼 이음(또는 일체 차축방식의 킹핀)
> 의 중심선이 수직에 대하여 어떤 각도를 두고 설치되는데 이를 조향축 경사(또는 킹핀 경사)라고 하며 이 각을 조
> 향축 경사각이라 한다. 조향축 경사각은 일반적으로 7 ~ 9° 정도 둔다.
> ③ 캐스터 : 자동차의 앞바퀴를 옆에서 보면 조향 너클과 앞 차축을 고정하는 조향축(일체 차축방식에서는 킹핀)이 수
> 직선과 어떤 각도를 두고 설치되는데 이를 캐스터라 하며 그 각도를 캐스터 각도라 한다. 캐스터 각도는 일반적으
> 로 1 ~ 3° 정도이다.

✏ **ANSWER** 1.③ 2.③ 3.④ 4.④

5 60Ah인 축전지가 정전류 충전일 때, 표준충전전류는 얼마인가?

① 3A
③ 12A

② 6A
④ 30A

>**ADVICE** 정전류 충전 … 충전할 때 처음부터 끝까지 일정한 전류로 충전하는 방법이며, 축전지 용량의 10% 정도의 전류로 충전한다.
정전류 충전의 표준충전전류는 축전지 용량의 10%이므로 60Ah × 0.1 = 6A

6 다음 중 플레밍의 왼손법칙이 활용된 장치는?

① 시동전동기
② 직류발전기
③ 점화플러그
④ 교류발전기

>**ADVICE** 플레밍의 왼손법칙 … 자기장 속에 있는 도선에 전류가 흐를 때 자기장의 방향과 도선에 흐르는 전류의 방향으로 도선이 받는 힘의 방향을 결정하는 규칙이다. 전동기의 원리와 관계가 깊다.

> ### Tip
> 플레밍의 오른손법칙(Fleming's right hand rule) … 자기장 속에서 도선이 움직이면 도선 속의 전하가 로런츠힘을 받아 움직이므로 도선 내부에 전류가 흐른다. 이는 도선에 유도기전력이 생긴 것으로 해석할 수 있다. 플레밍의 오른손법칙을 사용하면 자기장의 방향과 도선이 움직이는 방향을 알 때 유도기전력 또는 유도전류의 방향을 결정할 수 있다. 발전기의 원리와도 관계가 깊다.

7 자동차의 차체가 좌우로 기우는 것을 줄이기 위해 장착하는 장치는?

① 컨트롤 암
② 스태빌라이저
③ 판스프링
④ 타이 로드

>**ADVICE** ② 스태빌라이저는 자동차의 차체가 좌우로 기우는 것을 줄이기 위해 장착하는 자세 안정장치이다.

8 타이어 제원표시가 다음과 같을 때 이에 대한 설명으로 틀린 것은?

185/70R 15 85 H

① 타이어 단면폭이 185mm이다.
② 편평비 70%이다.
③ 레이디얼 타이어이다.
④ 타이어 반경이 15인치이다.

>**ADVICE** ④ 타이어 제원표시에서 15는 타이어가 장착되는 휠의 직경을 뜻하며 단위는 inch를 사용한다.

9 디젤엔진 커먼레일(common rail)에 관한 설명으로 가장 옳은 것은?

① 파일럿 분사가 배출가스를 줄인다.
② 분사압력의 속도에 따라 증가하면 분사량도 증가한다.
③ 저압 펌프는 1차 압력을 형성하는 것으로 고압의 연료를 형성하는 곳이다.
④ 고압 펌프는 캠축에 의해 구동된다.

>**ADVICE** ④ 고압 연료펌프는 기관의 캠축에 의하여 구동되는 레이디얼형 펌프방식으로 사용하며 고압 연료펌프 안쪽에는 서로 120도의 각도로 구성되어 있는 3개의 반지름 방향의 피스톤에 의해 연료가 압축된다.

> Tip
>
> **커먼레일**(common rail) 방식의 장점
> ㉠ 유해 배기가스의 배출을 감소시킬 수 있다.
> ㉡ 연료 소비율을 향상시킬 수 있다.
> ㉢ 기관의 성능을 향상시킬 수 있다.
> ㉣ 운전성능을 향상시킬 수 있다.
> ㉤ 콤팩트(compact)한 설계와 경량화가 가능하다.

✎ **ANSWER** 5.② 6.① 7.② 8.④ 9.④

10 ABS에 관한 설명으로 옳지 않은 것은?

① 차륜속도센서는 바퀴의 회전속도를 감지하는 장치이다.
② ECU는 유압조정장치에 신호를 보낸다.
③ 동일 제원의 차량의 경우, ABS가 설치된 차량의 제동거리가 더 길다.
④ ABS ECU는 각 바퀴마다 설치되어 있다.

>ADVICE ③ 동일 제원의 차량에서 ABS가 설치된 차량의 제동거리가 더 짧다.

> Tip
> ABS(anti-lock brake system) … 항공기의 첨단 제동장치를 자동차에 이용하여 자동차의 브레이크를 컨트롤하는 장치로
> 자동차가 급제동할 때 바퀴가 잠기는 현상을 방지하기 위해 개발된 특수 브레이크를 말한다. ABS는 보통 브레이크와
> 같은 시스템의 부스터와 마스터실린더에 전자제어장치인 ECU, 유압조정장치인 HCU, 바퀴의 속도를 감지하는 휠센서,
> 브레이크를 밟은 상태를 감지하는 PTS로 이루어진다.

11 밸브오버랩일 때, 흡기 밸브와 배기 밸브의 상태로 가장 옳은 것은?

① 흡기 밸브 열림, 배기 밸브 열림
② 흡기 밸브 열림, 배기 밸브 닫힘
③ 흡기 밸브 닫힘, 배기 밸브 열림
④ 흡기 밸브 닫힘, 배기 밸브 닫힘

>ADVICE 밸브오버랩 … 배기 밸브가 완전히 닫히고 있는 중에 흡기 밸브가 열리는 구간을 말하며 흡·배기 밸브가 동시에 열려
있는 구간을 말한다.
☞ 밸브오버랩이 크면 흡·배기 효율이 높아지면서 출력이 상승하고 고속회전에 유리하다.

12 윤활유 특성으로 옳지 않은 것은?

① 점도가 높을 것
② 유성이 좋을 것
③ 유동점과 응고점이 낮을 것
④ 인화점과 발화점이 낮을 것

ADVICE ④ 윤활유의 특성은 인화점 및 자연발화점이 높고 응고점이 낮아야 한다.

Tip

윤활유의 구비조건
㉠ 점도지수가 적당할 것
㉡ 점도지수가 커 온도와 점도와의 관계가 적당할 것
㉢ 인화점 및 자연 발화점이 높고, 응고점이 낮을 것
㉣ 강인한 오일 막을 형성할 것
㉤ 기포 발생 및 카본 생성에 대한 저항력이 클 것
㉥ 비중이 적당할 것
㉦ 열과 산에 대하여 안정성이 있을 것

1 ESP는 운전자가 별도로 제동을 가하지 않더라도 차량스스로 미끄럼을 감지해 각각의 바퀴 브레이크 압력과 엔진출력을 제어하는 장치로, 이때 VDC 제어의 방법으로 옳게 설명한 것은?

① 스프링 아래 질량 롤링을 방지하고, 선회안정성을 향상시킨다.
② 스프링 위 질량 요레이트를 방지하여, 주행안정성을 향상시킨다.
③ 스프링 위 질량 피칭을 방지하고, 승차감을 향상시킨다.
④ 스프링 아래 질량 바운싱을 방지하여, 주행안정성을 향상시킨다.

ADVICE 차체자세제어장치 … ESP(Electronic Stability Programme), ESC(Electronic Stability Control), VDC(Vehicle Dynamic Control) 등은 주행 중 운전자가 별도로 제동을 가하지 않더라도 차량 스스로 미끄럼을 감지해 각각의 바퀴 브레이크 압력과 엔진 출력을 제어하는 장치를 말하며 차량을 미끄러짐으로부터 안전하게 보호하는 차량 안전시스템을 말한다.

2 다음 중 차동장치에서 우측바퀴가 1/2 감속될 때, 후륜 차동장치에서 좌측바퀴의 회전수의 비율로 맞는 것은?

① 좌측바퀴의 회전수가 직진 때 보다 1/2 커져야 한다.
② 좌측바퀴의 회전수가 직진 때 보다 1/2 작아져야 한다.
③ 좌측바퀴의 회전수가 직진 때 보다 3/2 커져야 한다.
④ 좌측바퀴의 회전수가 직진 때 보다 3/2 작아져야 한다.

ADVICE 차동장치의 작용은 좌우 구동바퀴의 회전 저항 차이에 의해 발생하고, 바퀴를 통과하는 노면의 길이에 따라 회전하므로 우측바퀴가 1/2 감속되면 좌측바퀴는 직진할 때보다 3/2 커져야 한다.

3 유압브레이크 마스터실린더에 작용하는 힘이 100N, 배력장치가 3개, 마스터실린더의 면적이 휠실린더의 면적보다 2배 클 때 이때 발생하는 힘은 얼마인가?

① 150N

② 200N

③ 300N

④ 600N

〉ADVICE 100N $\times 3$ = 300N

휠 실린더의 면적이 2배 큼 300N$\times 2$ = 600N

4 다음 중 삼원촉매장치의 기능에 대한 설명으로 바르지 않은 것은?

① CO, HC는 CO_2로 산화시킨다.

② 공연비에 가까워질수록 촉매의 성능이 향상된다.

③ NOx는 이산화질소(NO_2)로 환원된다.

④ 벌집모양의 세라믹 촉매는 백금과 로듐으로 구성되어 있다.

〉ADVICE 삼원촉매장치 … 연소 후에 발생되는 배기가스의 유해물질을 산화 또는 환원반응을 통해 유해물질을 무해물질로 변환하는 장치를 말한다. 질소산화물(NOx)은 환원반응을 해 질소(N_2)와 산소(O_2)로 변환되고 일산화탄소(CO)와 탄화수소(HC)와 산화반응을 해 이산화탄소(CO_2)와 수증기(H_2O)로 변환된다.

> **Tip**
> 촉매장치
> ㉠ **산화촉매**: 배기가스 속의 CO와 HC가 CO_2와 H_2O로 산화된다.
> ㉡ **환원촉매**: 배기가스 속의 NOx가 N_2와 O_2로 된다.
> ㉢ **삼원촉매**: 배기가스 속의 CO, HC, NOx가 동시에 하나의 촉매로 처리한다.

ANSWER 1.② 2.③ 3.④ 4.③

5 **카트에 짐을 싣고 직진할 때 필요한 요소로 맞는 것은?**

① 캠버
② 캐스터
③ 토인
④ 킹핀경사각

> **ADVICE** ② 캐스터(caster) : 자동차의 앞바퀴를 옆에서 보면 조향 너클과 앞 차축을 고정하는 조향축(일체 차축방식에서는 킹
> 핀)이 수직선과 어떤 각도를 두고 설치되는데 이를 캐스터라 한다.
> ☞ 캐스터의 역할
> ㉠ 주행 중 조향바퀴에 방향성을 부여한다.
> ㉡ 조향하였을 때 직진방향으로의 복원력을 준다.
> ① 캠버(camber) : 자동차를 앞에서 보면 그 앞바퀴가 수직선에 대해 어떤 각도를 두고 설치되어 있는 데 이를 캠버라
> 한다.
> ☞ 캠버의 역할
> ㉠ 수직방향 하중에 의한 앞차축의 힘을 방지한다.
> ㉡ 조향핸들의 조작을 가볍게 한다.
> ㉢ 하중을 받았을 때 앞바퀴의 아래쪽(부의 캠버)이 벌어지는 것을 방지한다.
> ③ 토인(toe-in) : 자동차 앞바퀴를 위에서 내려다보면 바퀴 중심선 사이의 거리가 앞쪽이 뒤쪽보다 약간 좁게 되어
> 있는데 이것을 토인이라고 한다.
> ☞ 토인의 역할
> ㉠ 앞바퀴를 평행하게 회전시킨다.
> ㉡ 앞바퀴의 사이드슬립(side slip)과 타이어 마멸을 방지한다.
> ㉢ 조향 링키지 마멸에 따라 토아웃(toe-out)이 되는 것을 방지한다.
> ㉣ 토인은 타이로드의 길이로 조정한다.
> ④ 킹핀 경사각(조향축 경사각) : 자동차를 앞에서 보면 독립 차축방식에서의 위아래 볼 이음(또는 일체 차축방식의 킹핀)의 중심
> 선이 수직에 대하여 어떤 각도를 두고 설치되는데 이를 조향축 경사(또는 킹핀 경사)라고 한다.
> ☞ 조향축 경사각의 역할
> ㉠ 캠버와 함께 조향 핸들의 조작력을 가볍게 한다.
> ㉡ 캐스터와 함께 앞바퀴에 복원성을 부여한다.
> ㉢ 앞바퀴가 시미(shimmy)현상을 일으키지 않도록 한다.

6 전기자동차 배터리에 대한 설명으로 틀린 것은?

① 리튬이온전지는 분리막 사이로 리튬금속산화물로 이뤄진 양극이 있다.

② 리튬이온전지는 보통 흑연 등이 주로 쓰이는 탄소계 화합물로 이뤄진 음극이 있다.

③ 리튬인산철은 리튬이온 배터리의 한 종류로, 리튬폴리머 전지보다 에너지 밀도가 낮다.

④ 전해액은 양극과 음극사이에서 리튬이온이 이동할 수 있도록 하는 역할을 하며, 이온들만 전극으로 이동시킨 후 이때 냉각작용을 수행하여 온도를 낮추는 역할을 한다.

〉**ADVICE** 전해액 … 배터리 내부의 양극과 음극 사이에서 리튬 이온이 원활하게 이동하도록 돕는 매개체이며 리튬 이온이 이동수단으로 활용한다. 전해액은 리튬 이온의 원활한 이동을 위해 이온 전도도가 높은 물질이어야 하며, 안전을 위해 전기화학적 안정성과 발화점이 높아야 하고, 또한 전자의 경우 출입을 막아 외부 도선으로만 이동하도록 만들어야 한다.

7 디젤기관의 연소과정은 착화지연기간, 화염전파기간, 직접연소기간, 후기연소기간으로 나뉘는데 노킹과 관련이 있는 구간은?

① 직접연소기간, 후기연소기간

② 착화지연기간, 화염전파기간

③ 화염전파기간, 직접연소기간

④ 후기연소기간, 착화지연기간

〉**ADVICE** 착화지연기간과 화염전파기간

ⓐ 착화지연기간 : 이 기간은 경유가 연소실 내에 분사된 후 착화될 때까지의 기간이며, 이 착화기간이 길어지면 디젤기관에서 노크가 발생한다.

ⓑ 화염전파기간 : 이 기간은 경유가 착화되어 폭발적으로 연소를 일으키는 기간이며 정적 연소과정이다. 실린더 내에서의 공기의 와류, 연료의 성질, 혼합 상태 등에 의하여 지배된다.

✏ **ANSWER** 5.② 6.④ 7.②

8 4WS 차량이 좁은 주차장에 주차할 때, 보다 안정적으로 회전이 가능한 조향 바퀴의 방향으로 바르게 설명한 것은?

① 앞바퀴 안쪽, 뒷바퀴 안쪽

② 앞바퀴 안쪽, 뒷바퀴 바깥쪽

③ 앞바퀴 바깥쪽, 뒷바퀴 바깥쪽

④ 앞바퀴 고정, 뒷바퀴 고정

>**ADVICE** 4WS의 타이어 조향의 종류
    ㉠ 동위상 : 동위상은 자동차의 조종안정성을 개선할 목적으로 개발된 것으로 스티어링 휠을 돌렸을 때 앞 타이어와 뒤 타이어를 같은 방향으로 동시에 조향하는 방식
    ㉡ 역위상 : 저속으로 코너링 할 때 뒤 타이어를 앞 타이어의 반대방향으로 조향하는 방식으로, 회전반경이 작은 선회가 되어 좁은 주차장에 주차할 때 안정적으로 효과적으로 적용 가능

9 다음 보기 중 VVT(Variable Valve Timing)의 제어방법으로 바르게 설명한 것끼리 묶은 것은?

㉠ 공회전시 밸브오버랩이 커야 흡입효율이 향상되며 배기가스 충돌이 없다.
㉡ 중부하 운전영역에서 밸브오버랩을 크게 하여 연소실 내의 배기가스 재순환 양을 높여 질소산화물의 발생을 억제하고, 탄화수소의 배출도 감소시킬 수 있다.
㉢ 경부하, 중저속영역에서는 밸브오버랩이 커야 연소안정성을 향상시킬 수 있다.
㉣ 고부하, 중저속영역에서는 밸브오버랩이 커야 체적효율성이 향상된다.

---

① ㉠, ㉡   ② ㉡, ㉢

③ ㉠, ㉢   ④ ㉡, ㉣

>**ADVICE** 엔진의 회전속도가 높은 곳과 낮은 곳에서는 최적의 밸브타이밍이 다르기 때문에 흡기밸브는 회전속도가 낮은 곳에서는 느리게, 고속회전에서는 빠르게 열리도록 하는 장치가 가변 밸브 타이밍 시스템이다.

10 전자제어식 동력조향장치(EPS)의 관련된 설명으로 맞는 것은?

① 저속주행에서는 조향력을 최대화하여, 조향운정성을 향상시킨다.
② 일반도로에서는 조향력을 최소화하여, 조향안정성을 향상시킨다.
③ 저속주행에서는 조향력을 무겁게, 고속주행에서는 가볍게 되도록 한다.
④ 고속주행에서는 조향력을 최대화하여, 조향안정성을 향상시킨다.

> **ADVICE** 전자제어식 동력조향장치(EPS) … 조향핸들은 공회전이나 저속 주행시에는 가볍고 경쾌한 조향력으로, 고속에서는 안정성을 얻을 수 있는 적당히 무거운 조향력으로 변화하여야 한다.

1 전기자동차에서 완속 충전 시 외부 교류전원(AC)을 승압시키고 직류전원(DC)으로 변환하여 고전압 배터리에 충전시키기 위한 장치로 가장 옳은 것은?

① MCU(Motor Control Unit)

② BMS(Battery Management System)

③ LDC(Low voltage DC-DC Converter)

④ OBC(On-Board Charger)

>**ADVICE** ④ OBC(On-Board Charger ; 완속충전기) : 충전기의 AC 입력을 배터리의 DC로 변환하여 차량 내부 메인 배터리를 충전하는 기능을 한다.

① MCU(motor control unit ; 모터 컨트롤 유닛) : 하이브리드 모터 제어를 위한 컨트롤 유닛으로 HCU(hybrid control unit)의 토크 구동명령에 따라 모터로 공급되는 전류량을 제어하여 각 주행특성에 맞게 모터의 출력을 조절한다.

② BMS(battery nanagement system) : 고전압 배터리를 제어하는 것으로 배터리 에너지 입·출력제어와 배터리 성능유지를 위한 전류, 전압, 온도, 사용시간 등 각종 정보를 모니터링하고, 종합적으로 연산된 배터리 에너지 상태 정보를 HCU 또는 MCU로 송신하는 역할을 한다.

③ LDC(low voltage DC-DC converter ; 보조배터리 충전 컨트롤 유닛) : 12V 충전용 직류 변환장치로써, 일반 가솔린자동차의 발전기 대용으로 하이브리드 차량의 메인 배터리의 고전압을 저전압으로 낮추어 보조배터리 충전 및 기타 12V 전장품에 전력을 공급하는 장치이다.

2 〈보기〉의 규격을 갖는 타이어의 외경과 가장 유사한 값[mm]은? (단 1in = 25.4mm로 계산한다.)

보기
245/45 R 18 97 W

① 653 ② 678

③ 696 ④ 705

>**ADVICE** 타이어 외경(mm) = (휠인치수 × 25.4) + (타이어폭 × 타이어편평비 / 100) × 2

= (18×25.4) + (245 × 45 / 100) × 2 = 677.7

3 자동차용 교류발전기 구성 부품 중 로터(Rotor)에 대한 설명으로 가장 옳지 않은 것은?

① 로터는 직류발전기의 전기자코일과 전기자철심에 상당하며 자속을 만든다.
② 로터는 로터철심, 로터코일, 슬립링, 로터축 등으로 구성되어 있다.
③ 로터는 크랭크 풀리와 벨트로 연결되어 회전하는 부분이다.
④ 로터코일은 브러시와 슬립링을 통해 들어온 여자전류로 자장을 발생시킨다.

>**ADVICE** 로터(Rotor) … 로터는 직류발전기의 계자코일에 해당되는 것으로 팬벨트에 의해 엔진동력으로(자동차의 경우) 회전하며 브러시를 통해 들어온 전류에 의해 철심이 N극과 S극의 자석이 된다.

4 프런트 휠 얼라인먼트(Front wheel alignment)의 조향특성에 대한 설명으로 가장 옳은 것은?

① 언더 스티어링이란 조향각을 일정하게 하면서 선회 안쪽으로 말려 들어가서 선회 반지름이 작아지는 현상을 말한다.
② 프런트 휠 얼라인먼트는 조향 링키지 마멸이나 캠버에 의한 토인(toe-in) 경향을 방지한다.
③ 차량의 하중과 타이어의 접지 부분의 반작용으로 타이어의 아래쪽(폭)이 바깥쪽으로 벌어지는 정(+)의 캠버를 방지하기 위하여 역(−)의 캠버를 둔다.
④ 직진 방향으로의 복원력을 높이려면 정(+)의 캐스터를 둔다.

>**ADVICE** ④ 캐스터 … 차량을 측면에서 봤을 때 조향축이 노면의 수직선과 비교했을 때, 뒤쪽 또는 앞쪽으로 기울어진 상태를 나타내며 직진 방향에 복원력을 높이는 역할을 한다.
  ① 언더스티어링 … 코너링 포스가 커지면 바깥쪽 전륜이나 후륜이 안쪽 전륜보다 모멘트가 커지기 때문에, 조향각을 일정하게 하여도 선회 반지름이 커지는 현상이다.
  ② 토인(toe-in) : 자동차 앞바퀴를 위에서 내려다보면 바퀴 중심선 사이의 거리가 앞쪽이 뒤쪽보다 약간 좁게 되어 있는데 이것을 토인이라고 하며 일반적으로 2 ~ 6mm 정도이다.
  ③ 캠버(camber) : 자동차를 앞에서 보면 앞바퀴가 수직선에 대해 어떤 각도를 두고 설치되어 있는데 이를 캠버라 한다.

✎ **ANSWER** 1.④ 2.② 3.① 4.④

5 총 무게가 1,500kg인 자동차가 일정한 경사각도를 갖는 경사면을 올라가고 있다. 등판저항이 750kg이라고 할 때, 이 경사면의 경사각도 [deg]는?

① 30

② 45

③ 50

④ 60

> **ADVICE** 등판저항 = 차량중량 × 각면의 경사각
>
> 750 = 1500 × sin30

> Tip
>
> **등판저항** … 등판능력은 자동차가 최대 적재 상태에서 변속 1단으로 언덕을 올라갈 수 있는 능력을 말하며 등판할 수 있는 최대 경사각도로 표시한다.

6 가솔린 엔진 자동차의 삼원촉매장치에서 환원반응을 통해 줄이는 배출가스 성분은?

① 탄화수소(HC)

② 질소산화물(NOx)

③ 일산화탄소(CO)

④ 이산화탄소(CO_2)

> **ADVICE** 삼원촉매장치는 질소산화물(NOx)을 환원반응에 의하여 질소(N_2)와 산소(O_2)로 변화시키고 CO와 HC를 산화시켜 CO_2와 H_2O로 변환시킨다.

> Tip
>
> **촉매장치**
> ㉠ **산화촉매** : 배기가스 속의 CO와 HC가 CO_2와 H_2O로 산화된다.
> ㉡ **환원촉매** : 배기가스 속의 NOx가 N_2와 O_2로 된다.
> ㉢ **삼원촉매** : 배기가스 속의 CO, HC, NOx가 동시에 하나의 촉매로 처리한다.

7 고휘도 방전 전조등(High Intensity Discharge Lamp)에 대한 설명으로 옳은 것을 모두 고른 것은?

> ⊙ 할로겐전구에 비해 조사거리가 향상된다.
> ⓛ 할로겐전구에 비해 수명이 향상된다.
> ⓒ 할로겐전구에 비해 전력소비가 많다.
> ⓐ 플라즈마 방전에 의해 빛을 방출한다.

① ⊙, ⓛ   ② ⊙, ⓒ

③ ⊙, ⓛ, ⓐ   ④ ⓛ, ⓒ, ⓐ

> **ADVICE** 방전 헤드램프 … 할로겐램프에 비해 약 2배 정도 밝으며, 태양광선에 가까운 백색의 자연광선을 얻을 수 있을 뿐만 아니라 소비전력은 이전의 약 1/2 정도이며, 수명은 필라멘트에 비해 2배 정도이나 텅스텐 전극에 높은 전압을 안정적으로 공급하기 위해 전조등 제어용 컴퓨터가 필요하다.

8 〈보기〉에서 저항의 접속방법 중 병렬접속에 대한 설명으로 옳은 것을 모두 고른 것은?

─────────────── 보기 ───────────────

> ⊙ 각 저항에 흐르는 전류의 크기는 같다.
> ⓛ 어느 저항에서나 동일한 전압이 가해진다.
> ⓒ 많은 저항들이 연결될수록 합성저항은 작아진다.
> ⓐ 합성저항은 각 저항의 합과 같다.

① ⊙, ⓒ   ② ⊙, ⓐ

③ ⓛ, ⓒ   ④ ⓛ, ⓐ

> **ADVICE** 병렬접속 … 두 개 이상의 저항의 양단을 한 곳에 접속하는 것을 저항의 병렬접속이라고 하며, 이때 각 저항에 인가되는 전압은 일정하고 각 저항에 흐르는 전류는 저항에 반비례한다. 저항을 병렬로 연결할수록 저항값은 감소한다.

ANSWER 5.① 6.② 7.③ 8.③

9 자동제한 차동기어장치(LSD : Limited Slip Differential)가 작동할 때의 장점에 대한 설명으로 가장 옳지 않은 것은?

① 고속 곡선주행을 할 때 안정성이 좋다.
② 타이어의 미끄럼이 방지되어 타이어 수명을 연장할 수 있다.
③ 요철 노면을 주행할 때 뒷부분의 흔들림을 방지할 수 있다.
④ 미끄러운 노면에서 출발이 쉽다.

> **ADVICE** 자동제한 차동기어장치 … 양쪽 바퀴의 회전수가 제한치 이상으로 벌어지면 적은 회전수 방향으로 구동력을 더 보내주어 양쪽의 회전수 차이를 제한 및 조절해 주는 역할을 한다.

10 기관의 피스톤 링 플러터(piston ring flutter) 현상을 방지하는 방법으로 가장 옳지 않은 것은?

① 링 이음부는 배압이 적으므로 링 이음부의 면압분포를 높게 한다.
② 실린더 벽에서 긁어내린 윤활유를 배출시킬 수 있는 홈을 링 랜드에 둔다.
③ 피스톤 링의 지름방향 폭을 좁게 하여 링의 장력과 면압을 감소시킨다.
④ 얇은 링을 사용하여 링의 무게를 줄여 관성력을 감소시킨다.

> **ADVICE** 플러터 현상 … 피스톤링이 링 홈 속에서 진동하는 현상으로 가스 압력에 비해 피스톤링의 관성력이 커져서 링이 홈 내에서 떨리게 되어 링이 정상적으로 기밀을 유지하지 못하고 이로 인해서 블로바이 가스가 급증하게 되는 현상을 말한다.

Tip

방지대책
㉠ 피스톤링의 장력을 높여서 면압을 증가시킨다.
㉡ 얇은 링을 사용하여 링의 무게를 줄여, 관성력을 감소시킨다.
㉢ 링 이음부는 배압이 적으므로 링 이음부의 면압분포를 높게 한다.
㉣ 실린더 벽에서 긁어내린 윤활유를 이동 시킬 수 있는 홈을 링 랜드에 둔다.
㉤ 단면이 쐐기 형상으로 된 피스톤 링을 사용한다.
㉥ 링 홈 상하간격을 너무 좁게 하지 않고, 링 홈을 너무 깊게 하지 않는다.

1 전자동 에어컨에서 증발기(Evaporator) 코어의 온도를 감지하여 과냉으로 증발기가 빙결되는 것을 방지하기 위하여 사용되는 센서로 가장 옳은 것은?

① 실내온도 센서(In car sensor)

② 핀 서모 센서(Fin thermo sensor)

③ 외기온도 센서(Ambient sensor)

④ 냉각수온 센서(Water temperature sensor)

>ADVICE ② 핀 서모 센서(Fin thermo sensor) : 핀 서모 센서는 이베퍼레이터 코어에 장착되어 이베퍼레이터 코어의 온도를 감지하여 빙결되는 것을 예방하는 역할을 한다.

① 실내온도 센서(In car sensor) : 자동차의 실내 온도를 검출하여 컴퓨터로 입력시키며, 이 값에 의해 블로워 모터의 회전속도를 제어한다.

③ 외기온도 센서(Ambient sensor) : 외기온도 센서는 바깥 온도를 검출하여 컴퓨터로 입력시키며, 이 신호에 의해 컴퓨터는 부하량을 감지한다.

④ 냉각수온 센서(Water temperature sensor) : 실린더블록 또는 써모스탯 입구의 냉각수 통로에 설치되며 냉각수의 온도를 검출하여 온도가 상승하면 저항 값이 작아지고, 온도가 내려가면 저항 값이 커지는 부특성 서미스터(NTC thermister)로 일종의 저항기이다.

ANSWER 9.① 10.③ / 1.②

2 자동변속기의 미끄러짐에 의한 손실을 최소화하는 기능을 하는 댐퍼클러치(Damper clutch)의 비작동 영역의 조건으로 가장 옳지 않은 것은?

① 냉각수 온도가 70℃에서 95℃ 사이로 안정적일 때
② 내연기관의 회전수가 800rpm 이하로 안정적일 때
③ 주행 중 정상적으로 변속하는 중일 때
④ 스로틀 밸브 개도가 급격히 감소할 때

>ADVICE 댐퍼클러치 비작동 영역
　　　㉠ 1속 후진 및 기관이 공회전할 때
　　　㉡ 기관 브레이크가 작동될 때
　　　㉢ 자동변속기 오일의 유온이 65도 이하일 때
　　　㉣ 냉각수 온도가 50도 이하일 때
　　　㉤ 3속에서 2속으로 시프트 다운될 때
　　　㉥ 기관 회전속도가 800rpm 이하일 때
　　　㉦ 기관의 회전속도가 2000rpm 이하에서 스로틀 밸브의 열림이 클 때
　　　㉧ 주행 중 변속할 때
　　　㉨ 스로틀 밸브 개도가 급격히 감소할 때

3 내연기관 자동차의 냉각장치 구성부품 중 방열기(Radiator)의 요구조건으로 가장 옳지 않은 것은?

① 공기흐름 저항이 적을 것
② 가볍고 작으며 강도가 클 것
③ 냉각수 흐름 저항이 적을 것
④ 단위 면적당 방열량이 적을 것

>ADVICE 방열기(라디에타) 요구조건
　　　㉠ 단위 면적당 방열량이 클 것
　　　㉡ 가볍고 작으며 강도가 클 것
　　　㉢ 냉각수 및 공기 흐름 저항이 적어야 할 것

4 타이어 공기압이 낮은 상태에서 고속으로 일정 속도 이상이 되면 타이어 접지부 뒷부분이 부풀어 물결처럼 주름이 접힌 뒤 타이어 파손이 발생한다. 이 현상으로 옳은 것은?

① 베이퍼 록(Vapor lock) 현상
② 스탠딩 웨이브(Standing wave) 현상
③ 하이드로플래닝(Hydro-planing) 현상
④ 롤링(Rolling) 현상

>ADVICE ② 스탠딩 웨이브(Standing wave) 현상 : 타이어 공기압이 낮은 상태에서 자동차가 고속으로 달릴 때 일정속도 이상이
되면 타이어 접지부의 바로 뒷부분이 부풀어 물결처럼 주름이 접히는 현상을 말한다.
① 베이퍼록(vapor lock) 현상 … 브레이크액에 기포가 발생하여 브레이크가 제대로 작동하지 않는 현상을 말한다.
③ 하이드로플래닝(hydro planing, 수막현상) 현상 : 물에 젖은 노면을 고속으로 달릴 때 타이어가 노면과 접촉하지 않
아 조종이 불가능한 현상을 말한다.
④ 롤링(rolling) 현상 : 자동차가 좌우로 흔들리는 현상을 말한다.

5 전자제어 엔진의 ECU에서 입력신호에 해당하지 않는 것은?

① 냉각수온 센서 신호
② 흡기 온도 센서 신호
③ 스로틀 포지션 센서 신호
④ 인젝터 신호

>ADVICE ④ 인젝터 신호는 엔진 ECU의 출력신호에 해당된다.

Tip

ECU(engine control unit ; 기관 컨트롤 유닛) : 기관을 제어하는 ECU는 일반 차량에도 있는 것으로, 기관을 동작하거나
연료 분사량과 점화시기를 조절하게 된다.

✎ **ANSWER** 2.① 3.④ 4.② 5.④

6 가솔린 엔진 자동차의 삼원촉매장치에서 환원반응을 통해 줄이는 배출가스 성분은?

① 탄화수소(HC)
② 질소산화물(NOx)
③ 일산화탄소(CO)
④ 이산화탄소(CO_2)

》**ADVICE** 삼원촉매장치는 질소산화물(NOx)을 환원반응에 의하여 질소(N_2)와 산소(O_2)로 변환시키고 CO와 HC를 산화시켜 CO_2와 H_2O로 변환시킨다.

> **Tip**
> 촉매장치
> ㉠ 산화촉매 : 배기가스 속의 CO와 HC가 CO_2와 H_2O로 산화된다.
> ㉡ 환원촉매 : 배기가스 속의 NOx가 N_2와 O_2로 된다.
> ㉢ 삼원촉매 : 배기가스 속의 CO, HC, NOx가 동시에 하나의 촉매로 처리한다.

7 고휘도 방전 전조등(High Intensity Discharge Lamp)에 대한 설명으로 옳은 것을 모두 고른 것은?

───── 보기 ─────
㉠ 할로겐전구에 비해 조사거리가 향상된다.
㉡ 할로겐전구에 비해 수명이 향상된다.
㉢ 할로겐전구에 비해 전력소비가 많다.
㉣ 플라즈마 방전에 의해 빛을 방출한다.

① ㉠, ㉡
② ㉠, ㉢
③ ㉠, ㉡, ㉣
④ ㉡, ㉢, ㉣

》**ADVICE** 방전 헤드램프 … 할로겐램프에 비해 약 2배 정도 밝으며, 태양광선에 가까운 백색의 자연광선을 얻을 수 있을 뿐만 아니라 소비전력은 이전의 약 1/2 정도이며, 수명은 필라멘트에 비해 2배 정도이나 텅스텐 전극에 높은 전압을 안정적으로 공급하기 위해 전조등 제어용 컴퓨터가 필요하다.

8 〈보기〉에서 저항의 접속방법 중 병렬접속에 대한 설명으로 옳은 것을 모두 고른 것은?

보기

㉠ 각 저항에 흐르는 전류의 크기는 같다.

㉡ 어느 저항에서나 동일한 전압이 가해진다.

㉢ 많은 저항들이 연결될수록 합성저항은 작아진다.

㉣ 합성저항은 각 저항의 합과 같다.

① ㉠, ㉢

② ㉠, ㉣

③ ㉡, ㉢

④ ㉡, ㉣

ADVICE 병렬접속 … 두 개 이상의 저항의 양단을 한 곳에 접속하는 것을 저항의 병렬접속이라고 하며, 이때 각 저항에 인가되는 전압은 일정하고 각 저항에 흐르는 전류는 저항에 반비례한다. 저항을 병렬로 연결할수록 저항 값은 감소한다.

9 자동제한 차동기어장치(LSD : Limited Slip Differential)가 작동할 때의 장점에 대한 설명으로 가장 옳지 않은 것은?

① 고속 곡선주행을 할 때 안정성이 좋다.

② 타이어의 미끄럼이 방지되어 타이어 수명을 연장할 수 있다.

③ 요철 노면을 주행할 때 뒷부분의 흔들림을 방지할 수 있다.

④ 미끄러운 노면에서 출발이 쉽다.

ADVICE 자동제한 차동기어장치 … 양쪽 바퀴의 회전수가 제한치 이상으로 벌어지면 적은 회전수 방향으로 구동력을 더 보내주어 양쪽의 회전수 차이를 제한 및 조절해 주는 역할을 한다.

10 기관의 피스톤 링 플러터(piston ring flutter) 현상을 방지하는 방법으로 가장 옳지 않은 것은?

① 링 이음부는 배압이 적으므로 링 이음부의 면압분포를 높게 한다.

② 실린더 벽에서 긁어내린 윤활유를 배출시킬 수 있는 홈을 링 랜드에 둔다.

③ 피스톤 링의 지름방향 폭을 좁게 하여 링의 장력과 면압을 감소시킨다.

④ 얇은 링을 사용하여 링의 무게를 줄여 관성력을 감소시킨다.

❯ADVICE 플러터 현상 … 피스톤링이 링 홈 속에서 진동하는 현상으로 가스 압력에 비해 피스톤링의 관성력이 커져서 링이 홈 내에서 떨리게 되어 링이 정상적으로 기밀을 유지하지 못하고 이로 인해서 블로바이 가스가 급증하게 되는 현상을 말한다.

> ### Tip
>
> **방지대책**
> ㉠ 피스톤링의 장력을 높여서 면압을 증가시킨다.
> ㉡ 얇은 링을 사용하여 링의 무게를 줄여, 관성력을 감소시킨다.
> ㉢ 링 이음부는 배압이 적으므로 링 이음부의 면압분포를 높게 한다.
> ㉣ 실린더 벽에서 긁어내린 윤활유를 이동 시킬 수 있는 홈을 링 랜드에 둔다.
> ㉤ 단면이 쐐기 형상으로 된 피스톤 링을 사용한다.
> ㉥ 링 홈 상하간격을 너무 좁게 하지 않고, 링 홈을 너무 깊게 하지 않는다.

1 다음 중 엔진오일이 회색일 때의 원인으로 알맞은 것은?

① 엔진오일의 오염
② 냉각수 유입
③ 연소생성물의 유입
④ 가솔린의 유입

>**ADVICE** 엔진오일의 색상별 원인
　㉠ 검정색 : 심한 오염
　㉡ 우유색 : 냉각수가 유입된 경우
　㉢ 회색 : 연소생성물이 유입된 경우

2 다음 중 2행정 기관의 단점으로 맞는 것은?

① 평균유효압력이 높다.
② 피스톤과 링의 소손이 빠르다.
③ 유효행정이 짧고, 흡배기가 동시 열려서 흡입효율이 저하된다.
④ 폭발횟수가 4행정기관의 2배이며, 열부하가 커서 냉각효율이 저하된다.

>**ADVICE** 행정기관의 단점
　㉠ 배기행정이 불안정하며, 유효행정이 짧고, 동일 배기량일 경우 4행정 기관에 비해 연료소비율이 크다.
　㉡ 저속일 경우, 기관의 회전상태 유지가 어렵고, 평균유효압력을 높이기 어렵다.
　㉢ 피스톤과 피스톤링의 소모가 크다.
　㉣ 대기 오염물질 배출량이 많고 4행정보다 실린더의 피로가 많으며 열부하가 커서 냉각효율이 저하된다.

3 다음 중 LPG 기관의 장점이 아닌 것은?

① 옥탄가가 높아 노킹 현상이 일어나지 않으며, 연소실에 카본 부착이 없다.

② 배기가스 중의 CO의 배출량이 가솔린보다 적다.

③ 체적효율이 떨어져 최고 출력이 가솔린에 비해 떨어진다.

④ 실린더의 마모가 적고, 오일 교환 기간이 연장된다.

>**ADVICE** LPG의 단점

    ⊙ 연료탱크를 고압 용기로 사용하므로 자동차 무게가 증가한다.

    ⓒ 증발 잠열로 인해 겨울철 시동이 곤란하게 된다.

    ⓒ LPG의 취급과 공급이 어렵다.

    ⓔ 베이퍼라이저 내에 타르나 고무 같은 물질을 자주 배출시켜야 한다.

    ⓜ 기체 상태로 실린더 내에 들어가므로 체적효율이 저하하여 출력이 가솔린에 비해 저하된다.

4 다음 중 질소산화물(NOx)이 상승하는 원인은?

① 공연비가 농후한 경우

② 냉각수 온도가 낮은 경우

③ 점화시기가 빠른 경우

④ 압축비가 낮은 경우

>**ADVICE** 질소산화물의 상승 원인 … 연소온도가 2,000℃ 이상인 연소에서 급증하고 이론혼합비 부근에서 최대값을 나타낸다. 이론 혼합비보다 농후해지거나 희박해지면 발생률이 낮아지고, 점화시기가 빠른 경우 상승한다.

5 다음 중 축전지 격리판의 구비조건으로 틀린 것은?

① 전도성일 것

② 다공성일 것

③ 전해액의 확산이 잘 될 것

④ 전해액에 부식되지 않을 것

>**ADVICE** 축전지 격리판의 구비조건

    ⊙ 비전도성일 것

    ⓒ 구멍이 많아서 전해액의 확산이 잘 될 것

    ⓒ 기계적 강도가 있고, 전해액에 부식되지 않을 것

    ⓔ 극판에 좋지 못한 물질을 내뿜지 않을 것

6 다음 중 DLI(Distributor Less Ignition) 전자배전 점화방식의 특징으로 옳지 않은 것은?

① 배전기에 의한 누전이 없다.
② 배전기와 로터에 의한 고전압 에너지 손실이 없다.
③ 배전기식은 로터와 전극 사이로부터 진각폭의 제한을 받으나 DLI는 점화 진각폭의 제한을 받지 않는다.
④ 높은 전압의 출력을 감소시키면 방전 유효에너지가 감소 된다.

>ADVICE DLI(Distributor Less Ignition) 전자배전 점화방식의 특징
　ⓐ 배전기로 고전압을 배전하지 않기 때문에 누전이 발생하지 않는다.
　ⓑ 배전기 내의 에어갭이 없어 로터와 고압 단자사이의 전압 에너지 손실이 적다.
　ⓒ 배전기 캡 내부로부터 발생하는 전파 잡음이 없다. 진각 폭에 제한을 받지 않는다.

7 다음 중 베이퍼 록의 원인이 아닌 것은?

① 긴 내리막에서 과도한 브레이크 사용
② 드럼과 라이닝의 끌림에 의한 과열
③ 브레이크 라이닝과 드럼의 틈새가 과다한 경우
④ 브레이크 슈 리턴 스프링의 장력 저하

>ADVICE 베이퍼록현상(vapor lock) … 브레이크액에 기포가 발생하여 브레이크가 제대로 작동하지 않는 현상을 말한다. 계속되는 내리막길에서 브레이크를 과하게 사용하면 차륜 부분의 마찰열 때문에 휠실린더나 브레이크 파이프 속의 오일이 기화되고, 브레이크 회로 내에 공기가 유입된 것처럼 기포가 형성된다. 이때 브레이크를 밟아도 스펀지를 밟듯이 푹푹 꺼지며, 브레이크가 작동되지 않는 현상이 생기는데 이를 베이퍼록이라 한다.
　ⓐ 브레이크 페달을 밟을 때 제동이 잘되지 않으며 더운 여름철에 많이 발생한다.
　ⓑ 브레이크 라이닝과 드럼의 간극이 작을 때 원인이 된다.

8 다음 중 하이포이드 기어의 장점을 바르게 설명한 것은?

① 기어 이의 폭 방향으로 미끄럼 접촉을 하므로 큰 압력을 받지 않는다.
② 추진축의 높이를 낮출 수 있어 자동차의 중심을 낮출 수 있다.
③ 기어의 물림률이 낮아 회전이 부드럽다.
④ 무게중심이 높아져 안정성이 우수하다.

>ADVICE 하이포이드 기어의 특징
　　ⓙ 구동 피니언의 오프셋에 의해 추진축 높이를 낮출 수 있어 자동차의 중심이 낮아져 안정성이 증대된다.
　　ⓛ 동일 감속비 동일 치수의 링 기어인 경우에 스파이럴 베벨기어에 의해 구동 피니언을 크게 할 수 있어 강도가 증대된다.
　　ⓒ 기어 물림률이 커 회전이 정숙하다.
　　ⓔ 측압이 커서 극압 오일(하이포이드용 오일)을 사용해야 한다.
　　ⓜ 제작이 어렵다.

9 다음 중 ECS의 제어가 아닌 것은?

① 안티 롤링 제어
② 트랙션 제어
③ 안티 스쿼트 제어
④ 속도 감응 제어

>ADVICE ECS의 제어
　　ⓙ 안티 롤링 제어
　　ⓛ 안티 스쿼트 제어
　　ⓒ 안티 다이브 제어
　　ⓔ 안티 피칭제어
　　ⓜ 안티 바운싱 제어
　　ⓗ 차속감응제어
　　ⓢ 안티 쉐이크 제어

10 다음 중 스프링 위 아래 진동에 대해 잘못 설명한 것은?

① 피칭 : 차체가 Y축을 중심으로 하여 회전운동을 하는 고유 진동
② 요잉 : 차체가 Z축을 중심으로 하여 회전운동을 하는 고유 진동
③ 휠 홉 : 차축이 Z축을 중심으로 상하 평행운동을 하는 진동
④ 휠 트램프 : 차축이 Y축을 중심으로 하여 회전운동을 하는 진동

> **ADVICE** ④ 스프링 아래 진동에서 휠 트램프는 차축이 X축을 중심으로 하여 회전운동을 하는 고유진동을 말한다.

> **Tip**
>
> 스프링의 진동
> ㉠ 스프링 위 진동
> - 바운싱(Bouncing) : 차체가 Z축 방향과 평행운동을 하는 고유 진동
> - 롤링(Rolling) : 차체가 X축을 중심으로 하여 회전운동을 하는 고유 진동
> - 피칭(Pitching) : 차체가 Y축을 중심으로 하여 회전운동을 하는 고유 진동
> - 요잉(Yawing) : 차체가 Z축을 중심으로 하여 회전운동을 하는 고유 진동
>
> ㉡ 스프링 아래 진동
> - 휠홉(Wheel hop) : 차축이 Z방향의 상하 평행운동을 하는 진동, 즉 수직 방향의 진동
> - 휠 트램프(Wheel Tramp) : 차축이 X축을 중심으로 하여 회전운동을 하는 진동
> - 와인드 업(Wind up) : 차축이 Y축을 중심으로 회전운동을 하는 진동

1 다음 중 디젤 기관의 노킹 방지책으로 맞는 것은?

① 실린더벽의 온도를 낮춘다.
② 착화지연 기간을 길게 한다.
③ 압축비를 낮춘다.
④ 흡기온도를 높인다.

> **ADVICE** 디젤 노킹의 방지책
>   ㉠ 착화성이 좋은 (세탄가가 높은) 경유를 사용한다.
>   ㉡ 압축비, 압축압력 및 압축온도를 높인다.
>   ㉢ 기관의 온도와 회전속도를 낮춘다.
>   ㉣ 분사 개시 때 분사량을 감소시켜 착화 지연을 짧게 한다.
>   ㉤ 분사시기를 알맞게 조정한다.
>   ㉥ 흡입 공기에 와류가 일어나도록 한다.

2 자동차의 냉각장치에서 라디에이터의 구비조건이 아닌 것은?

① 공기의 흐름저항이 작을 것
② 단위면적당 방열량이 작을 것
③ 가볍고 작으며 강도가 클 것
④ 냉각수의 흐름저항이 작을 것

> **ADVICE** 라디에이터의 구비조건
>   ㉠ 단위면적당 방열량이 클 것
>   ㉡ 가볍고 작으며 강도가 클 것
>   ㉢ 냉각수 및 공기 흐름저항이 적을 것

3 다음 중 납산 축전지의 구성에 대한 설명으로 틀린 것은?

① 양극판은 과산화납(PbO_2)로 구성되어 있다.
② 음극판은 해면상납(Pb)로 구성되어 있다.
③ 격리판은 플라스틱으로 구성되어 있다.
④ 전해액은 순수한 황산으로 구성되어 있다.

>ADVICE ④ 전해액은 황산과 증류수가 혼합된 묽은 황산으로 구성되어 있다.

> **Tip**
>
> 납산 축전지의 구조 ⋯ 현재 가장 많이 사용되고 있는 납산 축전지의 경우 하나의 케이스 안은 여러 개의 작은 셀(Cell)로 나누어지고, 그 셀에 양극판과 음극판 및 전해액인 묽은 황산이 들어 있으며, 이들이 서로 화학반응을 일으켜 셀마다 약 2.1V의 기전력이 발생한다.

4 변속기가 필요한 이유로 옳지 않은 것은?

① 후진을 시키기 위해
② 회전속도를 증대하기 위해
③ 회전력을 증대하기 위해
④ 엔진을 무부하 상태로 유지하기 위해

>ADVICE 변속기의 필요성
　㉠ 기관과 차축사이에서 회전력을 증대시킨다.
　㉡ 기관을 시동할 때 기관을 무부하 상태로 유지시킨다.(변속레버 중립위치에서)
　㉢ 자동차를 후진시키기 위하여 필요

✎ **ANSWER** 1.④ 2.② 3.④ 4.②

5 다음 중 자동차 프레임의 설명으로 옳지 않은 것은?

① 엔진 및 섀시의 모든 부품을 장착할 수 있는 자동차의 뼈대

② H형 프레임은 일명 사다리형 프레임이라고도 하며, 만들기 쉽고 휨에 강하기 때문에 버스나 트럭에 사용한다.

③ 트러스형 프레임은 스포츠카, 경주용차 등의 차량의 무게를 가볍게 하기 위하여 고안된 프레임으로 일체구 조형이라고도 한다.

④ 플랫폼형 프레임은 주로 승용차에서 사용하며 한 개의 굵은 강관으로 구성 ㅁ형이나 ㅣ자형의 단면으로 되어 있다.

>**ADVICE** 플랫폼형 … 프레임과 보디 바닥면을 일체로 용접하여, 상자형 단면을 만든 것으로 휨 및 굽음에 대한 강성이 크다.

>　**Tip**
>　백보운형 … 하나의 두터운 강관을 뼈대로 하고 차체를 설치하기 위한 가로 멤버에 브래킷을 고정한 것으로 뼈대를 구 성하는 세로 멤버의 단면은 보통 원형으로 주로 승용차에 적용된다.

6 다음 중 전기자동차의 구성부품이 아닌 것은?

① 차동기어

② 다단변속기

③ 인버터 및 컨버터

④ 회생제동장치

>**ADVICE** 전기 자동차에는 가솔린 자동차처럼 기존의 다단 변속기가 없으며 거의 모든 자동차가 단일 속도를 갖는다. 감속기의 역할은 모터의 회전수를 줄여서 토크를 높여주는 것이며 전기 모터가 빠른 속도로 돌아가는데 힘이 없을 때, 회전속도 를 줄이고 힘을 세게 해야 한다.

>　**Tip**
>　전기자동차(electric vehicle) 구성 … 전기자동차는 모터에 에너지를 구동하는 배터리, 배터리에서 공급받은 에너지로 바 퀴를 구동하는 모터와 배터리와 모터 사이에서 동력을 컨트롤하는 제어기로 구성되어 있다.

7 다음 중 앞바퀴 정렬에 대한 설명으로 옳은 것은?

① 캠버는 앞바퀴를 옆에서 보았을 때 킹핀의 수선에 대해 이룬 각으로 직진성, 복원성을 부여한다.

② 바퀴가 차체의 바깥쪽으로 기울어진 상태를 정의 캠버라고 한다.

③ 앞바퀴를 위에서 보았을 때 앞바퀴의 앞쪽이 뒤쪽보다 안으로 오무려진 상태를 토아웃(Toe-out)이라고 한다.

④ 자동차 앞바퀴를 위에서 보았을 때 양쪽 타이어 앞뒤 중심선의 거리가 앞쪽이 뒤쪽보다 적은 것을 토인 (Toe-in)이라고 한다.

>**ADVICE** 토인(Toe-in) … 자동차 앞바퀴를 위에서 내려다보면 바퀴 중심선 사이의 거리가 앞쪽이 뒤쪽보다 약간 작게 되어있는 데 이것을 토인이라 한다.

> **Tip**
>
> **토인의 필요성**
> ㉠ 앞바퀴를 평행하게 회전시킨다.
> ㉡ 앞바퀴의 사이드 슬립과 타이어 마멸을 방지한다.
> ㉢ 조향 링키지 마멸에 따라 토아웃이 되는 것을 방지한다.
>
> **토아웃과 캠버**
> ㉠ **토아웃**(toe-out) : 자동차 앞바퀴를 위에서 내려다보면 좌우 앞바퀴의 앞쪽이 뒤쪽보다 넓어진 것을 말한다.
> ㉡ **캠버**(camber) : 자동차를 앞에서 보면 그 앞바퀴가 수직선에 대해 어떤 각도를 두고 설치되어 있는데 이를 캠버라 하며 그 각도를 캠버 각도라 한다. 캠버 각도는 일반적으로 $0.5 \sim 1.5°$ 정도이다.

8 LPI 연료장치의 설명으로 옳지 않은 것은?

① 여름철에는 부탄을 30% 정도 함량한다.

② 안전을 위해 탱크용량의 85%가 넘지 않게 충전한다.

③ LPG가 과도하게 흐르면 밸브가 닫혀 유출을 방지하는 과류방지밸브가 설치되어 있다.

④ 기화잠열에 의한 수분의 빙결 현상을 방지하는 아이싱 팁이 설치되어 있다.

>**ADVICE** LPI(liquid petroleum injection) 연료장치 … LPI 연료장치는 LPG를 고압의 액체상태($5 \sim 15$bar)로 유지하면서 기관 ECU(컴퓨터)에 의해 제어되는 인젝터를 통하여 각 실린더로 분사하는 방식이다. 즉, LPG가 각각의 실린더에 독립적 으로 공급 제어되는 방식이다.

> **Tip**
>
> **LPG** … 겨울철에는 기관의 시동성능을 향상시키기 위해 프로판 30%와 부탄 70%의 혼합가스를 사용하며 여름철에는 출력을 향상시키기 위하여 부탄 100%인 가스를 사용한다.

✎ **ANSWER** 5.④ 6.② 7.④ 8.①

9 어느 4행정 사이클 기관의 밸브 개폐시기가 다음과 같다. 밸브오버랩은 얼마인가?

흡기 밸브 열림 : 상사점 전 10°

흡기 밸브 닫힘 : 하사점 후 55°

배기 밸브 열림 : 하사점 전 45°

배기 밸브 닫힘 : 상사점 후 20°

---

① 30°

② 55°

③ 65°

④ 100°

> **ADVICE** 밸브오버랩 … 흡 · 배기 작용을 완전하게 하기 위해서는 상사점을 기준으로 흡기 밸브는 조금 빠르게 열리고 배기밸브
> 는 조금 늦게까지 열린 채로 있어야 한다.
> ∴ 흡기밸브 열림 상사점 전 10° + 배기 밸브 닫힘 상사점 후 20° = 30°

10 자동차가 선회할 때 롤링을 감소하고 차체의 평형을 유지하기 위해 사용되는 장치는?

① 판스프링

② 스테빌라이저

③ 공기스프링

④ 쇽업소버

> **ADVICE** ② 스테빌라이저 … 토션바 스프링의 일종으로 양끝은 좌우의 컨트롤 암에 연결되고, 중앙부분은 차체에 설치되어 커브
> 길을 선회할 때 차체가 롤링(rolling : 좌우 진동)하는 것을 방지하며, 차체의 기울기를 감소시켜 평형을 유지하는
> 기구이다.
> ① 판 스프링 : 띠모양의 스프링 강판을 여러 장 겹쳐서 결합한 것으로 스프링 본래의 작용과 구동력을 전달하며 리어
> 앤드 토크를 흡수하는 작용을 한다.
> ③ 공기 스프링 : 공기의 탄성을 이용한 것으로 비교적 유연한 탄성을 얻을 수 있고, 작은 진동의 흡수가 좋아서 승차
> 감이 우수하고 차체의 높이를 항상 일정하게 한다.
> ④ 쇽업소버 : 노면에 의해 발생한 스프링의 충격을 흡수하여 스프링의 피로를 경감하고 승차감과 로드 홀딩을 향상시
> 키며 스프링의 상하 운동에너지를 열에너지로 변환시키는 장치이다.

1 장행정 기관에 대한 설명으로 틀린 것은?

① 폭발력과 배기량이 크다.
② 회전력이 크고, 피스톤 측압이 작다.
③ 엔진회전속도가 느리고 회전력이 크다.
④ 흡입밸브의 직경을 크게 해야 한다.

> **ADVICE** 장행정 기관의 특징
> ㉠ 피스톤의 과열이 심하지 않고 측압이 작다.
> ㉡ 흡입 공기량이 많고 폭발력이 큰 장점이 있으나 회전속도가 비교적 낮다.
> ㉢ 기관의 높이가 높아지는 단점이 있다.

2 다음 중 LPI 기관의 연료압력조절 유닛의 구성으로 옳게 짝지어진 것은?

㉠ 압력센서	㉡ 유압센서
㉢ 온도센서	㉣ 차속센서

① ㉠, ㉡
② ㉠, ㉢
③ ㉡, ㉢
④ ㉢, ㉣

> **ADVICE** 연료압력 조절기는 봄베에서 송출된 높은 압력의 LPG를 다이어프램과 스프링의 균형을 이용하여 LPG 공급라인 내의 압력을 항상 5bar로 유지시키는 기능을 한다.
> ㉠ 연료압력 조절기 : LPG 공급압력을 조절하며, 펌프 압력보다 항상 5bar 이상이 되도록 한다.
> ㉡ 가스온도 센서 : 온도에 따른 LPG 공급량 보정신호로 사용되며, LPG 성분 비율을 판정할 수 있는 신호로도 사용된다.

ANSWER 9.① 10.② / 1.④ 2.②

3 다음 중 가솔린 배출가스의 특성으로 옳게 짝지어진 것은?

> ㉠ 가속시 : CO 증가, HC 증가, NOx 증가
> ㉡ 감속시 : CO 증가, HC 증가, NOx 감소
> ㉢ 가속시 : CO 감소, HC 증가, NOx 증가
> ㉣ 감속시 : CO 증가, HC 감소, NOx 증가

① ㉠, ㉡
② ㉠, ㉣
③ ㉡, ㉢
④ ㉢, ㉣

>ADVICE ㉠ 가속시(농후한 혼합비로 운전 시) : CO 증가, HC 증가, NOx 증가
㉡ 감속시(농후한 상태에서 연소온도가 낮아질 때) : CO 증가, HC 증가, NOx 감소

4 다음 중 설페이션(유화) 현상의 원인이 아닌 것은?

① 장시간 방전 상태로 방치
② 잦은 급속충전
③ 전해액 부족으로 극판이 공기 중에 노출된 경우
④ 전해액 속에 황산이 과도하게 함유되었을 경우

>ADVICE 설페이션 현상의 발생 원인
㉠ 방전 상태로 장시간 방치
㉡ 방전전류가 대단히 큰 경우
㉢ 불충분한 충전을 반복하는 경우

5 수소연료전지 자동차에서 산소와 수소의 화학적 반응을 이끌어내 전기에너지로 변환시키는 역할을 하는 수소이온화 부품은?

① 분리막

② 단자판

③ 막전극접합체

④ 연료극

〉ADVICE 막전극접합체 … 수소연료전지에서 산소와 수소의 화학적 반응을 이끌어내 전기에너지로 변환시키는 역할을 하는 필름 형태의 접합체, 전극막접합체라고도 하며 연료전지에 공급된 수소와 산소는 각각 음극과 양극에서 전자를 내어놓으며 이온이 되고 내어진 전자는 외부로 빠져나가 전류가 되는 반응이 일어나는 곳을 말한다.

Tip

수소연료전지 자동차

㉠ 연료전지시스템은 연료전지스택, 운전 장치, 모터, 감속기로 구성된다.

㉡ 연료전지는 공기와 수소 연료를 이용하여 전기를 생성한다.

㉢ 연료전지에서 생성된 전기는 인버터를 통해 모터로 공급된다.

㉣ 연료전지 자동차가 유일하게 배출하는 배기가스는 수분이다.

6 수소연료전지 자동차의 운행 시 부하와 그 상태를 잘못 설명하고 있는 것은?

① 평지시 : 부하 없음 → 스택으로 전기 생산

② 내리막 : 부하 없음 → 스택 정지

③ 오르막 : 부하 많음 → 수소를 더 많이 스택에 넣어 전기 생산이 많아짐

④ 오르막 : 부하 많음 → 배터리 고전압을 활용함

〉ADVICE ③ 오르막에서 부하가 많이 걸리기 때문에 배터리 고전압을 활용한다.

✎ **ANSWER** 3.① 4.② 5.③ 6.③

7 다음 중 하이브리드 자동차 고전압 부품 작업 시 유의사항으로 틀린 것은?

① SOC 15% 이하로 방전시킨다.
② 고전압 안전플러그 탈착 후 작업한다.
③ 절연복, 장갑, 보안경 등 장비를 착용 후 작업에 임한다.
④ 분해한 부품은 절연매트 위에 배치한다.

>**ADVICE** ① 하이브리드 자동차 배터리는 SOC(State of Charge – 충전상태)가 20%일 때 80% 정도 충전하는 것이 최적의 상태이다.

> **Tip**
>
> **하이브리드 전기자동차**(hybrid vehicle) … 하이브리드 전기자동차는 두 가지 기능이나 역할이 하나로 합쳐져 사용되고 있는 자동차를 말하며 이는 2개의 동력원(내연기관과 축전지)을 이용하여 구동되는 자동차를 말한다.

8 다음 중 현가장치의 위 질량운동이 아닌 것은?

① 피칭
② 요잉
③ 바운싱
④ 와인드 업

>**ADVICE** 스프링 아래 질량진동(와인드 업 wind up) … 차축이 Y축을 중심으로 회전운동을 하는 고유진동을 말한다.

> **Tip**
>
> **스프링의 진동**
> ㉠ **스프링 위 진동**
> • 바운싱(Bouncing) : 차체가 Z축 방향과 평행운동을 하는 고유 진동
> • 롤링(Rolling) : 차체가 X축을 중심으로 하여 회전운동을 하는 고유 진동
> • 피칭(Pitching) : 차체가 Y축을 중심으로 하여 회전운동을 하는 고유 진동
> • 요잉(Yawing) : 차체가 Z축을 중심으로 하여 회전운동을 하는 고유 진동
> ㉡ **스프링 아래 진동**
> • 휠홉(Wheel hop) : 차축이 Z방향의 상하 평행운동을 하는 진동, 즉 수직 방향의 진동
> • 휠 트램프(Wheel Tramp) : 차축이 X축을 중심으로 하여 회전운동을 하는 진동
> • 와인드 업(Wind up) : 차축이 Y축을 중심으로 회전운동을 하는 진동

9 다음 중 LSD의 특징으로 맞는 것은?

① 모든 바퀴의 제동력을 독립적으로 제어한다.
② 슬립을 이용한 선회를 한다.
③ 미끄러운 노면 출발 시에 활용하며, 바퀴의 공회전을 방지한다.
④ 선회 가속시 구동력과 제동력을 제어하여 조향성능을 향상시킨다.

> **ADVICE** LSD(limited slip differential) … 차동제한장치라고도 하며 미끄러운 길 또는 진흙 길 등에서 주행할 때 한쪽 바퀴가 헛돌며 빠져나오지 못할 경우, 쉽게 빠져나올 수 있도록 도와주는 장치를 말한다.

10 공기식 브레이크 장치에서 공기의 압력을 기계적 운동으로 바꾸어 주는 장치는?

① 브레이크 슈
② 브레이크 밸브
③ 브레이크 챔버
④ 릴레이밸브

> **ADVICE** ③ 브레이크 챔버 … 브레이크 페달을 밟아 브레이크 밸브에서 조절된 압축 공기가 챔버 내로 유입되면 다이어프램은 스프링을 누르고 이동한다. 이에 따라 푸시로드가 슬랙 조정기를 거쳐 캠을 회전시키고 브레이크 슈가 확장하여 드럼에 압착되어 제동을 한다. 페달을 놓으면 다이어프램이 스프링 장력으로 제자리로 복귀하여 제동이 해제된다.

> **Tip**
>
> 브레이크 슈 … 휠 실린더에서 힘을 받아 회전하는 드럼을 제압하는 것으로 드럼과의 접촉면에는 소모품인 라이닝이 부착된다.

ANSWER 7.① 8.④ 9.③ 10.③

1 단위 시간당 공급 에너지 또는 다른 에너지로 전환되는 전기에너지를 뜻하는 용어는?

① 전류　　　　　　　　　　　　　　　② 전압
③ 전력　　　　　　　　　　　　　　　④ 전력량

> **ADVICE** ③ 전력(Electric power) … 전기가 단위시간 동안에 한 일의 양이며 전등, 전동기 등에 전압을 가하여 전류를 흐르게 하면 기계적 에너지를 발생시켜 여러 가지 일을 할 수 있도록 하는 것을 말한다. 단위는 와트(W)
> ① 전류(Electric current) : 전하가 연속적으로 이동하는 현상. 도체 내부의 전위가 높은 곳에서 낮은 곳으로 흐르며 이는 양전기가 흐르는 방향이다. 크기는 단위 시간당 통과하는 전기량으로 표시한다. 단위는 암페어(A)
> ② 전압(voltage) : 전기장이나 도체 안에 있는 두 점 사이의 전기적인 위치 에너지 차. 단위는 볼트(V)
> ④ 전력량(Electrical energy) : 전력량은 전기가 일정 시간동안 하는 일의 양으로, 주로 전기/전자 기기의 소비 전력량을 나타낼 때 사용한다. 단위는 와트시(Wh)

2 다음 중 경유 연료의 구비조건이 아닌 것은?

① 착화점이 낮을 것
② 점도가 적당하고 점도 지수가 높을 것
③ 발열량이 높을 것
④ 이산화황 함유량이 높을 것

> **ADVICE** ④ 황(S)의 함유량이 적어야 한다.

> **Tip**
>
> 경유의 구비조건
> ㉠ 착화성이 양호하여야 한다.
> ㉡ 적당한 점도를 가져야 한다.
> ㉢ 인화점이 가솔린보다 높아야 한다.
> ㉣ 불순물이나 유황분이 없어야 한다.
> ㉤ 적당한 휘발성이 있어야 한다.
> ㉥ 잔류탄소가 없으며, 발열량이 높아야 한다.

3 다음 축전지에서 시동전동기에 전류가 흐를 때 시동전동기의 큰 전류를 단속하고 구동 피니언이 링기어에 물리는 역할을 하는 부품은?

① 전기자

② 전자스위치

③ 정류자

④ 브러시와 브러시 홀더

>**ADVICE** 전자스위치
  ㉠ 솔레노이드 스위치라고도 하며 플런저, 플런저를 끌어당기는 풀인 코일, 당겨진 플런저를 계속 유지시켜주는 홀딩 코일, 리턴 스프링 등으로 구성
  ㉡ 주요역할은 점화 스위치의 신호에 따라 피니언 기어를 플라이 휠의 링기어에 연결해주고 동시에 모터를 작동시키는 역할을 한다.

4 다음 중 독립차축 현가방식의 특징이 아닌 것은?

① 바퀴가 시미를 잘 일으키지 않고 로드 홀딩이 좋다.

② 스프링 아래 질량이 커서 승차감이 떨어짐

③ 스프링 정수가 작은 스프링을 사용할 수 있다.

④ 볼이음이 많아 마멸에 의한 휠 얼라인먼트가 틀어진다.

>**ADVICE** ② 독립현가방식의 특징은 스프링 밑 질량이 작아 승차 감각이 좋다.

> Tip
>
> **독립현가장치** … 독립현가장치는 승차감이나 안정성을 높이기 위하여 양쪽 바퀴를 분할하여 서로 관계없이 움직이는 구조로 되어 있어 승차감이 좋아야 하는 승용차에 많이 사용되고 있다.

✏ **ANSWER** 1.③ 2.④ 3.② 4.②

5 다음 중 점화순서 결정 시 고려되어야할 사항으로 맞는 것은?

① 폭발은 다른 간격으로 일어나야 한다.
② 크랭크축 비틀림과 진동 발생량은 향상되어야 한다.
③ 인접한 실린더에 연이어서 폭발해야한다
④ 혼합가스가 각 실린더에 동일하게 분배되어야 한다.

>**ADVICE** 점화순서 결정 시 고려되어야 할 사항
　　㉠ 폭발행정이 같은 간격으로 발생하도록 한다.
　　㉡ 크랭크축에 비틀림 진동이 발생하지 않도록 한다.
　　㉢ 인접한 실린더에 연이어서 폭발이 발생하지 않도록 한다.
　　㉣ 혼합가스가 각 실린더에 동일하게 분배되게 한다.

6 다음 중 반도체 소자의 설명이 바른 것은?

① 발광다이오드는 감광소자이다.
② 사이니스터는 2개의 트랜지스터를 하나로 합쳐서 전류를 증폭한다.
③ 부특성 서미스터는 온도가 높아지면 저항이 떨어진다.
④ 트랜지스터는 PNPN 또는 NPNP결합으로 스위칭형이며 (+)에노드, (−)캐소드로 제어단자와 게이트로 구성된다.

>**ADVICE** 감광소자 … 빛 에너지를 송신수단이나 수신수단으로 사용할 때에 빛에너지를 전기에너지로 변환하는 소자(포토 다이오드)

　　Tip

　　서미스터 … 회로의 전류가 일정 이상으로 오르는 것을 방지하거나, 회로의 온도를 감지하는 센서로 부특성 서미스터는 온도가 높아지면 저항이 떨어진다.

7 자동차 제원에 대한 설명으로 틀린 것은?

① 앞 오버행은 앞차축 중심으로부터 범퍼 등 부품물을 결합한 수평거리를 말한다.
② 축거는 휠베이스를 뜻하며, 앞차축과 뒤차축의 중심과의 수평거리를 말한다.
③ 공차중량은 빈차 상태의 무게로 사람과 짐이 실려 있지 않으며, 규정량의 연료, 냉각수, 윤활유, 예비타이어 등 주행과 관련된 물품을 갖춘 중량을 말한다.
④ 최소회전반경은 최대 조향각 상태에서 저속으로 회전 시 바깥 바퀴의 접지면의 외각이 그리는 거리를 말한다.

>**ADVICE** ④ 최소회전반경은 가장 바깥바퀴의 노면과 접촉면의 중심이 그리는 원의 반지름을 말한다.

Tip

자동차의 제원

㉠ 전장 · 전폭 · 전고
• 전장(옆면) : 자동차의 중심과 접지면을 서로 평행하게 하여 측정한 치수로서 앞뒤범퍼 및 후미전등과 같은 부속물이 포함되는 차량의 최대길이를 말한다.
• 전폭(앞면) : 자동차의 가장 넓은 폭의 수평거리로서 사이드미러는 포함되지 않는다.
• 전고(높이) : 자동차의 접지면에서 가장 높은 곳까지의 수직거리이다.

㉡ 축거와 윤거
• 축거(축간거리) : 자동차의 앞차축 중심과 뒤차축 중심 간의 수평거리로서 자동차의 회전반경을 결정한다.
• 윤거(바퀴 간의 거리) : 윤거는 바퀴 간의 거리로 트레드라고도 표현하며 좌우 타이어의 접지면 중심 사이의 거리이다. 좌우 타이어가 지면을 접촉하는 지점에서 좌우 두 개의 타이어 중심선 사이의 거리라고 할 수 있다.

㉢ 앞 오버행과 뒤 오버행
• 앞 오버행 : 앞바퀴 중심에서 자동차 앞부분까지의 수평거리를 말한다.
• 뒤 오버행 : 뒷바퀴 중심에서 자동차 뒷부분까지의 수평거리를 말한다.

㉣ 공차중량 : 자동차가 정상적으로 수행할 수 있는 상태, 즉 연료 · 오일 · 냉각수 등 운행에 필요한 제 규정량을 다 갖춘 상태를 말한다.

✎ **ANSWER** 5.④ 6.③ 7.④

8 다음 중 공기브레이크의 특징으로 틀린 설명은?

① 차량의 중량에 제한을 받는다.
② 베이퍼록이 발생하지 않는다.
③ 페달을 밟는 양에 따라 제동력을 제어한다.
④ 공기 압축기 구동에 따른 엔진출력이 감소된다.

>ADVICE 공기브레이크의 장점
    ⊙ 차량 중량에 제한을 받지 않는다.
    ⓛ 공기가 다소 누출되어도 제동 성능이 현저하게 저하되지 않는다.
    ⓒ 베이퍼록 발생 염려가 없다.
    ⓔ 페달 밟는 양에 따라 제동력이 조절된다.

9 4행정 기관과 2행정 기관의 특징을 올바르게 설명한 것은?

① 2행정 기관은 윤활유 혼입이 쉬워 윤활유 소모량이 증가
② 4행정 기관은 크랭크축 1회전 시 1회 폭발
③ 2행정 기관은 밸브기구가 있어 구조가 복잡하고 마력당 중량이 높음
④ 4행정 기관은 배기행정 중 연료가 같이 배출됨에 따라 연료 소모량이 높다.

>ADVICE 4행정 기관과 2행정 기관의 특징
    ⊙ 4행정 기관은 크랭크축 2회전 시 1회 폭발하며, 2행정 기관은 밸브기구가 필요 없다.
    ⓛ 2행정 기관은 윤활유 혼입이 쉬워 윤활유 소모량이 증가한다.

10 차량의 정면에서 볼 때 앞바퀴와 수직선에 대해 0.5~2° 각을 형성하며 핸들의 조작을 가볍게 하고 차량의 무게에 의해 앞차축 휨을 방지하는 역할을 하는 휠 얼라인먼트는?

① 캠버
② 캐스터
③ 토인
④ 킹핀 경사각

》ADVICE ① 자동차를 정면에서 보았을 때, 수직선에 대하여 차륜의 중심선이 경사되어 있는 상태를 캠버라 한다. 각도로 표시하며, 정(+)의 캠버, 제로(zero) 캠버 및 부(−)의 캠버로 나눈다.
② 캐스터 : 자동차의 앞바퀴를 옆에서 보면 조향 너클과 앞 차축을 고정하는 조향축(일체 차축방식에서는 킹핀)이 수직선과 어떤 각도를 두고 설치되는데 이를 캐스터라 하며 그 각도를 캐스터 각도라 한다. 캐스터 각도는 일반적으로 1~3° 정도이다.
③ 토인 : 주행 중 타이어가 옆 방향으로 벌어져 미끄러짐과 타이어 마모를 방지하고 조향연결기구 마모에 의한 토아웃이 되는 것을 방지하는 기능을 한다.
④ 킹핀 경사각(조향축 경사각) : 자동차를 앞에서 보면 독립 차축방식에서의 위아래 볼 이음(또는 일체 차축방식의 킹핀)의 중심선이 수직에 대하여 어떤 각도를 두고 설치되는데 이를 조향축 경사(또는 킹핀 경사)라고 하며 이 각을 조향축 경사각이라 한다. 조향축 경사각은 일반적으로 7~9° 정도 둔다.

11 전자제어 가솔린 엔진 연료펌프의 체크밸브의 설명으로 옳은 것은?

① 연료압력이 낮을 때 오픈하여 압력을 제어한다.
② 연료라인에 연료가 별로 없을 때 압력을 제어하여 재시동을 용이하게 하고, 높은 연료온도에서 베이퍼록을 방지한다.
③ 연료필터 등으로 인한 연료의 공급 끊김을 방지한다.
④ 부포의 저항값으로 연료량을 측정한다.

》ADVICE 체크밸브 … 연료펌프에서 연료의 압송이 정지되었을 때 곧바로 닫혀 연료계통 내의 잔압을 유지시켜 높은 온도에서 베이퍼록을 방지하고, 재시동성을 높이기 위해 설치되는 밸브이다.

1 부동액의 구비조건이 아닌 것은?

① 물보다 비등점이 높고, 응고점이 높아야 함
② 내 부식성이 크고 팽창계수가 낮아야 함
③ 휘발성이 없고 침전물이 없어야 함
④ 물과 잘 섞여야 함

>ADVICE 부동액의 구비조건
　㉠ 물보다 비등점이 높아야 하며, 빙점(응고점)은 낮을 것
　㉡ 물과 혼합이 잘 될 것
　㉢ 휘발성이 없고, 순환이 잘 될 것
　㉣ 내 부식성이 크고, 팽창계수가 작을 것
　㉤ 침전물이 없을 것

2 자동차 유해가스 저감 부품이 아닌 것은?

① 차콜 캐니스터
② 인젝터
③ EGR 장치
④ 삼원 촉매 장치

>ADVICE 인젝터 … 연료 분사 노즐로서, 연료분사는 연료를 뿜어 줄 뿐 아니라, 연료가 공기와 잘 섞이도록 안개 모양의 구조로 설계되어 있다.

3 가솔린 기관의 노크 방지법이 아닌 것은?

① 화염전파 거리를 길게 한다.
② 연료 착화 지연
③ 미연소 가스의 온도와 압력을 저하
④ 압축행정 중 와류발생

>ADVICE 가솔린기관의 노크 방지 방법
　　㉠ 높은 옥탄가의 가솔린(내폭성이 큰 가솔린)을 사용한다.
　　㉡ 점화시기를 늦추어 준다.
　　㉢ 혼합비를 농후하게 한다.
　　㉣ 압축비, 혼합가스 및 냉각수 온도를 낮춘다.
　　㉤ 화염전파속도를 빠르게 한다.
　　㉥ 혼합가스에 와류를 증대시킨다.
　　㉦ 연소실에 카본이 퇴적된 경우에는 카본을 제거한다.

4 조향 휠이 2바퀴 돌고 피트먼암이 80° 회전할 때 조향 기어비는?

① 4 : 1
② 8 : 1
③ 9 : 1
④ 12 : 1

>ADVICE 조향기어비 = 조향핸들이 움직인 각/피트먼암이 움직인 각
　　720/80 = 9 : 1

5 자동차 기관용 윤활유의 조건으로 옳은 것은?

① 카본 발생이 적고 청정력이 높을 것
② 인화점 및 발화점이 낮을 것
③ 점도 지수가 낮을 것
④ 비중 및 응고점이 높을 것

>**ADVICE** 윤활유의 구비조건
　　　　　㉠ 점도지수가 적당할 것
　　　　　㉡ 점도지수가 커 온도와 점도와의 관계가 적당할 것
　　　　　㉢ 인화점 및 자연 발화점이 높고, 응고점이 낮을 것
　　　　　㉣ 강인한 오일 막을 형성할 것
　　　　　㉤ 기포 발생 및 카본 생성에 대한 저항력이 클 것
　　　　　㉥ 비중이 적당할 것
　　　　　㉦ 열과 산에 대하여 안정성이 있을 것

6 유압이 높아지는 원인으로 옳은 것은?

① 오일펌프의 마멸이 증대
② 오일의 점도가 높거나 회로가 막힘
③ 오일 통로에 공기가 유입
④ 오일 팬 내의 오일 부족

>**ADVICE** 윤활장치의 유압이 높아지는 원인
　　　　　㉠ 유압 조절밸브(릴리프밸브)의 스프링 장력이 클 경우
　　　　　㉡ 윤활 계통의 일부가 막힌 경우
　　　　　㉢ 저온으로 인한 오일의 점도가 높은 경우
　　　　　㉣ 크랭크축의 오일간극이 작은 경우

7 라디에이터 신품 주수량이 10리터라면 사용 후 8리터가 되었을 때 라디에이터 코어의 막힘률은?

① 30%

② 25%

③ 20%

④ 15%

> **ADVICE** 코어의 막힘율 = (신품용량 − 구용량)/신품용량 ×(100)
> (10 − 8)/10 × (100)=20%

8 열에 의해 액체가 증발되고 어떤 부분이 폐쇄되어 기능이 상실되는 현상은?

① 베이퍼록

② 페일 세이프

③ 서징

④ 노킹

> **ADVICE** ① 베이퍼록 현상 … 브레이크액에 기포가 발생하여 브레이크가 제대로 작동하지 않는 현상
> ② 페일 세이프(fail safe) : 이중 안전 기능으로 장치의 일부에 결함 또는 고장이 일어나거나 잘못된 조작을 하더라도, 다른 안전장치가 작동하여 결정적인 사고나 파손을 예방하는 기능
> ③ 서징(surging) : 펌프를 사용하는 관로에서 주기적으로 힘을 가하지 않았음에도 토출압력이 주기적으로 변화하며 진동과 소음이 발생하는 현상
> ④ 노킹(knocking) : 내연기관의 실린더 내에서의 이상연소에 의해 망치로 두드리는 것과 같은 소리가 나는 현상

✎ **ANSWER** 5.① 6.② 7.③ 8.①

9   다음 (   )에 알맞은 표현은?

> 배기가스 재순환장치는 (   )의 발생량을 감소시킨다.

① 이산화탄소
② 탄화수소
③ 일산화탄소
④ 질소산화물

> **ADVICE** EGR 밸브 … 배기가스 재순환장치(Exhaust Gas Recirculation)의 약자로, 엔진에서 연소된 배기가스 일부를 다시 엔진으로 재순환시켜 연소실 온도를 낮추고, 이로 인해 질소산화물 억제를 유도하는 저감 장치이다. 즉, 배기가스가 재순환하면 연소실 온도가 낮아지고 이 과정에서 질소산화물(NO_x) 배출도 줄어드는 원리이다.

10   제동력 증대를 목적으로 유압계통에 보조장치를 설치해 적은 힘으로 큰 제동력을 발생시키는 형식은?

① 기계식 제동
② 배력식 제동
③ 공기식 제동
④ 유압식 제동

> **ADVICE** ② 브레이크 배력장치는 파스칼의 원리를 응용한 것으로 브레이크 페달을 밟으면 유압이 발생하는 마스터 실린더와 그 유압을 받아 브레이크 슈(Shoe)를 드럼에 밀어 붙여 제동력을 발생하게 하는 휠 실린더, 브레이크 파이프 및 호스 등으로 구성되어 있다. 브레이크 배력 장치는 제동력 증대를 목적으로 유압계통에 보조장치를 설치해 적은 힘으로 큰 제동력을 발생시키는 형식이다.
> ① 기계식 브레이크 : 브레이크 조작력을 로드 또는 와이어를 사용하여 각 바퀴에 전달하는 형식으로 현재는 사용되지 않고 있다.
> ③ 공기식 브레이크 : 모든 바퀴의 브레이크슈를 압축공기의 압력을 이용하여 드럼에 밀어 붙여서 제동하는 형식이다.
> ④ 유압식 브레이크 : 파스칼의 원리를 응용한 것으로 유압을 발생하는 마스터 실린더, 그 유압을 받아 브레이크 슈를 드럼에 밀어 붙여 제동력을 발생시키는 휠 실린더, 유로를 형성하는 오일 파이프, 호스 등으로 이루어져 있다.

11 납산축전지의 구조에 대한 설명으로 틀린 것은?

① 극판의 수가 많아지면 용량이 커진다.

② 격리판은 양극과 음극사이에 위치해야 하며 전해액이 통하지 않아야 한다.

③ 단자의 기둥은 음극보다 양극이 커야 한다.

④ 전해액으로는 묽은 황산을 사용한다.

〉**ADVICE** ② 격리판은 구멍이 많아서 전해액의 확산이 잘 되어야 한다.

> Tip
>
> **납산축전지** … 납산축전지는 제작이 쉽고 가격이 저렴하여 거의 모든 자동차가 사용하고 있으나, 중량이 무겁고 수명이
> 짧다

12 자동차에 사용하고 있는 각 전기장치의 설명으로 틀린 것은?

① 발전기는 자동차 전기를 공급하는 역할을 한다.

② 축전지의 용량 단위는 암페어시(Ah)이다.

③ 직류발전기를 사용한다.

④ 부하가 없어도 자연 방전이 일어난다.

〉**ADVICE** ③ 자동차에 사용되고 있는 발전기는 교류발전기를 사용한다.

✎ **ANSWER** 9.④ 10.② 11.② 12.③

1 자동차 기관에서 1사이클 중 수행된 일을 행정체적으로 나눈 값으로 가장 옳은 것은?

① 열효율　　　　　　　　　　　　　② 체적효율

③ 총배기량　　　　　　　　　　　　④ 평균유효압력

> **ADVICE** 평균유효압력이란 동력행정 전과정에 걸쳐 연소가스의 압력이 피스톤에 작용하여 피스톤에 행한 일(W_{net})과 같은 양의 일을 수행할 수 있는 균일한 압력을 말한다.

2 내연기관에서 윤활작용뿐만 아니라 다양한 역할을 담당하는 엔진오일의 작용으로 가장 옳지 않은 것은?

① 방청작용

② 완전연소 작용

③ 기밀작용

④ 냉각작용

> **ADVICE** 엔진오일의 역할은 기밀작용, 윤활작용, 냉각작용, 완충작용, 정화작용, 방청작용 등 6가지이다.

3 전기와 관련된 법칙에 대한 설명으로 가장 옳은 것은?

① 줄의 법칙이란 전류에 의해 발생한 열은 도체의 저항과 전류의 제곱 및 흐르는 시간에 반비례한다는 것을 말한다.

② 렌츠의 법칙이란 도체에 영향을 주는 자력선을 변화시켰을 때 유도기전력은 코일 내의 자속이 변화하는 방향으로 생기는 것을 말한다.

③ 키르히호프의 제1법칙이란 에너지 보존의 법칙으로 회로 내의 어떤 한 점에 유입된 전압의 총합과 유출한 전압의 총합은 같다는 것을 말한다.

④ 플레밍의 왼손법칙이란 왼손의 엄지손가락, 인지 및 가운데 손가락을 서로 직각이 되게 펴고, 인지를 자력선의 방향에 가운데 손가락을 전류의 방향에 일치시키면 도체에는 엄지손가락 방향으로 전자력이 작용한다는 것을 말한다.

ADVICE 플레밍의 오른손법칙과 왼손법칙
    ㉠ 자기장 내에서 자기력선에 수직으로 놓은 도선을 자기장에 수직으로 움직이게 할 때, 오른손의 집게손가락과 엄지 손가락을 각각 자기장의 방향과 도선의 운동 방향으로 향하게 하면, 유도전류는 이들 방향에 수직으로 향하게 한 가운데 손가락의 방향을 흐른다. 이것을 플레밍의 오른손법칙이라고 한다.
    ㉡ 전류가 흐르는 도선의 미소부분이 자기장에 의해 받는 힘은, 왼손의 가운데손가락과 집게손가락을 각각 전류의 방향과 자기장의 방향으로 향하게 하면, 이들에 수직으로 향하게 한 엄지손가락의 방향을 향한다. 이것을 플레밍의 왼손법칙이라고 한다.

4 일반적으로 승용자동차의 제동장치인 디스크 브레이크의 구성요소로 가장 옳지 않은 것은?

① 디스크　　　　　　　　　　　　② 드럼
③ 캘리퍼　　　　　　　　　　　　④ 실린더

ADVICE ㉠ 드럼식 브레이크 구성부품에 해당되는 드럼이며 드럼 브레이크 작동원리는 휠과 함께 회전하는 드럼을 2개의 슈가 실린더에 의해 확장하면서 드럼 내벽에 마찰력을 발생시켜 제동력을 작동시킨다.
    ㉡ 브레이크를 작동시키지 않으면 스프링의 탄성에 의해 슈를 안쪽으로 당겨 드럼 내벽에 닿지 않으며 드럼 브레이크 는 마찰 면적이 넓어 초기 제동력이 좋은 편이지만 밀폐형 구조이기 때문에 열 방출이 좋지 않다는 단점과, 또한 반복적인 제동 시 마찰열로 인해 드럼이 팽창하면 제동력이 저하된다.

5 디젤엔진의 후처리장치로서 입자상 물질(PM)을 포집하여 태우는 기술로 PM을 80% 이상 저감할 수 있는 매연저감 장치로 가장 옳은 것은?

① DOC
② DPF
③ EGR
④ NO_X 촉매

ADVICE DPF는 간단히 말해서, 디젤 차량의 배기가스 중 미세매연 입자인 PM을 포집(물질 속 미량 성분을 분리하여 모음)하고, 연소시켜 제거하는 배기가스 후처리 장치이다. PM(미세매연입자)은 도로에서 흔히 볼 수 있는 매연이라고 볼 수 있는데, DPF를 통해 50~80%까지 줄일 수 있다.

ANSWER 1.④ 2.② 3.④ 4.② 5.②

6 가솔린기관의 윤활 경로로 가장 옳은 것은?

① 오일팬→오일펌프→오일필터→오일스트레이너→오일통로→실린더 헤드
② 오일팬→오일필터→오일펌프→오일스트레이너→오일통로→실린더 헤드
③ 오일팬→오일스트레이너→오일펌프→오일필터→오일통로→실린더 헤드
④ 오일팬→오일통로→오일필터→오일펌프→오일스트레이너→실린더 헤드

》ADVICE 오일의 순환경로는 오일팬→오일스트레이너→오일펌프→오일필터→오일통로→실린더 헤드 순서로 진행된다.

7 기관의 최고 회전속도를 측정하여 변속기와 기관의 종합적인 성능을 시험하는 스톨 테스트(stall test)의 방법 및 결과 분석으로 가장 옳지 않은 것은?

① 브레이크 페달을 밟고 가속페달을 완전히 밟은 후 기관 rpm을 읽는다.
② 변속레버를 N 위치에 두고 한다.
③ 기관회전수가 기준치보다 현저히 낮으면 엔진의 출력부족이다.
④ 기관회전수가 기준치보다 현저히 높으면 자동변속기 이상이다.

》ADVICE 스톨 테스트(stall test)는 자동 변속기자동차를 정차 상태에서 행하는 변속기 슬립(slip)시험으로, 브레이크를 작동시킨 후 바퀴에 고임목을 괸 상태에서 변속기 레버를 L, D, R 등에 이동시키며 그때 그때 엔진상태를 살피며 엔진을 가속시켰을 때 엔진의 rpm이 규정값에 있는가를 점검하는 것을 말한다.

8 〈보기〉에서 흡기장치의 구성 부품을 모두 고른 것은?

㉠ 디퍼렌셜 기어	㉡ 촉매변환기
㉢ 흡기 매니폴드	㉣ 스로틀 밸
㉤ 크랭크축	㉥ 피스톤

① ㉠, ㉡
② ㉠, ㉢
③ ㉢, ㉣
④ ㉠, ㉤, ㉥

》ADVICE 흡기장치는 공기가 들어오는 통로로 에어클리너, 흡기매니폴드, 스로틀 밸브, 흡기밸브 등이다.

9 냉방장치에 대한 설명으로 가장 옳지 않은 것은?

① 냉동사이클은 증발-압축-팽창-응축의 4가지 작용을 순환 반복한다.
② 자동차 에어컨의 주요 구성품목은 응축기, 압축기, 리시버드라이어, 팽창밸브 등이다.
③ 냉매는 압축기에서 압축되어 약 70℃에서 15kgf/cm^2 정도의 고온·고압 상태가 된다.
④ 냉매의 구비 조건으로는 비등점이 적당히 낮고 증발 잠열이 커야한다는 것이 있다.

>ADVICE 냉동사이클은 압축-응축-건조-팽창-증발의 작용을 순환 반복한다.

10 전기자동차 배터리의 구성 단위의 크기가 큰 순서대로 가장 바르게 나열한 것은?

① 배터리 셀 > 배터리 팩 > 배터리 모듈
② 배터리 모듈 > 배터리 셀 > 배터리 팩
③ 배터리 셀 > 배터리 모듈 > 배터리 팩
④ 배터리 팩 > 배터리 모듈 > 배터리 셀

>ADVICE ㉠ 배터리 팩 : 배터리 모듈을 하나로 합쳐 외부 환경의 물리적 충격으로부터 보호하며 특정한 역할을 수행할 수 있도록 만든 것
ㄴ 수 많은 배터리 셀을 안전하게 그리고 효율적으로 관리하기 위해 모듈과 팩이라는 형태를 거쳐 전기차에 탑재하는 방식이다.
ㄷ 셀, 모듈, 팩은 배터리를 구성하는 단위로 배터리를 모으는 단위이다. 배터리 셀을 여러 개 묶어서 모듈을 만들고, 모듈을 여러 개 묶어서 팩을 만든다. 전기차에는 최종적으로 배터리가 하나의 팩 형태로 장착된다.

ANSWER 6.③ 7.② 8.③ 9.① 10.④

11 1마력(PS)에 대한 설명으로 가장 옳은 것은?

① 1초 동안 65kgf m의 일을 할 수 있는 능률
② 1초 동안 75kgf m의 일을 할 수 있는 능률
③ 10초 동안 65kgf m의 일을 할 수 있는 능률
④ 10초 동안 75kgf m의 일을 할 수 있는 능률

> ADVICE 마력은 말이 일할 수 있는 힘으로 1마력이란 한 마리의 말이 1초 동안 75kg의 중량을 1m 움직일 수 있는 일의 크기를 말한다.

12 게르마늄, 규소 등의 반도체를 이용하여 증폭 작용이나 스위칭 작용을 하는 데 사용되는 반도체 소자로 가장 옳은 것은?

① 다이오드
② 콘덴서
③ 트랜지스터
④ 광전도 셀

> ADVICE 트랜지스터는 전류나 전압흐름을 조절하여 증폭하거나 스위치 역할을 하는 반도체 소자이다. 외부 회로와 연결할 수 있는 최소 3개 단자를 가지고 반도체 재료로 구성되어있다. 전압 또는 전류가 한 쌍의 트랜지스터 단자에 인가가 되면 다른 한 쌍의 단자를 통해 전류를 제어한다. 출력된 전력은 입력된 전력보다 높일 수 있기 때문에 트랜지스터는 신호를 증폭하는 것이 가능하다.

13 크랭크축 비틀림 진동발생의 관계로 가장 옳지 않은 것은?

① 크랭크축의 길이가 길수록 크다.
② 크랭크축의 강성이 적을수록 크다.
③ 엔진의 회전력 변동이 클수록 크다.
④ 엔진의 회전속도가 빠를수록 크다.

> ADVICE • 비틀림 진동은 크랭크축에 속도가 빠를수록 회전력이 작용하므로 발생한다.
> • 비틀림 진동은 축의 회전수가 공진주파수와 일치될 때 심하며 기어, 크랭크축 파손의 원인이 된다.

14 커먼레일 디젤엔진의 연료분사에서 엔진의 소음과 진동을 줄이기 위한 분사 단계로 가장 옳은 것은?

① 광역분사
② 예비분사
③ 주분사
④ 후분사

> **ADVICE** 예비 분사 (Pilot Injection) 커먼레일 디젤엔진에서 연료분사 시 주 분사 전 1~4cc 정도의 연료를 연소실에 분사하여 연소효율 향상, 소음/진동 저감되며 주 분사 시 점화지연이 짧아지며 연소 압력 상승, 연소 압력 최고점이 감소되어 보다 부드러운 연소 가능

15 자동차의 앞바퀴를 옆에서 보았을 때 조향 너클과 앞차축을 고정하는 조향축이 수직선과 어떤 각도를 두고 설치되는 휠 얼라이먼트 요소로 가장 옳은 것은?

① 캠버
② 토인
③ 캐스터
④ 셋백

> **ADVICE** 캐스터 – 자동차를 측면에서 보았을 때, 킹핀의 중심선(또는 상/하 볼-조인트 중심을 연결한 직선)이 노면에 수직인 직선에 대하여 어느 한 쪽으로 기울어져 있는 상태를 말하고, 그 각도를 캐스터 각(casterangle)이라 한다.

ANSWER 11.② 12.③ 13.④ 14.② 15.③

1 냉각수에 첨가하는 부동액의 종류에 해당하지 않는 것은?

① 에틸렌글리콜
② 아초산에틸
③ 글리세린
④ 메탄올

> **ADVICE** 부동액은 수냉식 내연기관의 냉각수에 첨가하여 저온에서의 동파와 녹을 막는데 사용하는 화학물질이며 종류는 에틸렌글리콜, 글리세린, 메탄올이다.

2 하이브리드 자동차의 타입 중에서 엔진이 구동바퀴에 구동력을 직접 전달할 수 있는 타입을 〈보기〉에서 모두 고른 것은?

───── 보기 ─────

ⓐ 직렬형 타입
ⓑ 병렬형 타입
ⓒ 직·병렬형(복합형) 타입

① ㉠
② ㉠, ㉢
③ ㉡, ㉢
④ ㉠, ㉡, ㉢

> **ADVICE** 직렬형은 전기자동차에 엔진과 발전기를 추가한 것으로 동력은 모터로 얻어진다. 기관은 바퀴를 구동한 것이 아니라 축전지를 충전하기 위한 것이다.

3 〈보기〉의 회로에서 헤드램프 스위치가 ON이 되면 ㈎에서의 전압[V]은?

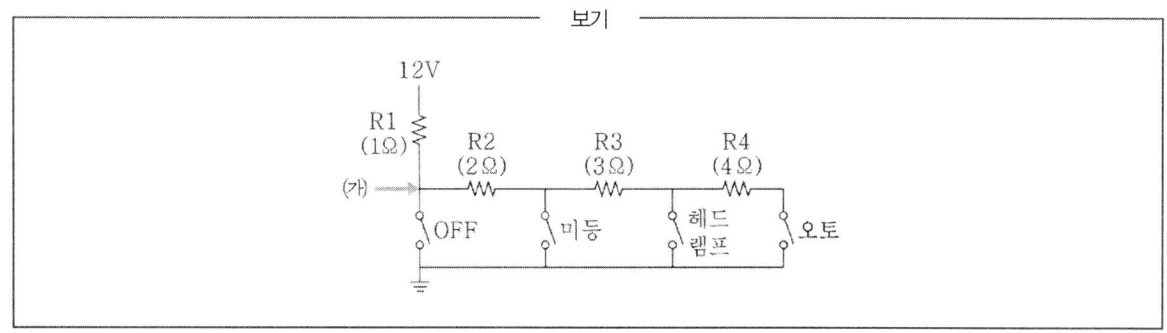

보기

① 6
② 8
③ 10
④ 12

>ADVICE 헤드램프 스위치가 ON위치가 된다는 조건에서 I = E/R = 12/(1Ω + 2Ω + 3Ω)
I = 2A 전압은 전류 × 저항이므로 2A×5Ω = 10V

4 〈보기〉를 참고하여, 현가장치 스프링 위 질량 진동의 명칭과 이에 대한 설명을 옳게 짝지은 것은?

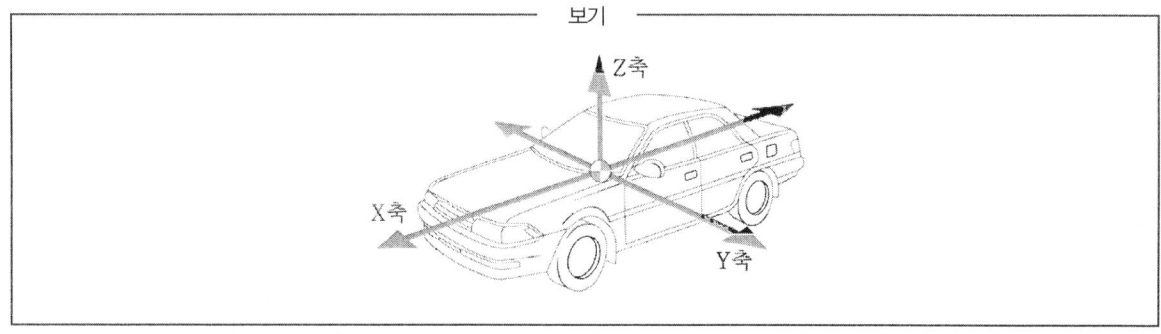

보기

① 바운싱(bouncing) – 차체가 Z축 방향과 평행운동을 하는 고유진동
② 스키딩(skidding) – 차체가 X축을 중심으로 하여 회전운동을 하는 고유진동
③ 롤링(rolling)– 차체가 Y축을 중심으로 하여 회전운동을 하는 고유진동
④ 피칭(pitching) – 차체가 Z축을 중심으로 하여 회전운동을 하는 고유진동

>ADVICE 스키딩 – 이륜차나 사륜차 따위에서 인위적으로 바퀴를 미끄럽게 하는 방법
롤링 – 차체가 X축을 중심으로 하여 회전운동을 하는 고유진동
피칭 – 차체가 Y축을 중심으로 하여 회전운동을 하는 고유진동

ANSWER 1.② 2.③ 3.③ 4.①

5 자동변속기 유체 클러치 오일의 구비 조건으로 가장 옳지 않는 것은?

① 비중이 낮을 것
② 점도가 낮을 것
③ 비등점이 높을 것
④ 응고점이 낮을 것

>ADVICE 점도가 낮을 것, 비중이 클 것, 착화점이 높을 것, 내산성이 클 것, 유성이 좋을 것, 비등점이 높을 것, 응고점이 낮을 것, 윤활성능이 클 것

6 〈보기〉의 공전속도 조절장치에 해당하는 방식은?

──────── 보기 ────────

컴퓨터로부터의 작동 펄스신호에 의해 좌우 방향으로 15° 만큼씩 단계적으로 마그네틱 로터가 일정하게 회전하여 마그네틱 축과 나사(screw)로 연결된 밸브의 길이가 변화하여 바이패스 되는 공기량을 증감시켜 공전속도를 조절하는 장치

① ISC–서보 방식(idle speed control servo type)
② ISA 방식(idle speed actuator type)
③ 스텝 모터 방식(step motor type)
④ 전자제어 스로틀제어 방식(electronic throttle control type)

>ADVICE 공전속도 조절장치란 공전속도를 조절해주는 장치를 말한다.
모터 구동방식으로써 한방향으로 고속회전을 하는 모터와는 달리 전류의단속으로 양방향으로 1스텝씩 움직일 수 있는 모터를 말하며 자동차에서는 주로 엔진 공회전시 실린더 내로 공기를 알맞게 들여보내주는데 사용된다. 스텝모터는 엔진 ECU가 단속하며 에어컨을 켤때나 전기부하가 걸릴 때 그리고 오토미션 차량인 경우엔 미션부하가 걸릴 때 공회전속도를 조정하기위해 엔진ECU는 스텝모터를 작동한다.

7 〈보기〉에서 기동전동기의 주요 부분에 대한 설명으로 가장 옳은 것을 모두 고른 것은?

───────────────── 보기 ─────────────────

ㄱ 계자는 전기자코일에 전류를 흐르게 하는 부분이다.

ㄴ 정류자는 자계를 발생시키는 부분이다.

ㄷ 전기자는 토크가 발생하는 부분이다.

ㄹ 솔레노이드 스위치는 축전지의 주 전류를 단속하는 부분이다.

① ㄱ, ㄷ

② ㄱ, ㄹ

③ ㄴ, ㄷ

④ ㄷ, ㄹ

> **ADVICE** 전기자는 축, 철심, 전기자 코일 등으로 구성되어 있으며, 전기자축 앞쪽의 피니언 미끄럼 운동부에는 스플라인이 파져있으며 회전력을 발생하는 부분이다. 솔레노이드 스위치는 마그넷스위치(magnet switch)라고도 하며 풀인코일과 홀드인 코일의 축전지 전류를 단속하는 부분이다.

8 〈보기〉는 엔진 회전수와 엔진 부하에 따라 흡입통로를 제어하여 출력을 향상시키는 가변 흡입 장치(VIS : Variable Induction System)의 작동에 대한 설명이다. (가), (나), (다)에 들어갈 내용으로 가장 옳은 것은?

───────────────── 보기 ─────────────────

컴퓨터는 __(가)__ 에 VIS 밸브를 __(나)__ 일반 엔진보다 흡입 통로가 __(다)__ 지게 되고, 이에 따라 흡입 관성력이 증가함으로써 흡입효율이 높아져 엔진 출력이 향상된다.

	(가)	(나)	(다)
①	저속 및 저부하 시	닫아	길어
②	저속 및 저부하 시	열어	짧아
③	고속 및 고부하 시	닫아	짧아
④	고속 및 고부하 시	열어	길어

> **ADVICE** 가변흡기장치 … 엔진의 회전과 부하 상태에 따라 공기 흡입통로를 자동적으로 조절해, 저속에서 고속에 이르기까지 모든 운전영역에서 엔진 출력을 높여 주는 장치

9 브레이크 시스템에서 베이퍼 록(vapor lock) 현상이 발생하는 원인으로 가장 옳지 않은 것은?

① 긴 내리막길에서 과도하게 풋 브레이크를 사용할 때
② 브레이크 오일 변질에 의한 비등점의 저하 및 불량한 오일을 사용할 때
③ 마스터 실린더, 브레이크 슈 리턴 스프링 손상으로 전압이 저하되었을 때
④ 브레이크 드럼과 라이닝 사이 간격이 넓어 과냉될 때

> **ADVICE** 베이퍼 록 현상 … 긴 내리막길에서 브레이크를 과도하게 사용하면 바퀴내부의 드럼과 라이닝의 마찰열 때문에 휠실린더나 브레이크 파이프 속의 오일이 기화되고, 브레이크 회로 내에 공기가 유입된 것처럼 기포가 형성되어 브레이크를 밟아도 스펀지를 밟듯이 푹푹 꺼지며, 브레이크가 작동되지 않는 현상을 말한다.

10 디젤 엔진에 사용하는 예열 플러그의 종류 중 실드형 예열 플러그(shield glow plug)에 대한 설명으로 가장 옳지 않은 것은?

① 예열 플러그 저항기를 장착하여 코일 손상을 방지하여야 한다.
② 열선 코일과 보호 금속튜브 사이에는 내열성의 절연분말이 충전되어 있다.
③ 구조상 적열까지의 시간이 코일형 예열 플러그에 비해 조금 길다.
④ 코일형 예열 플러그에 비해 1개당의 발열량과 열용량이 크므로 시동성이 향상된다.

> **ADVICE** 실드형(shield type)의 특징
> • 히트코일을 보호 금속튜브 속에 넣은 형식
> • 병렬로 결선되어 있으며, 전류가 흐르면 금속 튜브 전체가 적열된다.
> • 적열까지의 시간이 코일형에 비해 조금 길지만, 1개당의 발열량과 열용량이 크다.
> • 히트코일이 연소열의 영향을 적게 받으며, 병렬 결선이므로 어느 1개가 단선되어도 다른 것들은 계속 작용한다.

1 전기자동차에 사용되는 리튬이온 배터리 1셀의 평균적인 전압의 값[V]은?

① 1.5

② 3.7

③ 9.0

④ 12.0

>**ADVICE** 전기자동차에 사용되는 고전압 배터리 구성은 각형 또는 원형 리튬이온 배터리(3.7~4.2v)셀(Cell)이 96개로 구성되고 12개 정도의 셀이 하나로 묶인 모듈(Module)이 8개, 모듈8개가 하나로 묶인 팩(Pack) 1개로 구성된다.

2 기존 LPG엔진에 비해 LPI엔진이 가지는 특징에 대한 설명으로 가장 옳지 않은 것은?

① 겨울철 고질적인 냉간시동문제를 개선하였다.

② 가솔린 엔진과 비슷한 수준의 동력성능을 발휘한다.

③ 정밀한 연료제어로 유해 배기가스의 배출이 적다.

④ 인젝터를 이용하여 연료를 고압 기상 분사하여 연소특성을 개선하였다.

>**ADVICE** LPI연료장치 장점
- 겨울철 시동성능이 향상된다.
- 정밀한 LPG 공급량의 제어로 이미션(emission) 규제 대응에 유리하다.
- 고압 액체상태로 연료가 인젝터에서 분사되므로 타르생성 및 역화발생의 문제점을 개선 할 수 있다.
- 가솔린기관과 같은 수준의 출력성능을 발휘한다.

ANSWER 9.④ 10.① / 1.② 2.④

3 디젤기관의 노크 방지 방법에 대한 설명으로 가장 옳지 않은 것은?

① 착화성이 좋은 연료를 사용한다.
② 연소실 내 공기와류를 일으키게 한다.
③ 연료 분사 초기에 연료분사량을 많게 한다.
④ 압축비, 압축압력, 압축온도를 높인다.

>**ADVICE** 디젤노크 방지법
- 착화성이 좋은 연료를 사용한다.
- 압축비, 압축압력 및 압축온도를 높인다.
- 기관의 온도와 회전속도를 높인다.
- 분사개시 때 분사량을 감소시켜 착화지연을 짧게 한다.
- 분사시기를 알맞게 조정한다.
- 흡입 공기에 와류가 일어나도록 한다.

4 2WD(2 wheel drive)에 비해 4WD(4 wheel drive)가 가지는 특징에 대한 설명으로 가장 옳지 않은 것은?

① 등판성능 및 견인력이 우수하다.
② 험한 도로나 미끄러운 도로면을 주행할 때 효과적이다.
③ 연비가 우수하다.
④ 조향성능과 안정성이 향상된다.

>**ADVICE** 2륜 구동은 엔진의 동력을 전륜 또는 후륜 중 한 곳에만 동력을 전달하는 구조이며 4륜 구동은 엔진의 모든 바퀴에 전달하는 구조이므로 4륜은 2륜에 비하여 연비가 좋지 않다.

5 자동차의 주행저항 중 〈보기〉의 내용에 해당하는 것은?

─── 보기 ───

차량의 주행 중 타이어의 접지면에서 발생하는 변형과 복원, 타이어와 도로면 사이의 마찰 손실에 의하여 발생하며, 바퀴에 걸리는 하중에 비례하는 주행저항이다.

① 가속저항　　　　　　　　　② 등판저항
③ 공기저항　　　　　　　　　④ 구름저항

〉ADVICE 구름저항 : 부드러운 표면을 가진 비포장 도로 상에서 타이어는 표면에 내려앉아 타이어 앞에 작은 경사를 이루는 형태가 구름저항을 구성한다.

6 〈보기〉의 타이어 패턴에 해당하는 것은?

─── 보기 ───

① 러그패턴　　　　　　　　　② 블록패턴
③ 리브패턴　　　　　　　　　④ 리브-러그 패턴

〉ADVICE 리브패턴 : 일반 포장도로를 주행하는 일반 승용차에서 흔히 볼 수 있는 패턴이며 타이어의 원주 방향으로 지그재그, 일직선 패턴을 가지고 있어 회전저항이 비교적 적고 발열이 낮은 편에 속한다.

✎ **ANSWER** 3.③　4.③　5.④　6.③

7 엔진 오일 분류에 대한 설명으로 가장 옳지 않은 것은?

① SAE 분류는 엔진오일을 점도에 따라 분류한 것으로 5W-30에서 W 앞의 숫자는 상온에서의 점도를, W가 붙지 않은 뒤의 숫자는 100℃에서의 점도를 나타낸다.
② API 분류는 가솔린 엔진용 엔진오일은 ML, MM, MS로 디젤 엔진용 엔진오일은 DG, DM, DS로 구분한다.
③ 기온이 낮은 국가에서 또는 겨울철용 엔진오일에는 SAE 분류 기준 20W-40보다는 5W-30을 사용하는 것이 더 적합하다.
④ API 분류에서 경부하용 가솔린 엔진에 적합한 엔진오일의 분류는 ML이다.

》ADVICE SAE 분류에서 숫자W는 영하의 기온에서 엔진오일의 기능이 얼마나 제기능을 할 수 있는가를 나타내며 뒤의 숫자는 100도에서 점도가 하락하는지 안하는지 확인하는 기준이 된다.

8 내연기관에 사용하는 납산축전지의 구조에 대한 설명으로 가장 옳은 것은?

① 12V 축전지 케이스 속에는 6개의 셀(cell)이 병렬로 연결되어 있다.
② 양극판은 과산화납으로, 음극판은 해면상납으로 되어있다.
③ 양극판은 음극판과의 화학적 평형을 고려하여 1장 더 많다.
④ 납산축전지의 격리판은 전도성이어야 한다.

》ADVICE 납산축전지 특징 … 12V 축전지는 6개의 셀이 직렬로 연결되어 있으며 음극판이 양극판과의 화학적 평형을 고려하여 1장 더 많이 구성되어 있으며 납산축전지은 격리판은 비전도성이여야 한다.

9 드럼 브레이크에 비해 디스크 브레이크가 가지는 특징에 대한 설명으로 가장 옳지 않은 것은?

① 냉각성능이 좋기 때문에 제동성능을 안정적으로 낼 수 있다.
② 구조가 간단하고 부품 수가 적어서 정비가 쉽다.
③ 마찰면적이 적어 상대적으로 큰 패드 압착력을 필요로 한다.
④ 자기작동작용이 있기 때문에 고속에서 반복적으로 사용해도 제동력의 변화가 적다.

》ADVICE 디스크 브레이크는 자기작동이 없어 페달의 조작력이 커야하며 고속에서 반복적으로 사용해도 제동력의 변화가 적다.

10 자동차 윤활유의 구비조건에 대한 설명으로 가장 옳지 않은 것은?

① 응고점이 높을 것
② 카본 생성이 적을 것
③ 인화점과 발화점이 높을 것
④ 열과 산에 대해 안정성이 있을 것

>ADVICE 윤활유의 구비조건
- 점도가 적당할 것
- 점도지수가 커 온도와 점도와의 관계가 적당할 것
- 인화점 및 자연 발화점이 높고, 응고점이 낮을 것
- 강인한 오일 막을 형성할 것(유성이 좋을 것)
- 기포 발생 및 카본 생성에 대한 저항력이 클 것
- 비중이 적당할 것
- 열과 산에 대하여 안정성이 있을 것

1 자동차의 주행저항 중 공기저항에 대한 설명으로 가장 옳지 않은 것은?

① 차량의 무게와는 무관하다.
② 차량 속도의 제곱에 비례하여 증가한다.
③ 기온이 높을수록 증가한다.
④ 자동차의 형상에 따라 달라질 수 있다.

>**ADVICE** ③ 기온이 높아지면 공기 밀도는 낮아지고, 그로 인해 공기저항은 감소한다.
　　① 공기저항은 공기와의 상호작용에 의한 힘이므로, 차량의 무게와 무관하다.
　　② 드래그 힘 공식에서 속도의 제곱에 비례하므로 올바른 표현이다.
　　④ 공기저항은 형상 계수 CdC_dCd와 단면적 AAA에 영향을 받으므로, 차량 형상에 따라 달라진다.

2 차량용 교류발전기의 구성품으로 가장 옳지 않은 것은?

① 로터　　　　　　　　　　　　② 정류자
③ 슬립링　　　　　　　　　　　④ 스테이터

>**ADVICE** 정류자는 직류발전기에 사용되는 부품으로 발전기에는 실제 직류를 생성하는 '정류자(commutator)'는 없고, 다이오드 브리지 형태의 정류회로가 사용된다.

3 커먼레일 디젤 엔진(CRDI)의 특성으로 가장 옳지 않은 것은?

① 고압 직접 분사 엔진이다.
② 저소음 · 저공해 엔진이다.
③ 1사이클당 연료를 1회만 분사한다.
④ ECU에 의한 정확한 연료제어가 가능하다.

>**ADVICE** CRDI는 1사이클당 다중 분사가 가능하며, 최신 시스템은 최대 5~8회까지 분사가 가능하다.

4 전기자동차 제어기구인 VCU(Vehicle Control Unit)의 주요 기능으로 가장 옳지 않은 것은?

① 구동 모터 토크 제어 기능

② 회생제동 제어 기능

③ 주행 가능 거리 표시 기능

④ 고전압 배터리 온도 제어 기능

>**ADVICE** VCU는 BMS에서 전달받은 배터리 온도 데이터를 참조하지만, 직접 냉각·가열 제어의 주체는 BMS이다.

5 자동차 라디에이터 코어의 막힘률을 계산하는 공식으로 가장 옳은 것은?

① $\dfrac{\text{사용품 용량} - \text{신품 용량}}{\text{신품 용량}} \times 100(\%)$

② $\dfrac{\text{사용품 용량} - \text{신품 용량}}{\text{사용품 용량}} \times 100(\%)$

③ $\dfrac{\text{신품 용량} - \text{사용품 용량}}{\text{사용품 용량}} \times 100(\%)$

④ $\dfrac{\text{신품 용량} - \text{사용품 용량}}{\text{신품 용량}} \times 100(\%)$

>**ADVICE** ④ 신품 대비 얼마나 용량이 감소했는지를 정확히 계산하며, 막힘률을 가장 직관적으로 나타낸다.

6 자동차의 냉방장치에 대한 설명으로 가장 옳지 않은 것은?

① 냉매는 압축기에서 시작하여 응축기, 팽창밸브, 증발기를 거쳐 다시 압축기로 되돌아오는 순환 경로를 따른다.

② 어큐뮬레이터(accumulator)는 증발기와 압축기 사이에 설치되어 액체 냉매가 압축기로 유입되는 것을 방지한다.

③ 응축기에서는 냉매와 공기 간의 열교환이 이루어지며, 이 공기를 객실에 공급함으로써 차량의 실내 온도를 낮춘다.

④ 팽창밸브에서는 좁은 유로를 통과한 냉매가 팽창하며 압력과 온도가 낮아진다.

>**ADVICE** 응축기에서 열교환된 공기는 외부로 배출되며, 차량실내로 공급되는 공기는 증발기에서 냉각된 공기이다.

✎ ANSWER 1.③ 2.② 3.③ 4.④ 5.④ 6.③

7 직렬 6기통 좌수식 엔진의 점화순서로 가장 옳은 것은?

① 1-6-4-2-5-3
② 1-4-2-6-3-5
③ 1-3-5-2-6-4
④ 1-5-3-6-2-4

> **ADVICE** • 좌수식 : 1-4-2-6-3-5
> • 우수식 : 1-5-3-6-2-4

8 전기자동차에서 사용되는 리튬이온 배터리에 대한 설명으로 가장 옳은 것은?

① 배터리를 충전할 때, 리튬이온은 양극에서 음극으로 이동한다.
② 리튬이온 배터리의 전해액은 물(H_2O)에 리튬염($LiPF_6$ 등)을 녹여 만든다.
③ 리튬이온 배터리의 셀당 전압은 약 1.5V 수준이다.
④ 리튬이온 배터리의 분리막은 전극 간 단락을 방지하고, 전자의 이동이 가능하도록 다공성 구조를 가진다.

> **ADVICE** ② 리튬이온 배터리의 전해액은 일반적으로 유기 용매에 리튬염($LiPF_6$ 등)을 용해시킨 액체 형태로 구성된다. 물을 전해액으로 사용하는 것은 일반적이지 않으며, 이는 전기화학적 안정성과 안전성 문제를 야기할 수 있다.
> ③ 리튬이온 배터리의 셀당 전압은 일반적으로 약 3.6V에서 3.7V 사이이다. 1.5V는 주로 알카라인 배터리의 전압이다.
> ④ 분리막은 전극 간의 물리적 단락을 방지하는 역할을 하지만, 전자의 이동을 허용하지 않는다. 전자의 이동은 외부 회로를 통해 이루어지며, 분리막은 리튬 이온의 이동만을 허용하는 다공성 구조를 가진다.

9 차량용 직류 직권식 스타터 모터의 특징으로 가장 옳은 것은?

① 구조가 복잡하고 회전속도 변화가 큰 것이 단점이다.

② 회전속도가 일정한 장점이 있으나, 회전력이 작은 단점이 있다.

③ 기동 시 회전력이 크고 기동 후 회전속도가 일정하다.

④ 부하를 크게 하면 회전속도가 느려지고, 흐르는 전류가 증가한다.

》ADVICE ④ 직류 직권식 스타터 모터는 부하가 증가하면 회전속도가 느려지고, 이에 따라 흐르는 전류가 증가하는 특성이 있다.

① 직류 직권식 스타터 모터는 구조가 비교적 간단하고, 회전속도 변화가 큰 것이 단점이다.

② 직류 직권식 스타터 모터는 회전속도가 일정하지 않으며, 회전력이 큰 것이 특징이다.

③ 기동 시 회전력이 크지만, 회전속도는 일정하지 않고 부하에 따라 변한다.

10 내연기관의 사이클에 대한 설명으로 가장 옳지 않은 것은?

① 오토 사이클(Otto cycle)은 일반적으로 압축비가 증가할수록 효율이 낮아진다.

② 밀러 사이클(Miller cycle)은 흡기 밸브 타이밍을 조절하여 연비를 향상시키는 사이클이다.

③ 디젤 사이클(Diesel cycle)은 압축 착화 방식의 기관에 적용되며, 정압 연소 과정을 포함한다.

④ 이상적인 사이클과 달리, 실제 사이클에서는 흡입 · 배기 행정에서 추가적인 손실이 발생한다.

》ADVICE 오토 사이클의 열효율은 압축비가 증가함에 따라 향상된다.

1 자동차의 주행저항 중 공기저항에 대한 설명으로 가장 옳지 않은 것은?

① 차량의 무게와는 무관하다.

② 차량 속도의 제곱에 비례하여 증가한다.

③ 기온이 높을수록 증가한다.

④ 자동차의 형상에 따라 달라질 수 있다.

> **ADVICE** ③ 기온이 높아지면 공기 밀도는 낮아지고, 그로 인해 공기저항은 감소한다.
> ① 공기저항은 공기와의 상호작용에 의한 힘이므로, 차량의 무게와 무관하다.
> ② 드래그 힘 공식에서 속도의 제곱에 비례하므로 올바른 표현이다.
> ④ 공기저항은 형상 계수 CdC_dCd와 단면적 AAA에 영향을 받으므로, 차량 형상에 따라 달라진다.

2 차량용 교류발전기의 구성품으로 가장 옳지 않은 것은?

① 로터

② 정류자

③ 슬립링

④ 스테이터

> **ADVICE** 정류자는 직류발전기에 사용되는 부품으로 발전기에는 실제 직류를 생성하는 '정류자(commutator)'는 없고, 다이오드 브리지 형태의 정류회로가 사용되다.

3 커먼레일 디젤 엔진(CRDI)의 특성으로 가장 옳지 않은 것은?

① 고압 직접 분사 엔진이다.

② 저소음 · 저공해 엔진이다.

③ 1사이클당 연료를 1회만 분사한다.

④ ECU에 의한 정확한 연료제어가 가능하다.

> **ADVICE** CRDI는 1사이클당 다중 분사가 가능하며, 최신 시스템은 최대 5~8회까지 분사가 가능하다.

4 전기자동차 제어기구인 VCU(Vehicle Control Unit)의 주요 기능으로 가장 옳지 않은 것은?

① 구동 모터 토크 제어 기능　　　　　② 회생제동 제어 기능
③ 주행 가능 거리 표시 기능　　　　　④ 고전압 배터리 온도 제어 기능

> ADVICE VCU는 BMS에서 전달받은 배터리 온도 데이터를 참조하지만, 직접 냉각·가열 제어의 주체는 BMS이다.

5 자동차 라디에이터 코어의 막힘률을 계산하는 공식으로 가장 옳은 것은?

① $\dfrac{\text{사용품 용량} - \text{신품 용량}}{\text{신품 용량}} \times 100(\%)$

② $\dfrac{\text{사용품 용량} - \text{신품 용량}}{\text{사용품 용량}} \times 100(\%)$

③ $\dfrac{\text{신품 용량} - \text{사용품 용량}}{\text{사용품 용량}} \times 100(\%)$

④ $\dfrac{\text{신품 용량} - \text{사용품 용량}}{\text{신품 용량}} \times 100(\%)$

> ADVICE ④ 신품 대비 얼마나 용량이 감소했는지를 정확히 계산하며, 막힘률을 가장 직관적으로 나타낸다.

✎ **ANSWER** 1.③　2.②　3.③　4.④　5.④

6 윤활유의 기능으로 가장 옳지 않은 것은?

① 응력분산작용   ② 밀봉작용

③ 세척작용   ④ 방음작용

> **ADVICE** 방음작용은 윤활유의 일반적인 기능으로 간주되지 않는다. 윤활유는 마찰을 줄여 소음을 감소시킬 수 있지만, 이는 부수적인 효과일 뿐, 주된 기능은 아니다.

7 전기자동차의 구성요소 중 고전압 배터리의 직류 전원을 교류로 변환하여 모터에 공급하는 장치는?

① 차량 탑재형 충전기(on-board charger)

② 인버터(inverter)

③ 배터리 관리 시스템(battery management system)

④ 파워 릴레이 어셈블리(power relay assembly)

> **ADVICE** ② 인버터 : 배터리의 DC 전원을 모터 구동에 필요한 AC 전원으로 바꾸는 핵심 부품으로, 차량의 추진력과 직결되는 장치
> ① 차량 탑재형 충전기(on-board charger, OBC) : 외부 충전기의 AC 전원을 받아 DC로 바꿔 배터리를 충전하는 역할
> ③ 배터리 관리 시스템(BMS) : 배터리 상태를 모니터링하고, 보호 및 성능 최적화 기능을 수행
> ④ 파워 릴레이 어셈블리(PRA) : 고전압 회로에서 전력을 연결하거나 차단하는 릴레이로, 직접적으로 전원을 변환하지 않는다.

8 내연기관의 작동 순서 중 〈보기〉에 해당하는 것은?

보기

피스톤이 상사점에 이르렀을 때, 점화플러그에서 전기적 불꽃을 일으키면 연료가 연소된다. 이후 연소실 내의 온도가 급상승하며 발생한 열에너지는 팽창하는 힘으로 피스톤에 작용하여 피스톤을 강제로 하강시킨다.

---

① 흡입 행정   ② 압축 행정

③ 폭발 행정   ④ 배기 행정

> **ADVICE** 폭발 행정 (Combustion/Power) : 피스톤이 상사점에 도달했을 때 점화 플러그에서 스파크가 발생하여 연료-공기 혼합기가 폭발, 발생한 고온·고압의 가스로 피스톤을 강제로 하강하는 행정

9 자동차 기관 윤활회로 내의 유압이 높아지는 원인으로 가장 옳지 않은 것은?

① 오일 팬의 오일 양이 부족하다.
② 윤활회로 내의 어느 부분이 막혔다.
③ 기관의 온도가 낮아 오일의 점도가 높다.
④ 유압 조절 밸브 스프링의 장력이 과하다.

>ADVICE ① 유압이 높아지는 원인이 아니라, 오히려 유압이 낮아지는 원인이므로 가장 옳지 않다.

10 디젤자동차에 적용되는 일반적인 유해배기배출물 저감장치로 가장 옳지 않은 것은?

① 삼원촉매장치(TWC)
② 디젤 입자상물질 여과장치(DPF)
③ 선택적 촉매 환원장치(SCR)
④ 질소산화물 저장 촉매기(NSC)

>ADVICE 삼원촉매장치(TWC) : 주로 가솔린 차량에 사용되며, 일산화탄소(CO), 탄화수소(HC), 질소산화물(NOx)을 동시에 저감하는 장치입니다. 디젤 차량에는 일반적으로 적용되지 않음

02

도로교통
법규

1 안전표지와 그에 대한 설명이 가장 바르게 연결된 것은?

①
승합자동차
통행금지표지

②
미끄러운도로표지

③
양측방향통행표지

④
자전거주차장표지

〉ADVICE ① 화물자동차통행금지표지
③ 중앙분리대시작표지
④ 자전거 나란히 통행 허용 표지

2 「도로교통법」 제4조 제1항에 따른 안전표지의 설명으로 가장 옳지 않은 것은?

① 주의표지 : 도로상태가 위험하거나 도로 또는 그 부근에 위험물이 있는 경우에 필요한 안전조치를 할 수 있 도록 이를 도로사용자에게 알리는 표지

② 규제표지 : 도로교통의 안전을 위하여 각종 제한·금지 등의 규제를 하는 경우에 이를 도로사용자에게 알리 는 표지

③ 지시표지 : 도로의 통행방법·통행구분 등 도로교통의 안전을 위하여 필요한 지시를 하는 경우에 도로사용 자가 이에 따르도록 알리는 표지

④ 보조표지 : 도로교통의 안전을 위하여 각종 주의·규제·지시 등의 내용을 노면에 기호·문자 또는 선으로 도로사용자에게 알리는 표지

>ADVICE 안전표지〈시행규칙 제8조〉

  ⊙ **주의표지** : 도로상태가 위험하거나 도로 또는 그 부근에 위험물이 있는 경우에 필요한 안전조치를 할 수 있도록 이를 도로사용자에게 알리는 표지

  ⓛ **규제표지** : 도로교통의 안전을 위하여 각종 제한·금지 등의 규제를 하는 경우에 이를 도로사용자에게 알리는 표지

  ⓒ **지시표지** : 도로의 통행방법·통행구분 등 도로교통의 안전을 위하여 필요한 지시를 하는 경우에 도로사용자가 이에 따르도록 알리는 표지

  ⓔ **보조표지** : 주의표지·규제표지 또는 지시표지의 주기능을 보충하여 도로사용자에게 알리는 표지

  ⓜ **노면표시** : 도로교통의 안전을 위하여 각종 주의·규제·지시 등의 내용을 노면에 기호·문자 또는 선으로 도로사용자에게 알리는 표지

3 「도로교통법」상 용어의 정의로 가장 옳지 않은 것은?

① 자동차에는 특수자동차, 이륜자동차가 포함되며, 건설기계는 포함되지 않는다.

② 긴급자동차에는 소방차, 구급차, 혈액 공급차량이 포함된다.

③ 정차란 운전자가 5분을 초과하지 아니하고 차를 정지시키는 것으로서 주차 외의 정지 상태를 말한다.

④ 우마란 교통이나 운수에 사용되는 가축을 말한다.

>ADVICE ① 「건설기계관리법」 제26조 제1항 단서에 따른 건설기계도 자동차에 포함된다.

> **Tip**
>
> **자동차**(법 제2조 제18호) … 철길이나 가설된 선을 이용하지 아니하고 원동기를 사용하여 운전되는 채(견인되는 자동차도 자동차의 일부로 본다)로서 다음의 차를 말한다.
> ⊙ 「자동차관리법」에 따른 다음의 자동차. 다만, 원동기장치자전거는 제외한다.
> - 승용자동차
> - 승합자동차
> - 화물자동차
> - 특수자동차
> - 이륜자동차
> ⓛ 「건설기계관리법」에 따른 건설기계

✎ ANSWER   1.②   2.④   3.①

4 「도로교통법」상 긴급자동차의 우선 통행에 대한 설명으로 가장 옳지 않은 것은?

① 긴급하고 부득이한 경우에는 도로의 중앙이나 좌측 부분을 통행할 수 있다.
② 긴급자동차는 이 법에 따른 명령에 따라 정지해야 하는 경우에도 불구하고 부득이한 경우 정지하지 않을 수 있다.
③ 교차로나 그 부근에서 긴급자동차가 접근하는 경우에는 차마와 노면전차의 운전자는 교차로와 상관없이 일시정지 해야 한다.
④ 모든 차와 노면전차의 운전자는 교차로나 그 부근 외의 곳에서 긴급자동차가 접근하는 경우 우선 통행할 수 있도록 양보해야 한다.

> **ADVICE** 긴급자동차의 우선 통행〈법 제29조〉
> ㉠ 긴급자동차는 긴급하고 부득이한 경우에는 도로의 중앙이나 좌측 부분을 통행할 수 있다.
> ㉡ 긴급자동차는 이 법이나 이 법에 따른 명령에 따라 정지하여야 하는 경우에도 불구하고 긴급하고 부득이한 경우에는 정지하지 아니할 수 있다.
> ㉢ 긴급자동차의 운전자는 교통안전에 특히 주의하면서 통행하여야 한다.
> ㉣ 교차로나 그 부근에서 긴급자동차가 접근하는 경우에는 차마와 노면전차의 운전자는 교차로를 피하여 일시 정지하여야 한다.
> ㉤ 모든 차와 노면전차의 운전자는 ㉣에 따른 곳 외의 곳에서 긴급자동차가 접근한 경우에는 긴급자동차가 우선 통행할 수 있도록 진로를 양보하여야 한다.
> ㉥ 긴급자동차 운전자는 해당 자동차를 그 본래의 긴급한 용도로 운행하지 아니하는 경우에는 경광등을 켜거나 사이렌을 작동하여서는 아니 된다. 다만, 대통령령으로 정하는 바에 따라 범죄 및 화재 예방 등을 위한 순찰·훈련 등을 실시하는 경우에는 그러하지 아니하다.

5 「도로교통법」상 주차금지의 장소로 가장 옳지 않은 것은?

① 터널 안 및 다리 위
② 도로공사를 하고 있는 경우에는 그 공사 구역의 양쪽 가장자리로부터 10미터인 곳
③ 「다중이용업소의 안전관리에 관한 특별법」에 따른 다중이용업소의 영업장이 속한 건축물로 소방본부장의 요청에 의하여 시·도경찰청장이 지정한 곳으로부터 5미터 이내인 곳
④ 시·도경찰청장이 도로에서의 위험을 방지하고 교통의 안전과 원활한 소통을 확보하기 위하여 필요하다고 인정하여 지정한 곳

> **ADVICE** 주차금지의 장소〈법 제33조〉
> ㉠ 터널 안 및 다리 위
> ㉡ 다음의 곳으로부터 5미터 이내인 곳
>   • 도로공사를 하고 있는 경우에는 그 공사 구역의 양쪽 가장자리
>   • 다중이용업소의 영업장이 속한 건축물로 소방본부장의 요청에 의하여 시·도경찰청장이 지정한 곳
> ㉢ 시·도경찰청장이 도로에서의 위험을 방지하고 교통의 안전과 원활한 소통을 확보하기 위하여 필요하다고 인정하여 지정한 곳

6 「도로교통법」상 차마의 운전자가 도로의 중앙이나 좌측 부분으로 통행할 수 있는 경우로 가장 옳지 않은 것은?

① 도로가 일방통행인 경우

② 도로 우측 부분의 폭이 차마의 통행에 충분하지 아니한 경우

③ 안전표지 등으로 앞지르기를 금지하거나 제한하고 있는 경우

④ 도로의 파손, 도로공사나 그 밖의 장애 등으로 도로의 우측 부분을 통행할 수 없는 경우

)ADVICE 차마의 운전자가 도로의 중앙이나 좌측 부분을 통행할 수 있는 경우〈법 제13조〉

㉠ 도로가 일방통행인 경우

㉡ 도로의 파손, 도로공사나 그 밖의 장애 등으로 도로의 우측 부분을 통행할 수 없는 경우

㉢ 도로 우측 부분의 폭이 6미터가 되지 아니하는 도로에서 다른 차를 앞지르려는 경우. 다만, 다음의 어느 하나에 해당하는 경우에는 그러하지 아니하다.

• 도로의 좌측 부분을 확인할 수 없는 경우

• 반대 방향의 교통을 방해할 우려가 있는 경우

• 안전표지 등으로 앞지르기를 금지하거나 제한하고 있는 경우

㉣ 도로 우측 부분의 폭이 차마의 통행에 충분하지 아니한 경우

㉤ 가파른 비탈길의 구부러진 곳에서 교통의 위험을 방지하기 위하여 시 · 도경찰청장이 필요하다고 인정하여 구간 및 통행방법을 지정하고 있는 경우에 그 지정에 따라 통행하는 경우

7 「도로교통법」상 정비 불량차의 점검 관련 사항 중 가장 옳지 않은 것은?

① 경찰공무원이 점검한 결과 정비불량 사항이 발견된 경우 장치의 점검 및 사용의 정지에 필요한 사항은 시·도경찰청장이 정한다.

② 경찰공무원은 정비불량차에 해당한다고 인정하는 차가 운행되고 있는 경우에는 우선 그 차를 정지시킨 후, 운전자에게 그 차의 자동차등록증 또는 자동차 운전면허증을 제시하도록 요구하고 그 차의 장치를 점검할 수 있다.

③ 시·도경찰청장은 정비 상태가 매우 불량하여 위험발생의 우려가 있는 경우에는 그 차의 자동차등록증을 보관하고 운전의 일시정지를 명할 수 있다. 이 경우 필요하면 10일의 범위에서 정비기간을 정하여 그 차의 사용을 정지시킬 수 있다.

④ 경찰공무원은 점검한 결과 정비불량 사항이 발견된 경우에는 그 정비불량 상태의 정도에 따라 그 차의 운전자로 하여금 응급조치를 하게 한 후에 운전을 하도록 하거나 도로 또는 교통 상황을 고려하여 통행구간, 통행로와 위험방지를 위한 필요한 조건을 정한 후 그에 따라 운전을 계속하게 할 수 있다.

> **ADVICE** 정비불량차의 점검〈법 제41조〉
> ㉠ 경찰공무원은 정비불량차에 해당한다고 인정하는 차가 운행되고 있는 경우에는 우선 그 차를 정지시킨 후, 운전자에게 그 차의 자동차등록증 또는 자동차 운전면허증을 제시하도록 요구하고 그 차의 장치를 점검할 수 있다.
> ㉡ 경찰공무원은 점검한 결과 정비불량 사항이 발견된 경우에는 그 정비불량 상태의 정도에 따라 그 차의 운전자로 하여금 응급조치를 하게 한 후에 운전을 하도록 하거나 도로 또는 교통 상황을 고려하여 통행구간, 통행로와 위험방지를 위한 필요한 조건을 정한 후 그에 따라 운전을 계속하게 할 수 있다.
> ㉢ 시·도경찰청장은 ㉡에도 불구하고 정비 상태가 매우 불량하여 위험발생의 우려가 있는 경우에는 그 차의 자동차등록증을 보관하고 운전의 일시정지를 명할 수 있다. 이 경우 필요하면 10일의 범위에서 정비기간을 정하여 그 차의 사용을 정지시킬 수 있다.
> ㉣ ㉠부터 ㉢까지의 규정에 따른 장치의 점검 및 사용의 정지에 필요한 사항은 대통령령으로 정한다.

8 「도로교통법」상 모든 운전자의 준수사항으로 가장 옳지 않은 것은?

① 지하도나 육교 등 도로 횡단시설을 이용할 수 없는 지체장애인이나 노인 등이 도로를 횡단하고 있는 경우 일시 정지해야 한다.

② 앞면 창유리의 가시광선 투과율이 대통령령으로 정하는 기준보다 낮은 장의용 자동차는 운전하지 않아야 한다.

③ 운전 중에도 각종 범죄 및 재해 신고 시에는 휴대전화를 사용할 수 있다.

④ 운전자가 운전 중 볼 수 있는 위치에 영상이 표시되지 않아야 한다. 다만, 자동차 등 또는 노면전차의 좌우 또는 전후방을 볼 수 있도록 도움을 주는 영상의 경우에는 그러하지 아니하다.

> **ADVICE** ② 자동차의 앞면 창유리와 운전석 좌우 옆면 창유리의 가시광선(可視光線)의 투과율이 대통령령으로 정하는 기준보다 낮아 교통안전 등에 지장을 줄 수 있는 차를 운전하여서는 아니 된다. 다만, 요인(要人) 경호용, 구급용 및 장의용(葬儀用) 자동차는 제외한다〈법 제49조 제1항 제3호〉.

9 「도로교통법 시행규칙」상 편도 1차로 고속도로에서의 최고속도는?

① 매시 60킬로미터   ② 매시 80킬로미터

③ 매시 100킬로미터   ④ 매시 120킬로미터

> **ADVICE** 고속도로에서의 통행속도〈시행규칙 제19조〉
> ㉠ 편도 1차로 고속도로에서의 최고속도는 매시 80킬로미터, 최저속도는 매시 50킬로미터
> ㉡ 편도 2차로 이상 고속도로에서의 최고속도는 매시 100킬로미터[화물자동차(적재중량 1.5톤을 초과하는 경우에 한함)·특수자동차·위험물운반자동차 및 건설기계의 최고속도는 매시 80킬로미터], 최저속도는 매시 50킬로미터
> ㉢ ㉡에도 불구하고 편도 2차로 이상의 고속도로로서 경찰청장이 고속도로의 원활한 소통을 위하여 특히 필요하다고 인정하여 지정·고시한 노선 또는 구간의 최고속도는 매시 120킬로미터(화물자동차·특수자동차·위험물운반자동차 및 건설기계의 최고속도는 매시 90킬로미터) 이내, 최저속도는 매시 50킬로미터

10 「도로교통법」상 도로에서의 금지행위로 가장 옳지 않은 것은?

① 정차되어 있는 차마에서 뛰어내리는 행위
② 교통이 빈번한 도로에서 공놀이 또는 썰매타기 놀이를 하는 행위
③ 술에 취하여 도로에서 갈팡질팡하는 행위
④ 돌·유리병이나 그 밖에 도로에 있는 사람이나 차마를 손상시킬 우려가 있는 물건을 던지는 행위

> **ADVICE** 도로에서의 금지행위 등〈법 제68조〉
> ㉠ 누구든지 함부로 신호기를 조작하거나 교통안전시설을 철거·이전하거나 손괴하여서는 아니 되며, 교통안전시설이나 그와 비슷한 인공구조물을 도로에 설치하여서는 아니 된다.
> ㉡ 누구든지 교통에 방해가 될 만한 물건을 도로에 함부로 내버려두어서는 아니 된다.
> ㉢ 누구든지 다음의 어느 하나에 해당하는 행위를 하여서는 아니 된다.
> • 술에 취하여 도로에서 갈팡질팡하는 행위
> • 도로에서 교통에 방해되는 방법으로 눕거나 앉거나 서있는 행위
> • 교통이 빈번한 도로에서 공놀이 또는 썰매타기 등의 놀이를 하는 행위
> • 돌·유리병·쇳조각이나 그 밖에 도로에 있는 사람이나 차마를 손상시킬 우려가 있는 물건을 던지거나 발사하는 행위
> • 도로를 통행하고 있는 차마에서 밖으로 물건을 던지는 행위
> • 도로를 통행하고 있는 차마에 뛰어오르거나 매달리거나 차마에서 뛰어내리는 행위
> • 그 밖에 시·도경찰청장이 교통상의 위험을 방지하기 위하여 필요하다고 인정하여 지정·공고한 행위

✎ **ANSWER** 7.① 8.② 9.② 10.①

1 다음 중 교통안전표지에 대한 설명으로 옳은 것은?

① 규제표지 : 도로의 통행방법 · 통행구분 등 도로교통의 안전을 위하여 필요한 지시를 하는 경우에 도로사용자가 이에 따르도록 알리는 표지

② 지시표지 : 도로교통의 안전을 위하여 각종 제한 · 금지 등의 규제를 하는 경우에 이를 도로사용자에게 알리는 표지

③ 주의표지 : 도로상태가 위험하거나 도로 또는 그 부근에 위험물이 있는 경우에 필요한 안전조치를 할 수 있도록 이를 도로사용자에게 알리는 표지

④ 보조표지 : 도로교통의 안전을 위하여 노면에 기호 · 문자 또는 선으로 도로사용자에게 알리는 표지

>**ADVICE** 안전표지〈시행규칙 제8조〉

　　㉠ 주의표지 : 도로상태가 위험하거나 도로 또는 그 부근에 위험물이 있는 경우에 필요한 안전조치를 할 수 있도록 이를 도로사용자에게 알리는 표지

　　㉡ 규제표지 : 도로교통의 안전을 위하여 각종 제한 · 금지 등의 규제를 하는 경우에 이를 도로사용자에게 알리는 표지

　　㉢ 지시표지 : 도로의 통행방법 · 통행구분 등 도로교통의 안전을 위하여 필요한 지시를 하는 경우에 도로사용자가 이에 따르도록 알리는 표지

　　㉣ 보조표지 : 주의표지 · 규제표지 또는 지시표지의 주기능을 보충하여 도로사용자에게 알리는 표지

　　㉤ 노면표시 : 도로교통의 안전을 위하여 각종 주의 · 규제 · 지시 등의 내용을 노면에 기호 · 문자 또는 선으로 도로사용자에게 알리는 표지

2 다음 중 도로교통법상 차도의 정의로 옳은 것은?

① 연석선, 안전표지 또는 그와 비슷한 인공구조물을 이용하여 경계를 표시하여 모든 차가 통행할 수 있도록 설치된 부분을 말한다.
② 차마가 한 줄로 도로의 정하여진 부분을 통행하도록 차선으로 구분한 차도의 부분을 말한다.
③ 차마의 통행 방향을 명확하게 구분하기 위하여 도로에 황색 실선이나 황색 점선 등의 안전표지로 표시한 선 또는 중앙분리대나 울타리 등으로 설치한 시설물을 말한다.
④ 차선변경 및 이면도로(교차로) 또는 건물로의 진출·입을 위하여 일시적으로 진입할 수 있게 구분한 청색 점선 등의 안전표지로 표시한 선을 말한다.

> ADVICE ② 차로를 설명한 것이다.
> ③ 중앙선을 설명한 것이다.
> ④ 청색점선은 버스전용차로에서 버스를 제외한 차량이 우회전, 합류 등을 위해 일시적으로 통행 가능한 차선을 말한다.

3 무인 교통단속용 장비의 설치 및 관리를 할 수 있는 자가 아닌 것은?

① 경찰청장
② 경찰서장
③ 시·도경찰청장
④ 시장

> ADVICE 무인 교통단속용 장비의 설치 및 관리〈법 제4조의2〉… 시·도경찰청장, 경찰서장 또는 시장 등은 이 법을 위반한 사실을 기록·증명하기 위하여 무인(無人) 교통단속용 장비를 설치·관리할 수 있다.

✎ **ANSWER** 1.③ 2.① 3.①

4 다음 중 도로교통법상 긴급자동차로 볼 수 없는 것은?

① 전기사업 · 가스사업 그 밖의 공익사업기관에서 위험방지를 위한 응급작업에 사용되는 자동차
② 개인경호업무수행에 사용되는 사설경비업체의 자동차
③ 교도소 · 소년교도소 또는 구치소의 자동차 중 도주자의 체포 또는 수용자 · 보호관찰대상자의 호송 · 경비를 위하여 사용되는 자동차
④ 국군 및 주한 국제연합군용 자동차중 군 내부의 질서유지나 부대의 질서있는 이동을 유도하는데 사용되는 자동차

>ADVICE ② 개인경호업무수행은 긴급자동차가 될 수 없다.

> Tip
>
> **긴급(緊急)자동차**(법 제2조 제22호)
> ㉠ 도로교통법상
> • 소방자동차
> • 구급자동차
> • 혈액 공급차량
> • 대통령령으로 정한 자동차
> ㉡ 대통령령으로 정하는 자동차
> • 경찰용 자동차 중 범죄수사, 교통단속, 그 밖의 긴급한 경찰업무 수행에 사용되는 자동차
> • 국군 및 주한 국제연합군용 자동차 중 군 내부의 질서 유지나 부대의 질서 있는 이동을 유도(誘導)하는 데 사용되는 자동차
> • 수사기관의 자동차 중 범죄수사를 위하여 사용되는 자동차
> • 다음에 해당하는 시설 또는 기관의 자동차 중 도주자의 체포 또는 수용자, 보호관찰 대상자의 호송 · 경비를 위하여 사용되는 자동차
>   – 교도소 · 소년교도소, 구치소
>   – 소년원 또는 소년분류심사원
>   – 보호관찰소
> • 국내외 요인(要人)에 대한 경호업무 수행에 공무(公務)로 사용되는 자동차
> ㉢ 사용하는 사람 또는 기관 등의 신청에 의하여 시 · 도경찰청장이 지정하는 경우
> • 전기사업, 가스사업, 그 밖의 공익사업을 하는 기관에서 위험 방지를 위한 응급작업에 사용되는 자동차
> • 민방위업무를 수행하는 기관에서 긴급예방 또는 복구를 위한 출동에 사용되는 자동차
> • 도로관리를 위하여 사용되는 자동차 중 도로상의 위험을 방지하기 위한 응급작업에 사용되거나 운행이 제한되는 자동차를 단속하기 위하여 사용되는 자동차
> • 전신 · 전화의 수리공사 등 응급작업에 사용되는 자동차
> • 긴급한 우편물의 운송에 사용되는 자동차
> • 전파감시업무에 사용되는 자동차
> ㉣ 긴급자동차에 준하는 자동차(긴급자동차로 간주됨)
> • 경찰용 긴급자동차에 의하여 유도되고 있는 자동차
> • 국군 및 주한 국제연합군용의 긴급자동차에 의하여 유도되고 있는 국군 및 주한 국제연합군의 자동차
> • 생명이 위급한 환자 또는 부상자나 수혈을 위한 혈액을 운송 중인 자동차

5 차를 견인하였을 경우, 차의 사용자 등에게 고지할 사항이 아닌 것은?

① 차의 등록번호, 차종 및 형식
② 위반 장소
③ 견인 일시
④ 통지한 날로부터 1월이 지나도 반환을 요구하지 아니한 때에는 그 차를 매각 또는 폐차할 수 있다는 내용

>ADVICE 견인 시 통지 사항〈시행규칙 제22조 제3항〉
   ㉠ 차의 등록번호 · 차종 및 형식
   ㉡ 위반 장소
   ㉢ 보관한 일시 및 장소
   ㉣ 통지한 날부터 1월이 지나도 반환을 요구하지 아니한 때에는 그 차를 매각 또는 폐차할 수 있다는 내용

6 다음 중 정차 또는 주차의 방법으로 바르지 않은 설명은?

① 도로에서 정차할 때에는 차도의 오른쪽 가장자리에 정차하여야 한다.
② 여객자동차의 운전자는 승객을 태우거나 내려주기 위하여 정류소 또는 이에 준하는 장소에서 정차하였을 때에는 승객이 타거나 내린 즉시 출발하여야 하며 뒤따르는 다른 차의 정차를 방해하지 아니하여야 한다.
③ 경사진 곳에 정차하거나 주차하려는 경우에는 자동차의 주차제동장치를 작동한 후, 경사의 내리막 방향으로 바퀴에 고임목, 고임돌, 그 밖에 고무, 플라스틱 등 자동차의 미끄럼 사고를 방지할 수 있는 것을 설치하여야 한다.
④ 경사진 곳에 정차하거나 주차하려는 경우에는 조향장치를 도로의 중앙자리 방향으로 돌려놓아야 한다.

>ADVICE ④ 조향장치는 도로의 가장자리(중앙자리 방향 ×) 방향으로 돌려놓아야 한다.

> Tip
> **정차 또는 주차의 방법 등**〈시행령 제11조 제1항〉
> ㉠ 모든 차의 운전자는 도로에서 정차할 때에는 차도의 오른쪽 가장자리에 정차할 것. 다만, 차도와 보도의 구별이 없는 도로의 경우에는 도로의 오른쪽 가장자리로부터 중앙으로 50센티미터 이상의 거리를 두어야 한다.
> ㉡ 여객자동차의 운전자는 승객을 태우거나 내려주기 위하여 정류소 또는 이에 준하는 장소에서 정차하였을 때에는 승객이 타거나 내린 즉시 출발하여야 하며 뒤따르는 다른 차의 정차를 방해하지 아니할 것
> ㉢ 모든 차의 운전자는 도로에서 주차할 때에는 시 · 도경찰청장이 정하는 주차의 장소 · 시간 및 방법에 따를 것
>
> **경사진 곳에 정차 또는 주차시 조치사항**〈시행령 제11조 제3항〉
> ㉠ 경사의 내리막 방향으로 바퀴에 고임목, 고임돌, 그 밖에 고무, 플라스틱 등 자동차의 미끄럼 사고를 방지할 수 있는 것을 설치할 것
> ㉡ 조향장치(操向裝置)를 도로의 가장자리(자동차에서 가까운 쪽을 말한다) 방향으로 돌려놓을 것

✎ **ANSWER** 4.② 5.③ 6.④

7 운전 중 휴대전화를 사용할 수 있는 경우로 틀린 것은?

① 서행하고 있는 경우
② 긴급자동차를 운전하는 경우
③ 각종 범죄 및 재해 신고 등 긴급한 필요가 있는 경우
④ 안전운전에 장애를 주지 아니하는 장치를 이용하는 경우

ADVICE ① 서행하고 있는 경우는 휴대전화를 사용할 수 없다.

> **Tip**
>
> **운전자의 휴대전화 사용금지**〈법 제49조 제1항 제10호〉… 운전자는 자동차 등 또는 노면전차의 운전 중에는 휴대용 전화 (자동차용 전화를 포함한다)를 사용하지 아니할 것. 다만, 다음의 어느 하나에 해당하는 경우에는 그러하지 아니하다.
> ㉠ 자동차 등 또는 노면전차가 정지하고 있는 경우
> ㉡ 긴급자동차를 운전하는 경우
> ㉢ 각종 범죄 및 재해 신고 등 긴급한 필요가 있는 경우
> ㉣ 안전운전에 장애를 주지 아니하는 장치로서 대통령령으로 정하는 장치를 이용하는 경우

8 다음 중 난폭운전의 대상 행위가 아닌 것은?

① 안전거리 미확보, 진로변경 금지 위반, 급제동 금지 위반
② 신호 또는 지시 위반
③ 중앙선이 설치되어 있는 일반도로에 중앙선 침범
④ 선행 차에 대한 지속적인 점멸

ADVICE ④ 선행 차에 대한 지속적인 점멸은 난폭운전의 유형에 들어가지 않는다.

> **Tip**
>
> **난폭운전 금지**〈법 제46조의3〉… 자동차 등(개인형 이동장치는 제외)의 운전자는 다음 중 둘 이상의 행위를 연달아 하거나, 하나의 행위를 지속 또는 반복하여 다른 사람에게 위협 또는 위해를 가하거나 교통상의 위험을 발생하게 하여서는 아니 된다.
> ㉠ 신호 또는 지시 위반
> ㉡ 중앙선 침범
> ㉢ 속도의 위반
> ㉣ 횡단 · 유턴 · 후진 금지 위반
> ㉤ 안전거리 미확보, 진로변경 금지 위반, 급제동 금지 위반
> ㉥ 앞지르기 방법 또는 앞지르기의 방해금지 위반
> ㉦ 정당한 사유 없는 소음 발생
> ㉧ 고속도로에서의 앞지르기 방법 위반
> ㉨ 고속도로 등에서의 횡단 · 유턴 · 후진 금지 위반

9 다음 중 운전면허 취소사유에 해당되지 않는 것은? [기출변형]

① 술에 취한 상태에 있다고 인정할 만한 상당한 이유가 있음에도 불구하고 경찰공무원의 측정에 응하지 아니한 경우
② 정기적성검사에 불합격한 경우
③ 등록되지 아니하거나 임시운행허가를 받지 아니한 자동차를 운전한 경우
④ 자동차 등을 이용하여 형법상 특수상해 등을 행한 때(보복운전 입건)

>ADVICE ④ 보복운전으로 입건되면 정지사유이지 취소사유는 아니다(단, 구속되는 경우는 취소이다).

> Tip
>
> 운전면허를 받은 사람이 자동차 등을 이용하여 특수상해·특수폭행·특수협박·특수손괴의 형법을 위반하는 행위를 한 경우에는 운전면허를 취소하거나 1년 이내의 범위에서 운전면허의 효력을 정지시킬 수 있다(도로교통법 제93조 제1항 10의2호).

10 다음 중 교통법규 위반에 대한 벌칙이 가장 무거운 것은?

① 자동차 등에 도색·표지 등을 하거나 그러한 자동차 등을 운전한 사람
② 교통단속을 회피할 목적으로 교통단속용 장비의 기능을 방해하는 장치를 제작, 수입, 판매 또는 장착한 사람
③ 과로·질병으로 인하여 정상적으로 운전하지 못할 우려가 있는 상태에서 자동차 등을 운전한 사람
④ 경찰공무원의 운전면허증 제시 요구나 진술 요구에 따르지 아니한 사람

>ADVICE ② 6개월 이하의 징역이나 200만 원 이하의 벌금 또는 구류
> ① 30만 원 이하의 벌금이나 구류
> ③ 30만 원 이하의 벌금이나 구류
> ④ 20만 원 이하의 벌금 또는 구류

✎ **ANSWER** 7.① 8.④ 9.④ 10.②

1 다음 중 도로교통법의 용어로 틀린 것은?

① 횡단보도 : 보행자가 보도를 횡단할 수 있도록 안전표지로 표시한 도로

② 보도 : 보행자가 통행할 수 있도록 한 도로

③ 차도 : 안전표지 또는 인공구조물을 이용하여 표시 모든 차가 통행할 수 있도록 설치된 도로

④ 자동차전용도로 : 원동기를 포함하여 모든 고속차량이 다닐 수 있도록 설치된 도로

>ADVICE ④ 자동차전용도로는 자동차만 다닐 수 있도록 설치된 도로를 말한다(고속차량이 다닐 수 있도록 설치된 도로는 고속도로이다).

> Tip
>
> **자동차**〈법 제2조 18호〉
> "자동차"란 철길이나 가설된 선을 이용하지 아니하고 원동기를 사용하여 운전되는 채(견인되는 자동차도 자동차의 일부로 본다)로서 다음의 차를 말한다.
> ㉠ 「자동차관리법」에 따른 다음의 자동차. 다만, 원동기장치자전거는 제외한다.
> - 승용자동차
> - 승합자동차
> - 화물자동차
> - 특수자동차
> - 이륜자동차
> ㉡ 「건설기계관리법」에 따른 건설기계

2 다음 중 보행자 통행방법이 아닌 것은?

① 지하도나 육교 등의 도로 횡단시설을 이용할 수 없는 지체장애인의 경우 다른 교통에 방해가 되지 않는 방법으로 도로를 횡단할 수 있다.

② 횡단보도가 설치되어 있지 아니한 곳에서는 도로에서 가장 짧은 거리로 횡단하여야 한다.

③ 보행자는 차와 노면전차의 바로 앞이나 뒤로 횡단하면 안 된다.

④ 보행자는 안전표지 등에 의하여 횡단이 금지되어 있는 도로의 부분에서는 차량 통행이 없으면 빠르게 횡단하여야 한다.

>ADVICE ④ 보행자는 안전표지 등에 의하여 횡단이 금지되어 있는 도로의 부분에서는 그 도로를 횡단하여서는 아니 된다.

> **Tip**
>
> **도로의 횡단〈법 제10조〉**
> ㉠ 시·도경찰청장은 도로를 횡단하는 보행자의 안전을 위하여 행정안전부령으로 정하는 기준에 따라 횡단보도를 설치할 수 있다.
> ㉡ 보행자는 횡단보도, 지하도, 육교나 그 밖의 도로 횡단시설이 설치되어 있는 도로에서는 그 곳으로 횡단하여야 한다. 다만, 지하도나 육교 등의 도로 횡단시설을 이용할 수 없는 지체장애인의 경우에는 다른 교통에 방해가 되지 아니하는 방법으로 도로 횡단시설을 이용하지 아니하고 도로를 횡단할 수 있다.
> ㉢ 보행자는 횡단보도가 설치되어 있지 아니한 도로에서는 가장 짧은 거리로 횡단하여야 한다.
> ㉣ 보행자는 차와 노면전차의 바로 앞이나 뒤로 횡단하여서는 아니 된다. 다만, 횡단보도를 횡단하거나 신호기 또는 경찰공무원등의 신호나 지시에 따라 도로를 횡단하는 경우에는 그러하지 아니하다.
> ㉤ 보행자는 안전표지 등에 의하여 횡단이 금지되어 있는 도로의 부분에서는 그 도로를 횡단하여서는 아니 된다.

3 다음 중 도로의 횡단 시 안전을 위하여 경찰공무원이 적절한 조치를 해야 할 경우로 틀린 것은?

① 교통이 빈번한 도로에서 놀고 있는 어린이

② 보호자 없이 도로를 보행하는 영유아

③ 횡단보도나 교통이 빈번한 도로에서 보행에 어려움을 겪고 있는 노인

④ 앞을 보지 못하는 맹인으로서 흰색 지팡이를 가지고 장애인보조견(안내견)은 동반하지 아니하고 다니는 사람

>ADVICE 경찰공무원의 어린이 등에 대한 보호 조치〈법 제11조 제6항〉
> ㉠ 교통이 빈번한 도로에서 놀고 있는 어린이
> ㉡ 보호자 없이 도로를 보행하는 영유아
> ㉢ 앞을 보지 못하는 사람으로서 흰색 지팡이를 가지지 아니하거나 장애인보조견을 동반하지 아니하는 등 필요한 조치를 하지 아니하고 다니는 사람
> ㉣ 횡단보도나 교통이 빈번한 도로에서 보행에 어려움을 겪고 있는 노인(65세 이상인 사람)

✎ **ANSWER** 1.④ 2.④ 3.④

4 다음 중 도로 운행시 서행해야 하는 곳이 아닌 곳은?

① 도로가 구부러진 부근

② 다리 위, 터널 안

③ 가파른 비탈길의 내리막길

④ 교통정리를 하고 있지 아니하는 교차로

>**ADVICE** ② 앞지르기 금지장소이다.

> **Tip**
>
> **서행해야 할 장소**〈법 제31조〉
> ㉠ 교통정리를 하고 있지 아니하는 교차로
> ㉡ 도로가 구부러진 부근
> ㉢ 비탈길의 고갯마루 부근
> ㉣ 가파른 비탈길의 내리막
> ㉤ 시·도경찰청장이 도로에서의 위험을 방지하고 교통의 안전과 원활한 소통을 확보하기 위하여 필요하다고 인정하여 안전표지로 지정한 곳

5 다음 중 앞지르기 금지 시기와 관련되는 설명이 아닌 것은?

① 앞차의 좌측에 다른 차가 앞차와 나란히 가고 있을 경우 할 수 없다.

② 앞차가 다른 차를 앞지르고 있거나 앞지르려고 하는 경우 할 수 없다.

③ 교차로, 터널 구분이 있는 도로에서는 안 되고 다리 위에서는 앞지르기 할 수 있다.

④ 경찰 공무원의 지시에 따라 정지, 서행하고 있는 차량을 앞지르기 할 수 없다.

>**ADVICE** ③ 교차로, 터널 안, 다리 위는 앞지르기 금지장소이다.

> **Tip**
>
> **앞지르기 금지의 시기**〈법 제22조 제1항, 제2항〉
> ㉠ 앞차의 좌측에 다른 차가 앞차와 나란히 가고 있는 경우
> ㉡ 앞차가 다른 차를 앞지르고 있거나 앞지르려고 하는 경우
> ㉢ 도로교통법에 따른 명령에 따라 정지하거나 서행하고 있는 차
> ㉣ 경찰공무원의 지시에 따라 정지하거나 서행하고 있는 차
> ㉤ 위험을 방지하기 위하여 정지하거나 서행하고 있는 차
>
> **앞지르기 금지 장소**〈법 제22조 제3항〉
> ㉠ 교차로
> ㉡ 터널 안
> ㉢ 다리 위
> ㉣ 도로의 구부러진 곳, 비탈길의 고갯마루 부근 또는 가파른 비탈길의 내리막 등 시·도경찰청장이 도로에서의 위험을 방지하고 교통의 안전과 원활한 소통을 확보하기 위하여 필요하다고 인정하는 곳으로서 안전표지로 지정한 곳

6 도로교통법상 자동차 등의 운전 중 휴대용 전화를 사용할 수 없는 경우는?

① 자동차 등이 서행 운전하고 있는 경우

② 자동차 등이 정지하고 있는 경우

③ 재해신고 등 긴급한 필요가 있는 경우

④ 긴급자동차를 운전하고 있는 경우

〉ADVICE ① 서행하고 있는 경우에는 휴대폰 등을 사용할 수 없다.

Tip

운전자의 휴대전화 사용이 가능한 경우〈법 제49조 제1항 제10호〉

㉠ 자동차 등 또는 노면전차가 정지하고 있는 경우

㉡ 긴급자동차를 운전하는 경우

㉢ 각종 범죄 및 재해 신고 등 긴급한 필요가 있는 경우

㉣ 안전운전에 장애를 주지 아니하는 장치로서 대통령령으로 정하는 장치를 이용하는 경우

7 다음 중 최고속도 100km/h 편도 2차선 고속도로에서 적재중량 2톤 화물 자동차의 최고속도로 알맞은 것은?

① 60km/h

② 80km/h

③ 90km/h

④ 100km/h

〉ADVICE ② 고속도로 편도 2차로 이상에서 1.5톤을 초과하는 화물자동차는 최고속도가 80km/h, 최저속도가 50km/h이다.

Tip

고속도로에서의 통행 속도〈시행규칙 제19조 제1항 제3호〉

㉠ 편도 1차로 고속도로에서의 최고속도는 매시 80킬로미터, 최저속도는 매시 50킬로미터

㉡ 편도 2차로 이상 고속도로에서의 최고속도는 매시 100킬로미터[적재중량 1.5톤을 초과하는 화물자동차·특수자동차·위험물운반자동차 및 건설기계의 최고속도는 매시 80킬로미터], 최저속도는 매시 50킬로미터

㉢ 편도 2차로 이상의 고속도로로서 경찰청장이 고속도로의 원활한 소통을 위하여 특히 필요하다고 인정하여 지정·고시한 노선 또는 구간의 최고속도는 매시 120킬로미터(화물자동차·특수자동차·위험물운반자동차 및 건설기계의 최고속도는 매시 90킬로미터) 이내, 최저속도는 매시 50킬로미터

✎ ANSWER 4.② 5.③ 6.① 7.②

8 다음 중 도로교통법상 운전면허 종별로 맞는 것은?

① 1종 운전면허, 2종 운전면허, 3종 운전면허
② 1종 운전면허, 2종 운전면허, 특수면허
③ 1종 운전면허, 2종 운전면허, 연습면허
④ 1종 운전면허, 2종 운전면허, 국제운전면허, 연습면허

〉ADVICE 운전면허의 종류〈법 제80조 제2항〉
　㉠ 제1종 운전면허 : 대형면허, 보통면허, 소형면허, 특수면허(대형견인차면허, 소형견인차면허, 구난차면허)
　㉡ 제2종 운전면허 : 보통면허, 소형면허, 원동기장치자전거면허
　㉢ 연습운전면허 : 제1종 보통연습면허, 제2종 보통연습면허

9 다음 중 통고처분 대상자로 맞는 것은?

① 달아날 우려가 있는 사람
② 성명, 주소가 확실하지 아니한 사람
③ 범칙금 납부 통고서 받기를 거부한 사람
④ 불법경범 행위를 인정한 신원이 확실한 사람

〉ADVICE ④ 통고처분을 할 수 있다.

> **Tip**
>
> **통고처분 제외 대상자**〈법 제163조 제1항〉
> ㉠ 성명이나 주소가 확실하지 아니한 사람
> ㉡ 달아날 우려가 있는 사람
> ㉢ 범칙금 납부통고서 받기를 거부한 사람
>
> **통고처분**〈법 제163조 제1항〉 … 경찰서장이나 제주특별자치도지사는 범칙자로 인정하는 사람에 대하여는 이유를 분명하게 밝힌 범칙금 납부통고서로 범칙금을 낼 것을 통고할 수 있다.

10 다음 중 과태료 부과가 가장 큰 것은?

① 고속도로에서 앞지르기 통행 방법을 준수하지 않은 승합자동차의 고용주

② 제한 속도 40km/h 도로에서 60km/h 이하로 운행한 승합차

③ 운전면허 갱신을 하지 않은 사람이 자동차를 운행한 사람

④ 정기적성 검사 또는 수시적성 검사를 받지 아니한 사람

>ADVICE ① 8만 원
② 4만 원
③ 2만 원
④ 3만 원

1 다음 중 「도로교통법」상 모범운전자연합회 및 모범운전자의 지원에 대한 내용으로 가장 올바르지 않은 것은?

① 모범운전자들의 상호협력을 증진하고 교통안전 봉사활동을 효율적으로 운영하기 위하여 모범운전자연합회를 설립할 수 있다.

② 「도로교통법」에는 모범운전자연합회를 설립할 수 있는 근거가 존재한다.

③ 지방자치단체는 모범운전자에게 필요한 복장 및 장비를 지원할 수 있다.

④ 국가는 모범운전자가 교통정리 등의 업무를 수행하는 도중 부상을 입거나 사망한 경우에 이를 보상할 수 있도록 보험에 가입할 수 있다.

> **ADVICE** ㉠ 모범운전자연합회〈법 제5조의2〉 … 모범운전자들의 상호협력을 증진하고 교통안전 봉사활동을 효율적으로 운영하기 위하여 모범운전자연합회를 설립할 수 있다.
> ㉡ 모범운전자에 대한 지원 등〈법 제5조의3〉
> • 국가는 예산의 범위에서 모범운전자에게 대통령령으로 정하는 바에 따라 교통정리 등의 업무를 수행하는 데 필요한 복장 및 장비를 지원할 수 있다.
> • 국가는 모범운전자가 교통정리 등의 업무를 수행하는 도중 부상을 입거나 사망한 경우에 이를 보상할 수 있도록 보험에 가입할 수 있다.
> • 지방자치단체는 예산의 범위에서 ㉠에 따라 설립된 모범운전자연합회의 사업에 필요한 보조금을 지원할 수 있다.
> ※ 대통령령으로 정하는 모범운전자에 대한 복장 및 장비의 지원〈시행령 제6조의2〉
> ㉠ 경찰청장은 법 제5조의3 제1항에 따라 모범운전자에게 다음의 복장 및 장비를 지원할 수 있다.
> • 복장: 모자, 근무복, 점퍼 등
> • 장비: 경적, 신호봉, 야광조끼 등
> ㉡ ㉠에 따른 복장 및 장비의 지급 기준 및 시기 등에 관하여 필요한 사항은 경찰청장이 정하여 고시한다.

2 다음 중 「도로교통법」상 운전자의 의무 등에 대한 설명으로 가장 올바르지 않은 것은?

① 경찰공무원은 술에 취한 상태에서 자동차 등, 노면전차 또는 자전거를 운전하였다고 인정할 만한 상당한 이유가 있는 경우에는 운전자가 술에 취하였는지를 호흡조사와 혈액채취 등의 방법으로 측정할 수 있다. 이 경우 운전자는 경찰공무원의 측정에 응하여야 한다.

② 자동차 등(개인형 이동장치는 제외한다)의 운전자는 도로에서 2명 이상이 공동으로 2대 이상의 자동차 등을 정당한 사유 없이 앞뒤로 또는 좌우로 줄지어 통행하면서 다른 사람에게 위해를 끼치거나 교통상의 위험을 발생하게 하여서는 아니 된다.

③ 요인 경호용, 구급용 및 장의용 자동차를 제외하고는 자동차 앞면 창유리의 가시광선 투과율이 70% 기준보다 낮아 교통안전 등에 지장을 줄 수 있는 차를 운전하지 말아야 한다.

④ 운전자는 긴급자동차를 운전하는 경우 운전 중 휴대용 전화를 사용할 수 있다.

≫ADVICE ① 경찰공무원은 교통의 안전과 위험방지를 위하여 필요하다고 인정하거나 술에 취한 상태에서 자동차 등, 노면전차 또는 자전거를 운전하였다고 인정할 만한 상당한 이유가 있는 경우에는 운전자가 술에 취하였는지를 호흡조사로 측정할 수 있다. 이 경우 운전자는 경찰공무원의 측정에 응하여야 하며, 측정결과에 불복하는 운전자에 대하여는 그 운전자의 동의를 받아 혈액 채취 등의 방법으로 다시 측정할 수 있다〈법 제44조 제2항, 제3항〉.

3 다음 중 운전면허 발급제한이 2년이 되는 것은 모두 몇 개인가?

가. 무면허인자가 원동기장치자전거를 운전한 경우

나. 음주운전의 규정을 2회 이상 위반해서 취소된 경우

다. 음주운전 또는 음주측정 위반을 위반하여 운전을 하다가 교통사고를 일으켜 취소된 경우

라. 공동 위험행위 2회 이상 위반으로 취소된 경우

---

① 1개   ② 2개

③ 3개   ④ 4개

≫ADVICE 2년 간 운전면허 발급제한

㉠ 2회 이상 음주측정 거부 (면허 유무 무관)

㉡ 2회 이상 음주운전 (취소된 날부터)

㉢ 1회 음주운전 또는 음주 측정을 거부하여 운전을 하다가 교통사고로 면허 취소된 경우

㉣ 무면허운전 3회 이상 위반 또는 운전면허 발급제한기간 중에 국제운전면허증 또는 상호인정 외국면허증으로 자동차 등을 운전 3회 이상 위반한 자 (위반한 날 또는 취소된 날부터)

㉤ 2회 이상 공동 위험행위(취소된 날부터) (면허 유무 무관)

㉥ 다른 사람의 자동차 등을 훔치거나 빼앗은 자가 운전면허가 있는 상태에서 운전한 경우 (취소된 날부터)

㉦ 운전면허시험 대리응시 (취소된 날부터)

㉧ 허위 등 부정한 방법으로 면허증 또는 증명서를 교부 받은 때 (취소된 날부터)

㉨ 운전면허를 받을 자격이 없는 사람이 운전면허를 받았을 경우

㉩ 운전면허효력의 정지 기간 중 운전면허증 또는 운전면허증에 갈음하는 증명서를 발급받은 사실이 드러난 때

---

4 경찰공무원이 다음 사항에 해당되어 현장에서 범칙금 납부통고서 또는 출석지시서를 발급하고, 운전면허증 등의 제출을 요구하여 이를 보관할 수 있는 사항으로 옳은 것을 모두 고르면?

> 가. 교통사고를 일으킨 경우
> 나. 운전면허의 취소처분 또는 정지처분이 아닌 교통법규를 위반한 경우
> 다. 외국에서 발급한 국제운전면허증을 가진 사람으로서 제162조 제1항에 따른 과태료 처분을 받은 경우

① 가
② 가, 나
③ 나, 다
④ 가, 다

>ADVICE 운전면허증 등의 보관〈법 제138조 제1항〉
> ㉠ 교통사고를 일으킨 경우
> ㉡ 운전면허의 취소처분 또는 정지처분의 대상이 된다고 인정되는 경우
> ㉢ 외국에서 발급한 국제운전면허증을 가진 사람으로서 범칙행위를 한 경우

5 교통안전교육 등에 대한 설명으로 옳은 것은?

① 시·도경찰청장은 지정이 취소된 교통안전교육기관을 설립·운영한 자가 그 지정이 취소된 날로부터 4년 이내에 설립·운영하는 기관 또는 시설을 교통안전교육기관으로 지정하여서는 아니 된다.

② 교통안전교육강사는 도로교통 관련 행정 또는 교육 업무에 1년 이상 종사한 경력이 있는 사람으로서 대통령령으로 정하는 교통안전교육강사 자격교육을 받은 사람이 될 수 있다.

③ 시·도경찰청장은 교통안전교육기관이 시정명령을 받고 30일 이내에 시정하지 아니한 경우 2년 이내의 기간을 정하여 운영의 정지를 명할 수 있다

④ 교통안전교육기관의 장은 해당 교통안전교육기관의 운영을 1개월 이상 정지하거나 폐지하려면 정지 또는 폐지하려는 날의 7일 전까지 시·도경찰청장에게 신고하여야 한다.

>ADVICE ① 시·도경찰청장은 지정이 취소된 교통안전교육기관을 설립·운영한 자가 그 지정이 취소된 날부터 3년 이내에 설립·운영하는 기관 또는 시설을 교통안전교육기관으로 지정하여서는 아니 된다〈법 제74조 제4항 제1호〉. 4년 이내(×)→3년 이내(○)
> ② 교통안전교육강사는 도로교통 관련 행정 또는 교육 업무에 2년 이상 종사한 경력이 있는 사람으로서 대통령령으로 정하는 교통안전교육강사 자격교육을 받은 사람이 될 수 있다〈법 제76조 제2항 제2호〉. 1년 이상(×)→2년 이상(○)
> ③ 시·도경찰청장은 교통안전교육기관이 시정명령을 받고 30일 이내에 시정하지 아니한 경우 1년 이내의 기간을 정하여 운영의 정지를 명할 수 있다〈법 제79조 제1항 제1호〉. 2년 이내(×)→1년 이내(○)
> ④ 법 제78조

6 신규로 교통안전교육을 받으려는 사람이 받는 교통안전교육의 내용으로 옳은 것은?

① 음주운전 주요 원인
② 알코올이 운전에 미치는 영향
③ 친환경 경제운전에 필요한 지식과 기능
④ 보복운전과 교통안전

> ADVICE 운전면허를 받으려는 사람의 교통안전교육 내용〈법 제73조 제1항〉
> ㉠ 운전자가 갖추어야 하는 기본예절
> ㉡ 도로교통에 관한 법령과 지식
> ㉢ 안전운전 능력
> ㉣ 교통사고의 예방과 처리에 관한 사항
> ㉤ 어린이ㆍ장애인 및 노인의 교통사고 예방에 관한 사항
> ㉥ 친환경 경제운전에 필요한 지식과 기능
> ㉦ 긴급자동차에 길 터주기 요령
> ㉧ 그 밖에 교통안전의 확보를 위하여 필요한 사항

7 다음 중 「도로교통법」상 고속도로 등에 대한 내용으로 틀린 것은?

① 긴급자동차와 고속도로 등의 보수ㆍ유지 등의 작업을 하는 자동차를 운전하는 경우 고속도로 등에서 갓길을 통행할 수 있다.
② 고속도로 전용차로의 종류 등에 필요한 사항은 행정안전부령으로 정한다.
③ 고속도로 등에서 정차 또는 주차할 수 있도록 안전표지를 설치한 곳이나 정류장에서 정차 또는 주차시키는 경우 차를 정차 또는 주차할 수 있다.
④ 밤에 고장이나 그 밖의 사유로 고속도로 등에서 자동차를 운행할 수 없게 되었을 때에는 사방 500미터 지점에서 식별할 수 있는 적색의 섬광신호ㆍ전기제등 또는 불꽃신호를 설치하여야 한다.

> ADVICE 고속도로 전용차로의 종류 등에 필요한 사항은 대통령령(시행령)으로 한다.

✎ **ANSWER** 4.① 5.④ 6.③ 7.②

8 다음 중 위반 시 벌점이 가장 낮은 경우는?

① 일반도로 전용차로 통행 위반

② 신호 · 지시 위반

③ 철길 건널목 위반

④ 20km/h 초과 속도위반

>ADVICE ① 일반도로 전용차로 통행위반 : 10점

② 신호 · 지시위반 : 15점

③ 철길건널목 통과방법위반 : 30점

④ 속도위반(20km/h 초과 40km/h 이하) : 15점

9 어린이보호구역 및 노인 · 장애인보호구역에서의 범칙행위에 대한 범칙금액으로 옳은 것은?

① 신호위반한 승합자동차 : 15만 원

② 횡단보도 보행자 횡단을 방해한 승용자동차 : 13만 원

③ 속도위반(20km/h 초과 40km/h 이하)한 승용자동차 : 9만 원

④ 보행자 통행 방해 또는 보호 불이행한 승용자동차 : 6만 원

>ADVICE ① 신호 · 지시 위반한 승합자동차 등 : 13만 원

② 횡단보도 보행자 횡단을 방해한 승용자동차 : 12만 원

④ 보행자 통행 방해 또는 보호 불이행한 승용자동차 : 8만 원

10 운전면허의 결격사유로 옳은 것은?

① 치매, 조현병, 조현정동장애, 양극성 정동장애(조울병), 재발성 우울장애 등의 정신질환 또는 정신 발육지연, 뇌전증 등으로 인하여 정상적인 운전을 할 수 없다고 해당 분야 전문의가 인정하는 사람

② 한쪽 팔의 팔꿈치관절 이상을 잃은 사람이나 양쪽 팔을 전혀 쓸 수 없는 사람

③ 제1종 대형면허 또는 제1종 특수면허를 받으려는 경우로서 20세 미만이거나 자동차(이륜자동차는 제외한다)의 운전경험이 2년 미만인 사람

④ 듣지 못하는 사람(제1종 운전면허 중 보통면허·특수면허만 해당한다), 앞을 보지 못하는 사람(한쪽 눈만 보지 못하는 사람의 경우에는 제1종 운전면허 중 보통면허·특수면허만 해당한다)이나 그 밖에 대통령령으로 정하는 신체장애인

> **ADVICE** ② 양쪽 팔꿈치관절 이상을 잃은 사람이나 양쪽 팔을 전혀 쓸 수 없는 사람. 다만, 본인의 신체장애 정도에 적합하게 제작된 자동차를 이용하여 정상적인 운전을 할 수 있는 경우에는 그러하지 아니하다.
> ③ 제1종 대형면허 또는 제1종 특수면허를 받으려는 경우로서 19세 미만이거나 자동차(이륜자동차는 제외)의 운전경험이 1년 미만인 사람
> ④ 듣지 못하는 사람(제1종 운전면허 중 대형면허·특수면허만 해당), 앞을 보지 못하는 사람이나 그 밖에 대통령령으로 정하는 신체장애인

ANSWER 8.① 9.③ 10.①

1　다음 중 「도로의 구조 · 시설 기준에 관한 규칙」에서 설명하고 있는 내용으로 맞는 것은?

① 차도에 접하여 연석을 설치하는 경우 그 높이는 30센티미터 이하로 하여야 한다.

② 횡단보도에 접한 구간으로서 필요하다고 인정되는 지역에는 이동편의시설을 설치해야 하며, 자전거도로에 접한 구간은 자전거의 통행에 불편이 없도록 하여야 하고 「교통약자의 이동편의 증진법」에서 이를 규정하고 있다.

③ 보도의 유효폭은 보행자의 통행량과 주변 토지 이용 상황을 고려하여 결정하되, 최소 2미터 이상으로 하여야 한다.

④ 보도는 보행자의 통행 경로를 따라 연속성과 일관성이 유지되도록 설치하며, 보도에 노상시설을 설치하는 경우 가로수 등을 설치하여야 한다.

> **ADVICE** 보도〈도로의 구조 · 시설 기준에 관한 규칙 제16조〉
>
> ㉠ 보행자의 안전과 자동차 등의 원활한 통행을 위하여 필요하다고 인정되는 경우에는 도로에 보도를 설치해야 한다. 이 경우 보도는 연석(緣石)이나 방호울타리 등의 시설물을 이용하여 차도와 물리적으로 분리해야 하고, 필요하다고 인정되는 지역에는 이동편의시설을 설치해야 한다.
>
> ㉡ 차도와 보도를 구분하는 경우에는 다음의 기준에 따른다.
> • 차도에 접하여 연석을 설치하는 경우 그 높이는 25센티미터 이하로 할 것
> • 횡단보도에 접한 구간으로서 필요하다고 인정되는 지역에는 이동편의시설을 설치해야 하며, 자전거도로에 접한 구간은 자전거의 통행에 불편이 없도록 할 것
>
> ㉢ 보도의 유효폭은 보행자의 통행량과 주변 토지 이용 상황을 고려하여 결정하되, 최소 2미터 이상으로 하여야 한다. 다만, 지방지역의 도로와 도시지역의 국지도로는 지형상 불가능하거나 기존 도로의 증설 · 개설 시 불가피하다고 인정되는 경우에는 1.5미터 이상으로 할 수 있다.
>
> ㉣ 보도는 보행자의 통행 경로를 따라 연속성과 일관성이 유지되도록 설치하며, 보도에 가로수 등 노상시설을 설치하는 경우 노상시설 설치에 필요한 폭을 추가로 확보하여야 한다.

2 다음 중 신호기 및 교통안전시설의 설치·관리기준에 대한 설명으로 틀린 것은?

① 특별시장·광역시장·제주특별자치도지사 또는 시장·군수(광역시의 군수는 제외한다. 이하 "시장 등"이라한다)는 도로 및 유료도로에서의 위험을 방지하고 교통의 안전과 원활한 소통을 확보하기 위하여 필요하다고 인정하는 경우에는 신호기 및 안전표지(이하 "교통안전시설"이라 한다)를 설치·관리하여야 한다.

② 시장 등은 대통령령으로 정하는 사유로 도로에 설치된 교통안전시설을 철거하거나 원상회복이 필요한 경우에는 그 사유를 유발한 사람으로 하여금 해당 공사에 드는 비용의 전부 또는 일부를 부담하게 할 수 있다.

③ 시·도경찰청장, 경찰서장 또는 시장 등은 이 법을 위반한 사실을 기록·증명하기 위하여 무인 교통단속용 장비를 설치·관리할 수 있다.

④ 교통안전시설의 설치·관리기준은 주·야간이나 기상상태 등에 관계없이 교통안전시설이 운전자 및 보행자의 눈에 잘 띄도록 정한다.

>ADVICE 신호기 등의 설치 및 관리〈법 제3조〉

㉠ 특별시장·광역시장·제주특별자치도지사 또는 시장·군수(광역시의 군수는 제외한다. 이하 "시장 등"이라 한다)는 도로에서의 위험을 방지하고 교통의 안전과 원활한 소통을 확보하기 위하여 필요하다고 인정하는 경우에는 신호기 및 안전표지(이하 "교통안전시설"이라 한다)를 설치·관리하여야 한다. 다만, 「유료도로법」 제6조에 따른 유료도로에서는 시장 등의 지시에 따라 그 도로관리자가 교통안전시설을 설치·관리하여야 한다.

㉡ 시장 등 및 도로관리자는 ㉠에 따라 교통안전시설을 설치·관리할 때에는 제4조에 따른 교통안전시설의 설치·관리기준에 적합하도록 하여야 한다.

㉢ 도(道)는 ㉠에 따라 시장이나 군수가 교통안전시설을 설치·관리하는 데에 드는 비용의 전부 또는 일부를 시(市)나 군(郡)에 보조할 수 있다.

㉣ 시장 등은 대통령령으로 정하는 사유로 도로에 설치된 교통안전시설을 철거하거나 원상회복이 필요한 경우에는 그 사유를 유발한 사람으로 하여금 해당 공사에 드는 비용의 전부 또는 일부를 부담하게 할 수 있다.

㉤ ㉣에 따른 부담금의 부과기준 및 환급에 관하여 필요한 사항은 대통령령으로 정한다.

㉥ 시장 등은 ㉣에 따라 부담금을 납부하여야 하는 사람이 지정된 기간에 이를 납부하지 아니하면 지방세 체납처분의 예에 따라 징수한다.

Tip

교통안전시설의 종류 및 설치·관리기준 등〈법 제4조〉

㉠ 교통안전시설의 종류, 교통안전시설의 설치·관리기준, 그 밖에 교통안전시설에 관하여 필요한 사항은 행정안전부령으로 정한다.

㉡ 교통안전시설의 설치·관리기준은 주·야간이나 기상상태 등에 관계없이 교통안전시설이 운전자 및 보행자의 눈에 잘 띄도록 정한다.

ANSWER 1.③ 2.①

3 다음 중 사고발생 시의 조치에 대한 설명으로 틀린 것은?

① 차 또는 노면전차의 운전 등 교통으로 인하여 사람을 사상하거나 물건을 손괴한 경우에는 그 차 또는 노면전차의 운전자나 그 밖의 승무원은 즉시 정차하여 사상자를 구호하는 등 필요한 조치를 하여야한다.

② 차 또는 노면전차의 운전자등은 경찰공무원이 현장에 있을 때에는 그 경찰공무원에게, 경찰공무원이 현장에 없을 때에는 가장 가까운 국가경찰관서에 지체 없이 신고하여야 한다.

③ 차 또는 노면전차만 손괴된 것이 분명하고 도로에서의 위험방지와 원활한 소통을 위하여 필요한 조치를 한 경우에는 신고하지 아니할 수 있다.

④ 경찰공무원 및 자치경찰공무원은 교통사고가 발생한 경우에는 대통령령으로 정하는 바에 따라 필요한 조사를 하여야 한다.

⟩ADVICE ④ 경찰공무원(자치경찰공무원은 제외한다)은 교통사고가 발생한 경우에는 대통령령으로 정하는 바에 따라 필요한 조사를 하여야 한다.

> **Tip**
>
> **사고발생 시의 조치**〈법 제54조〉
> ㉠ 차 또는 노면전차의 운전 등 교통으로 인하여 사람을 사상하거나 물건을 손괴(이하 "교통사고"라 한다)한 경우에는 그 차 또는 노면전차의 운전자나 그 밖의 승무원(이하 "운전자등"이라 한다)은 즉시 정차하여 다음의 조치를 하여야 한다.
>   • 사상자를 구호하는 등 필요한 조치
>   • 피해자에게 인적 사항(성명·전화번호·주소 등을 말한다. 이하 제148조 및 제156조 제10호에서 같다) 제공
> ㉡ ㉠의 경우 그 차 또는 노면전차의 운전자등은 경찰공무원이 현장에 있을 때에는 그 경찰공무원에게, 경찰공무원이 현장에 없을 때에는 가장 가까운 국가경찰관서(지구대, 파출소 및 출장소를 포함)에 다음의 사항을 지체 없이 신고하여야 한다. 다만, 차 또는 노면전차만 손괴된 것이 분명하고 도로에서의 위험방지와 원활한 소통을 위하여 필요한 조치를 한 경우에는 그러하지 아니하다.
>   • 사고가 일어난 곳
>   • 사상자 수 및 부상 정도
>   • 손괴한 물건 및 손괴 정도
>   • 그 밖의 조치사항 등
> ㉢ 신고를 받은 국가경찰관서의 경찰공무원은 부상자의 구호와 그 밖의 교통위험 방지를 위하여 필요하다고 인정하면 경찰공무원(자치경찰공무원은 제외한다)이 현장에 도착할 때까지 신고한 운전자등에게 현장에서 대기할 것을 명할 수 있다.
> ㉣ 경찰공무원은 교통사고를 낸 차 또는 노면전차의 운전자등에 대하여 그 현장에서 부상자의 구호와 교통안전을 위하여 필요한 지시를 명할 수 있다.
> ㉤ 긴급자동차, 부상자를 운반 중인 차, 우편물자동차 및 노면전차 등의 운전자는 긴급한 경우에는 동승자 등으로 하여금 ㉠에 따른 조치나 ㉡에 따른 신고를 하게 하고 운전을 계속할 수 있다.
> ㉥ 경찰공무원(자치경찰공무원은 제외한다)은 교통사고가 발생한 경우에는 대통령령으로 정하는 바에 따라 필요한 조사를 하여야 한다.

4 다음 중 버스전용차로통행지정에 대한 설명으로 맞는 것은?

① 버스전용차로통행지정의 지정권자는 경찰청장이다.
② 버스지정증의 바탕은 흰색으로 하되 통행지정란은 검정으로 한다.
③ 글씨는 "통행지정"은 청색으로 하고, 기타 글씨는 청색으로 한다.
④ 통행지정증은 앞면유리 우측상단, 뒷면유리 좌측하단, 좌·우측 중앙창유리 중앙상단에 부착한다.

> **ADVICE** 〈도로교통법 시행규칙 별표 10〉
> 버스전용차로통행 지정증(제18조 제1항 관련)

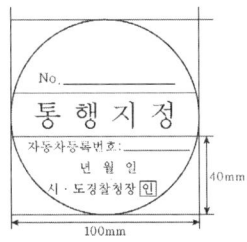

> ① 버스전용차로통행지정의 지정권자는 시·도경찰청장이다.
> ② 바탕색은 노랑색으로 하되 통행지정란은 백색으로 한다.
> ③ 글씨는 "통행지정"은 청색으로 하고, 기타 글씨는 흑색으로 한다.
> ④ 통행지정증은 앞면유리 우측상단, 뒷면유리 좌측하단, 좌·우측 중앙창유리 중앙상단에 부착한다.

5 교통사고 발생 시 동승자 등으로 하여금 조치나 신고를 하게 하고 운전을 계속할 수 있는 차량으로 볼 수 없는 것은?

① 어린이통학버스
② 부상자를 운반 중인 차
③ 우편물자동차
④ 노면전차

> **ADVICE** 신고하게 하고 운전을 계속할 수 있는 경우〈법 제54조 제5항〉 … 긴급자동차, 부상자를 운반 중인 차, 우편물자동차 및 노면전차 등의 운전자는 긴급한 경우에는 동승자 등으로 하여금 신고를 하게하고 운전을 계속할 수 있다.

✎ **ANSWER** 3.④ 4.④ 5.①

6 다음 중 모든 운전자의 준수사항 등에 대한 내용으로 바르지 않은 것은?

① 모든 차 또는 노면전차의 운전자는 물이 고인 곳을 운행할 때에는 고인 물을 튀게 하여 다른 사람에게 피해를 주는 일이 없도록 하여야 한다.

② 어린이가 보호자 없이 도로를 횡단할 때, 어린이가 도로에서 앉아 있거나 서 있을 때 또는 어린이가 도로에서 놀이를 할 때 등 어린이에 대한 교통사고의 위험이 있는 것을 발견한 경우에는 일시정지 하여야 한다.

③ 앞을 보지 못하는 사람이 흰색 지팡이를 가지거나 장애인보조견을 동반하는 등의 조치를 하고 도로를 횡단하고 있는 경우에는 일시정지 하여야 한다.

④ 지하도나 육교 등 도로 횡단시설을 이용할 수 없는 지체장애인이나 노인 등이 도로를 횡단하고 있는 경우에는 서행하여야 한다.

> **ADVICE** ④ 지하도나 육교 등 도로 횡단시설을 이용할 수 없는 지체장애인이나 노인 등이 도로를 횡단하고 있는 경우에는 일시 정지하여야 한다.

> **Tip**
>
> **일시정지해야 하는 경우**〈법 제49조 제1항 제2호〉
> ㉠ 어린이가 보호자 없이 도로를 횡단할 때, 어린이가 도로에서 앉아 있거나 서 있을 때 또는 어린이가 도로에서 놀이를 할 때 등 어린이에 대한 교통사고의 위험이 있는 것을 발견한 경우
> ㉡ 앞을 보지 못하는 사람이 흰색 지팡이를 가지거나 장애인보조견을 동반하는 등의 조치를 하고 도로를 횡단하고 있는 경우
> ㉢ 지하도나 육교 등 도로 횡단시설을 이용할 수 없는 지체장애인이나 노인 등이 도로를 횡단하고 있는 경우

7 도로교통법상 음주운전에 대한 처벌내용으로 옳은 것은?

① 혈중알코올농도가 0.2퍼센트 이상 0.5퍼센트 미만인 사람은 3년 이상의 징역이나 2,000만 원 이하의 벌금에 처한다.

② 혈중알코올농도가 0.08퍼센트 이상 0.2퍼센트 미만인 사람은 1년 이상 3년 이하의 징역이나 500만 원 이상 1천만 원 이하의 벌금에 처한다.

③ 혈중알코올농도가 0.03퍼센트 이상 0.08퍼센트 미만인 사람은 1년 이하의 징역이나 500만 원 이하의 벌금에 처한다.

④ 혈중알코올농도가 0.2퍼센트 이상인 사람은 2년 이상 5년 이하의 징역이나 1천만 원 이상 3천만 원 이하의 벌금에 처한다.

> **ADVICE** 음주운전자의 벌칙〈제148조의2 제3항〉
> ㉠ 혈중알코올농도가 0.2퍼센트 이상인 사람 : 2년 이상 5년 이하의 징역이나 1천만 원 이상 2천만 원 이하의 벌금
> ㉡ 혈중알코올농도가 0.08퍼센트 이상 0.2퍼센트 미만인 사람 : 1년 이상 2년 이하의 징역이나 500만 원 이상 1천만 원 이하의 벌금
> ㉢ 혈중알코올농도가 0.03퍼센트 이상 0.08퍼센트 미만인 사람 : 1년 이하의 징역이나 500만 원 이하의 벌금

8 다음 중 차 또는 노면전차의 운전자가 밤에 도로에서 차를 운행할 때 켜야 하는 등화의 내용으로 틀린 설명은?

① 자동차는 전조등, 차폭등, 미등, 번호등과 실내조명등을 켜야 하며, 이때 실내조명등은 승합자동차와 「여객
　자동차 운수사업법」에 따른 여객자동차운송사업용 승용자동차만 해당한다.

② 원동기장치자전거는 차폭등은 켜지 않아도 된다.

③ 견인되는 차는 전조등, 차폭등, 미등 및 번호등을 켜야 한다.

④ 노면전차는 전조등, 차폭등, 미등 및 실내조명등을 켜야 한다.

>ADVICE 밤에 도로에서 차를 운행하는 경우 등의 등화〈시행령 제19조〉

　　㉠ 자동차

　　　• 전조(前照)등, 차폭(車幅)등, 미등(尾燈), 번호등, 실내조명등

　　　• 단, 실내조명등은 승합자동차와 여객자동차운송사업용 승용자동차만 해당한다.

　　㉡ 원동기장치자전거 : 전조등, 미등

　　㉢ 견인되는 차 : 미등, 차폭등, 번호등

　　㉣ 노면전차 : 전조등, 차폭등, 미등, 실내조명등

　　㉤ ㉠~㉣ 외의 차 : 시 · 도경찰청장이 정하여 고시하는 등화

9 다음 중 자동차운전 전문학원의 지정기준 등에 대한 설명으로 바르지 않은 것은?

① 학과교육강사는 1일 학과교육 8시간당 1명 이상이어야 한다.

② 자동차운전 전문학원으로 지정을 받으려면 일정 자격요건을 갖춘 학감을 두어야 한다. 다만, 학원을 설립·운영하는 자가 자격요건을 갖춘 경우에는 학감을 겸임할 수 있으며 이 경우에는 학감을 보좌하는 부학감을 두지 않아도 된다.

③ 학감이나 부학감은 도로교통에 관한 업무에 3년 이상 근무한 경력(관리직 경력만 해당한다)이 있는 사람 또는 학원 등의 운영·관리에 관한 업무에 3년 이상 근무한 경력이 있는 사람으로 파산선고를 받고 복권되지 아니한 사람은 될 수 없다.

④ 전문학원의 기능검정원은 교육생 정원 200명당 1명 이상이어야 한다.

>**ADVICE** ② 자동차운전 전문학원으로 지정을 받으려면 일정 자격요건을 갖춘 학감을 두어야 한다. 다만, 학원을 설립·운영하는 자가 자격요건을 갖춘 경우에는 학감을 겸임할 수 있으며 이 경우에는 학감을 보좌하는 부학감을 두어야 한다〈법 제104조 제1항 제1호〉.

Tip

자동차운전학원과 자동차운전전문학원의 비교

구분	자동차운전학원(일반학원)	자동차운전전문학원(전문학원)
설립요건		6개월 동안 도로주행사업 합격률 60% 이상
자체시험	자체시험 불가 / 도로교통공단(면허시험장)	자체시험 가능
지정권자		시·도경찰청장
학과강사	1일 교육시간 7시간 초과 불가, 강의실 1실당 1명 이상	1일 학과교육 8시간당 1명 이상
기능강사	• 1종 대형 : 차 10대당 3명 이상 • 제1·2종 보통 및 보통연습면허: 다음에 따라 산정한 강사 정원을 합산 – 운전면허별 차가 10대 이상인 경우 : 해당 운전면허별 차 대수의 합계 10대당 3명 이상 – 운전면허별 차가 10대 미만인 경우 : 해당 운전면허별로 각 1명 이상 • 1종 특수 : 차 2대당 1명 이상 • 2종 소형 및 원동기 : 차 10대당 1명 이상	• 1종 대형 : 차 10대당 3명 이상 • 1·2종 보통 및 보통연습면허 : 차 10대당 5명 이상 • 1종 특수 : 차 2대당 1명 이상 • 2종 소형 및 원동기 : 차 10대당 1명 이상
기능검정원(감독관)	해당 없음	교육생 정원 200명당 1명 이상
학감	해당 없음	필요
부학감	해당 없음	운영자가 학감을 겸임하는 경우 부학감을 두어야 한다.

10 다음 중 벌점이 가장 낮은 것은?

① 앞지르기 금지시기·장소위반

② 철길건널목 통과방법위반

③ 승객의 차내 소란행위 방치운전

④ 속도위반(60km/h 초과)

>ADVICE ① 벌점 15점

② 벌점 30점

③ 벌점 40점

④ 벌점 60점

Tip

주요 벌점〈시행규칙 제91조 제1항 별표28〉

벌점	위반 사항
100	• 속도위반(100km/h 초과) • 술에 취한 상태의 기준을 넘어서 운전한 때(혈중알코올농도 0.03퍼센트 이상 0.08퍼센트 미만) • 자동차 등을 이용하여 형법상 특수상해 등(보복운전)을 하여 입건된 때
80	• 속도위반(80km/h 초과 100km/h 이하)
60	• 속도위반(60km/h 초과 80km/h 이하)

1 다음 중 「도로교통법」상 도로의 종류가 아닌 것은?

① 「유료도로법」에 따른 유료도로
② 「농어촌도로 정비법」에 따른 농어촌도로
③ 「해양법」에 따른 해상도로
④ 불특정 다수의 사람 또는 차마가 통행할 수 있도록 공개된 장소로서 안전하고 원활한 교통을 확보할 필요가 있는 장소

> **ADVICE** 도로〈법 제2조 제1호〉
> ㉠ 「도로법」에 따른 도로
> ㉡ 「유료도로법」에 따른 유료도로
> ㉢ 「농어촌도로 정비법」에 따른 농어촌도로
> ㉣ 그 밖에 현실적으로 불특정 다수의 사람 또는 차마(車馬)가 통행할 수 있도록 공개된 장소로서 안전하고 원활한 교통을 확보할 필요가 있는 장소

2 다음 중 황색 원형등화의 신호의 뜻으로 잘못 설명하고 있는 것은?

① 차마는 정지선이 있거나 횡단보도가 있을 때에는 그 직전이나 교차로의 직전에 정지하여야 한다.
② 이미 교차로에 차마의 일부라도 진입한 경우에는 신속히 교차로 밖으로 진행하여야 한다.
③ 차마는 우회전 할 수 있고 우회전하는 경우에는 보행자의 횡단을 방해하지 못한다.
④ 신호에 따라 진행하는 다른 차마의 교통을 방해되지 않는다면 일시정지한 후 주의하면서 진행할 수 있다.

> **ADVICE** 황색의 원형등화
> ㉠ 차마는 정지선이 있거나 횡단보도가 있을 때에는 그 직전이나 교차로의 직전에 정지하여야 하며, 이미 교차로에 차마의 일부라도 진입한 경우에는 신속히 교차로 밖으로 진행하여야 한다.
> ㉡ 차마는 우회전할 수 있고 우회전하는 경우에는 보행자의 횡단을 방해하지 못한다.

3 다음 중 속도를 50/100으로 줄여야 하는 경우로 틀린 것은?

① 비가 내려 노면이 젖어 있는 경우

② 노면이 얼어붙은 경우

③ 안개 등으로 가시거리가 100미터 이내인 경우

④ 눈이 20밀리미터 이상 쌓인 경우

>ADVICE 비. 안개. 눈 등으로 인한 악천후 시 감속운행〈규칙 제19조 제2항〉

최고속도 20% 감속 운행하는 경우	최고속도 50% 감속 운행하는 경우
㉠ 비가 내려 노면이 젖어 있는 경우	㉠ 폭우, 폭설 .안개 등 가시거리가 100미터 이내인 경우
㉡ 눈이 20밀리미터 미만 쌓인 경우	㉡ 노면이 결빙되어 있는 경우
	㉢ 눈이 20밀리미터 이상 쌓인 경우

4 다음 중 긴급자동차의 우선 통행에 대한 설명으로 틀린 내용은?

① 긴급자동차는 긴급하고 부득이한 경우에는 도로의 중앙이나 좌측 부분을 통행할 수 있다.

② 긴급자동차는 도로교통법에 따른 명령에 따라 정지하여야 하는 경우에도 불구하고 긴급하고 부득이한 경우에는 정지하지 아니할 수 있다.

③ 교차로나 그 부근에서 긴급자동차가 접근하는 경우에는 차마와 노면전차의 운전자는 교차로를 피하여 서행하여야 한다.

④ 긴급자동차 운전자는 해당 자동차를 그 본래의 긴급한 용도로 운행하지 아니하는 경우에는 「자동차관리법」에 따라 설치된 경광등을 켜거나 사이렌을 작동하여서는 아니 된다.

>ADVICE 긴급자동차 접근 시 피양 방법

일반도로	긴급자동차가 우선통행 할 수 있도록 진로를 양보하여야 한다.
교차로나 그 부근	차마와 노면전차의 운전자는 교차로를 피하여 일시정지 하여야 한다.
고속도로	긴급자동차가 우선 통행할 수 있도록 진로를 양보하여야 한다.
일방통행	긴급자동차가 우선 통행할 수 있도록 진로를 양보하여야 한다.
※ 긴급자동차 접근 시 일시정지 등 양보 위반 범칙금 → 승용 6만 원 / 승합 7만 원	

✎ **ANSWER** 1.③ 2.④ 3.① 4.③

5 다음 중 서행을 해야 하는 경우에 대한 설명으로 틀린 것은?

① 차마의 운전자는 길가의 건물이나 주차장 등에서 도로에 들어갈 때에는 서행하여야 한다.

② 교통정리를 하고 있지 아니하는 교차로에 들어가려고 하는 차의 운전자는 그 차가 통행하고 있는 도로의 폭보다 교차하는 도로의 폭이 넓은 경우에는 서행하여야 한다.

③ 도로에 설치된 안전지대에 보행자가 있는 경우 서행하여야 한다.

④ 차로가 설치되지 아니한 좁은 도로에서 보행자의 옆을 지나는 경우에는 안전한 거리를 두고 서행하여야 한다.

》ADVICE 서행 및 일시정지

일시정지(一時停止)해야 할 장소	서행(徐行)해야 할 장소
㉠ 교통정리가 행하여지지 않고 교통이 빈번한 교차로	㉠ 교차로 + 교통정리가 행하여지지 않음
㉡ 교통정리가 행하여지지 않고 좌우 확인이 곤란한 교차로	㉡ 시·도경찰청장이 도로에서의 위험을 방지하고 교통의 안전과 원활한 소통을 확보하기 위하여 필요하다고 인정하는 곳으로서 안전표지로 지정한 곳
㉢ 적색등화 점멸중일 때 교차로 직진 정지선	• 도로의 구부러진 곳
㉣ 철길 건널목	• 비탈길의 고갯마루 부근
㉤ 길가의 건물이나 주차장에서 도로 진입 시	• 가파른 비탈길의 내리막 등
㉥ 시·도경찰청장이 도로에서의 위험을 방지하고 교통의 안전과 원활한 소통을 확보하기 위하여 필요하다고 인정하는 곳으로서 안전표지로 지정한 곳	

6 다음 중 「도로교통법」 및 「자동차관리법」상 중형 승합자동차의 기준이 되는 것은?

① 승차정원이 9인 이하

② 승차정원이 9인 이상 15인 이하

③ 승차정원이 16인 이상 35인 이하

④ 승차정원이 36인 이상

》ADVICE 승합차의 종류

㉠ 소형승합차 : 11인 이상 ~ 15인 이하

㉡ 중형승합차 : 16인 이상 ~ 35인 이하

㉢ 대형승합차 : 36인 이상

1 〈보기〉는 「도로교통법 시행령」의 출석지시불이행자의 처리에 대한 내용이다. ㈎에 들어갈 내용으로 옳은 것은?

보기

법 제138조(운전면허증 등의 보관) 제1항에 따라 출석지시서를 받은 사람은 출석지시서를 받은 날부터 ___㈎___ 이내에 지정된 장소로 출석하여야 한다.

① 3일

② 7일

③ 10일

④ 15일

>ADVICE 운전면허증 등의 보관에 따라 출석지시는 출석지시를 받은 날로부터 10일 이내에 지정된 장소로 출석하여야 한다〈시행령 제83조〉.

2 「도로교통법」상 위반 사례 중 과태료 금액이 가장 높은 것은?

① 제한속도보다 20km/h를 초과하여 위반한 승용자동차

② 고속도로에서 갓길로 통행하여 법을 위반한 승용자동차

③ 창유리의 가시광선 투과율 기준을 위반한 차의 운전자에 부과하는 과태료

④ 교차로에서 우회전 통행방법을 위반한 승용자동차

>ADVICE ① 승용 7만 원, 승합 8만 원

② 승용 9만 원, 승합 10만 원

③ 2만 원

④ 승용 5만 원, 승합 6만 원

✎ **ANSWER** 5.① 6.③ / 1.③ 2.②

3 「도로교통법 시행령」에서 규정한 긴급자동차가 아닌 것은? [기출 변형]

① 수사기관의 자동차 중 범죄수사에 사용되지 않는 자동차
② 국내외 요인에 대한 경호업무 수행에 공무로 사용되는 자동차
③ 전파감시업무에 사용되는 자동차
④ 경찰용 자동차 중 범죄수사 업무 수행에 사용되는 자동차

> **ADVICE** ① 도로교통법에서 규정한 긴급자동차는 소방차, 구급차, 혈액 공급차량, 그 밖에 대통령령으로 정하는 자동차이다.

Tip

대통령령(시행령)으로 정하는 자동차〈시행령 제2조〉
㉠ 경찰용 자동차 중 범죄수사, 교통단속, 그 밖의 긴급한 경찰업무 수행에 사용되는 자동차
㉡ 국군 및 주한 국제연합군용 자동차 중 군 내부의 질서 유지나 부대의 질서 있는 이동을 유도(誘導)하는 데 사용되는 자동차
㉢ 수사기관의 자동차 중 범죄수사를 위하여 사용되는 자동차
㉣ 다음에 해당하는 시설 또는 기관의 자동차 중 도주자의 체포 또는 수용자, 보호관찰 대상자의 호송·경비를 위하여 사용되는 자동차
　• 교도소·소년교도소, 구치소
　• 소년원 또는 소년분류심사원
　• 보호관찰소
㉤ 국내외 요인(要人)에 대한 경호업무 수행에 공무(公務)로 사용되는 자동차
㉥ 전기사업, 가스사업, 그 밖의 공익사업을 하는 기관에서 위험 방지를 위한 응급작업에 사용되는 자동차
㉦ 민방위업무를 수행하는 기관에서 긴급예방 또는 복구를 위한 출동에 사용되는 자동차
㉧ 도로관리를 위하여 사용되는 자동차 중 도로상의 위험을 방지하기 위한 응급작업에 사용되거나 운행이 제한되는 자동차를 단속하기 위하여 사용되는 자동차
㉨ 전신·전화의 수리공사 등 응급작업에 사용되는 자동차
㉩ 긴급한 우편물의 운송에 사용되는 자동차
㉪ 전파감시업무에 사용되는 자동차

긴급자동차에 준하는 자동차
㉠ 경찰용 긴급자동차에 의하여 유도되고 있는 자동차
㉡ 국군 및 주한 국제연합군용의 긴급자동차에 의하여 유도되고 있는 국군 및 주한 국제연합군의 자동차
㉢ 생명이 위급한 환자 또는 부상자나 수혈을 위한 혈액을 운송 중인 자동차

4 「도로교통법 시행령」상 자동차운전학원의 교육생 1명에 대한 교육시간으로 가장 옳은 것은?

① 학과교육의 경우에는 1일 8시간을 초과하지 아니할 것
② 학과교육의 경우에는 1일 9시간을 초과하지 아니할 것
③ 기능교육 및 도로주행교육의 경우에는 1일 4시간을 초과하지 아니할 것
④ 기능교육 및 도로주행교육의 경우에는 1일 6시간을 초과하지 아니할 것

>ADVICE 교육생 1명에 대한 교육시간은 학과과목의 경우에는 1일 7시간, 기능교육 및 도로주행교육의 경우에는 1일 4시간을 각각 초과하지 아니하여야 한다〈시행령 제65조 제1항 제2호〉.

5 「도로교통법 시행규칙」상 자동차의 운전자는 밤에 고장이나 그 밖의 사유로 고속도로에서 자동차를 운행할 수 없게 되었을 때에 식별할 수 있는 적색의 섬광신호 · 전기제등 또는 불꽃신호 표지를 설치하여야 한다. 해당 표지를 설치해야 하는 지점으로 가장 옳은 것은?

① 사방 700미터 지점
② 사방 500미터 지점
③ 사방 300미터 지점
④ 사방 100미터 지점

>ADVICE 고장자동차의 표지〈시행규칙 제40조 제1항〉 ··· 법에 따라 자동차의 운전자는 고장이나 그 밖의 사유로 고속도로 또는 자동차전용도로(이하 "고속도로등"이라 한다)에서 자동차를 운행할 수 없게 되었을 때에는 다음의 표지를 설치하여야 한다.
　㉠ 안전삼각대
　㉡ 사방 500미터 지점에서 식별할 수 있는 적색의 섬광신호 · 전기제등 또는 불꽃신호. 다만, 밤에 고장이나 그 밖의 사유로 고속도로등에서 자동차를 운행할 수 없게 되었을 때로 한정한다.

✎ **ANSWER**　3.① 4.③ 5.②

6 〈보기〉는 「도로교통법 시행규칙」 제15조(차로의 설치)에 대한 내용이다. ㈎와 ㈏에 들어갈 내용으로 가장 옳은 것은?

--- 보기 ---

제1항 시·도경찰청장은 법 제14조 제1항에 따라 도로에 차로를 설치하고자 하는 때에는 별표 6에 따른 노면표시로 표시하여야 한다.

제2항 제1항에 따라 설치되는 차로의 너비는 ㈎ 미터 이상으로 하여야 한다. 다만, 좌회전전용차로의 설치 등 부득이하다고 인정되는 때에는 ㈏ 센티미터 이상으로 할 수 있다.

	㈎	㈏		㈎	㈏
①	2	175	②	3	275
③	4	375	④	5	475

》ADVICE 차로의 너비 … 일반적인 경우 3미터 이상으로 하고, 다만, 좌회전 전용차로의 설치 등 부득이하다고 인정되는 때에는 275센티미터 이상으로 할 수 있다.

7 〈보기〉는 「도로교통법」상 "개인형 이동장치"에 대한 정의이다. ㈎와 ㈏에 들어갈 내용으로 옳은 것은?

--- 보기 ---

"개인형 이동장치"란 원동기장치자전거 중 ㈎ 으로 운행할 경우 전동기가 작동하지 아니하고 차체 중량이 ㈏ 인 것으로서 행정안전부령으로 정하는 것을 말한다.

	㈎	㈏
①	시속 20킬로미터 이상	30킬로그램 이하
②	시속 25킬로미터 이상	30킬로그램 미만
③	시속 20킬로미터 이상	35킬로그램 이하
④	시속 25킬로미터 이상	35킬로그램 미만

》ADVICE 개인형 이동장치란 원동기장치자전거 중 시속 25킬로미터 이상으로 운행할 경우 전동기가 작동하지 아니하고 차체 중량이 30킬로그램 미만인 것으로서 행정안전부령으로 정하는 것을 말한다〈법 제2조 제19의2호〉.

8 「도로교통법」상 승차 또는 적재의 방법과 제한으로 가장 옳지 않은 것은?

① 모든 차 또는 노면전차의 운전자는 운전 중 타고 있는 사람 또는 타고 내리는 사람이 떨어지지 아니하도록 하기 위하여 문을 정확히 여닫는 등 필요한 조치를 하여야 한다.

② 모든 차의 운전자는 운전 중 실은 화물이 떨어지지 아니하도록 덮개를 씌우거나 묶는 등 확실하게 고정될 수 있도록 필요한 조치를 하여야 한다.

③ 모든 차의 운전자는 영유아나 동물을 안고 운전 장치를 조작하거나 운전석 주위에 물건을 싣는 등 안전에 지장을 줄 우려가 있는 상태로 운전하여서는 아니 된다.

④ 모든 차의 운전자는 승차 인원, 적재중량 및 적재용량에 관하여 대통령령으로 정하는 운행상의 안전기준을 넘어서 승차시키거나 적재한 상태로 운전하여서는 아니 된다. 다만, 출발지를 관할하는 시장의 허가를 받은 경우에는 그러하지 아니하다.

>ADVICE ④ 모든 차의 운전자는 승차 인원, 적재중량 및 적재용량에 관하여 대통령령으로 정하는 운행상의 안전기준을 넘어서 승차시키거나 적재한 상태로 운전하여서는 아니 된다. 다만, 출발지를 관할하는 경찰서장의 허가를 받은 경우에는 그러하지 아니하다〈법 제39조 제1항〉.

9 「도로교통법 시행규칙」상 신호등의 성능으로 가장 옳지 않은 것은?

① 등화의 밝기는 낮에 150미터 앞쪽에서 식별할 수 있도록 할 것

② 등화의 빛의 발산각도는 사방으로 각각 45도 이상으로 할 것

③ 보행자에게 남은 시간을 알려주는 장치를 설치할 것

④ 태양광선이나 주위의 다른 빛에 의하여 그 표시가 방해받지 아니하도록 할 것

>ADVICE 신호등의 성능〈시행규칙 제7조 제3항〉
• 등화의 밝기는 낮에 150미터 앞쪽에서 식별할 수 있도록 할 것
• 등화의 빛의 발산각도는 사방으로 각각 45도 이상으로 할 것
• 태양광선이나 주위의 다른 빛에 의하여 그 표시가 방해받지 아니하도록 할 것

10 「도로교통법」상 차량 운행 시 통행방법에 대한 설명으로 가장 옳지 않은 것은?

① 모든 차(긴급자동차는 제외한다)의 운전자는 뒤에서 따라오는 차보다 느린 속도로 가려는 경우에는 도로의 우측 가장자리로 피하여 진로를 양보하여야 한다. 다만, 통행 구분이 설치된 도로의 경우에는 그러하지 아니하다.

② 모든 차의 운전자는 다른 차를 앞지르려면 앞차의 좌측으로 통행하여야 한다.

③ 비탈진 좁은 도로에서 긴급자동차 외의 자동차가 서로 마주보고 진행하는 경우에는 내려가는 자동차가 우측 가장자리로 피하여 진로를 양보하여야 한다.

④ 모든 차의 운전자는 앞차의 좌측에 다른 차가 앞차와 나란히 가고 있는 경우 앞지르기를 하여서는 아니 된다.

》ADVICE ③ 비탈진 좁은 도로에서 긴급자동차 외의 자동차가 서로 마주보고 진행하는 경우에는 올라가는 자동차가 우측 가장자리로 피하여 진로를 양보하여야 한다.

> Tip
>
> **진로 양보의 의무**〈법 제20조 제2항〉 … 좁은 도로에서 긴급자동차 외의 자동차가 서로 마주보고 진행할 때에는 다음의 구분에 따른 자동차가 도로의 우측 가장자리로 피하여 진로를 양보하여야 한다.
> ㉠ 비탈진 좁은 도로에서 자동차가 서로 마주보고 진행하는 경우에는 올라가는 자동차
> ㉡ 비탈진 좁은 도로 외의 좁은 도로에서 사람을 태웠거나 물건을 실은 자동차와 동승자(同乘者)가 없고 물건을 싣지 아니한 자동차가 서로 마주보고 진행하는 경우에는 동승자가 없고 물건을 싣지 아니한 자동차

1 아래 표에 들어갈 내용을 맞게 짝지은 것은?

구분	벌점		내용
인적 피해 교통사고	사망 1명마다	㉠	사고발생 시부터 ㉡시간 이내에 사망한 때
	중상 1명마다	15	3주 이상의 치료를 요하는 의사의 진단이 있는 사고
	경상 1명마다	5	㉢주 미만 5일 이상의 치료를 요하는 의사의 진단이 있는 사고
	부상신고 1명마다	㉣	5일 미만 치료를 요하는 의사의 진단이 있는 사고

	㉠	㉡	㉢	㉣
①	90	72	3	2
②	70	72	3	2
③	70	35	2	3
④	90	30	3	2

> **ADVICE** 자동차 등의 운전 중 교통사고를 일으킨 경우(사고결과에 따른 벌점기준)〈시행규칙 별표28〉

구분	벌점		내용
인적피해 교통사고	사망 1명마다	90	사고발생 시부터 72시간 이내에 사망한 때
	중상 1명마다	15	3주 이상의 치료를 요하는 의사의 진단이 있는 사고
	경상 1명마다	5	3주 미만 5일 이상의 치료를 요하는 의사의 진단이 있는 사고
	부상 신고 1명마다	2	5일 미만 치료를 요하는 의사의 진단이 있는 사고

✏ **ANSWER** 10.③ / 1.①

2 다음 중 앞지르기가 안되는 곳은?

ㄱ 교차로   ㄴ 터널 안
ㄷ 도로의 구부러진 곳   ㄹ 다리 위

---

① ㄱ, ㄷ   ② ㄴ
③ ㄴ, ㄷ, ㄹ   ④ ㄱ, ㄴ, ㄷ, ㄹ

>ADVICE 앞지르기 금지 장소〈법 제22조 제3항〉

  ㄱ 교차로

  ㄴ 터널 안

  ㄷ 다리 위

  ㄹ 시·도경찰청장이 도로에서의 위험을 방지하고 교통의 안전과 원활한 소통을 확보하기 위하여 필요하다고 인정하는 곳으로서 안전표지로 지정한 곳

    • 도로의 구부러진 곳

    • 비탈길의 고갯마루 부근

    • 가파른 비탈길의 내리막 등

Tip

앞지르기 금지 시기〈법 제22조 제1항 제2항〉

ㄱ 앞차를 앞지르지 못하는 경우

  • 앞 차 좌측에 다른 차가 앞 차와 나란히 가고 있는 경우

  • 앞 차가 다른 차를 앞지르고 있거나 앞지르려고 하는 경우

ㄴ 다른 차를 앞지르지 못하는 경우

  • 본 법령에 따라 정지하거나 서행하고 있는 차

  • 경찰공무원의 지시에 따라 정지나 서행하고 있는 차

  • 위험을 방지하기 위하여 정지하거나 서행하고 있는 차

3 다음 중 1종 보통면허로 운전이 불가능한 차량은?

① 승용자동차
② 최대 적재중량 15톤인 화물자동차
③ 승차인원인 12인 승합자동차
④ 원동기장치자전거

> ADVICE 1종 보통면허로 운전할 수 있는 차의 종류〈시행규칙 제53조 별표18〉
> ㉠ 승용자동차
> ㉡ 승차정원 15인 이하의 승합자동차
> ㉢ 적재중량 12톤 미만의 화물자동차
> ㉣ 총중량 10톤 미만의 특수자동차(구난차 등 제외)
> ㉤ 건설기계(도로를 운행하는 3톤 미만의 지게차에 한한다.)
> ㉥ 원동기장치자전거

4 다음 중 차마의 통행과 관련된 내용으로 틀린 것은?

① 자동차의 운전자는 그 차를 운전하여 고속도로 등을 횡단하거나 유턴 또는 후진하여서는 아니된다.
② 모든 차의 운전자는 좌회전, 우회전, 유턴 등 후진을 하거나 같은 방향으로 진행하면서 진로를 바꾸려고 하는 경우에는 손이나 방향지시기 또는 등화로써 그 행위가 끝날 때까지 신호를 하여야 한다.
③ 차마의 운전자는 보행자나 다른 차마의 정상적인 통행을 방해할 우려가 있는 경우에는 차마를 운전하여 도로를 횡단하거나 유턴 또는 후진하여서는 아니된다.
④ 자전거 등의 운전자는 자전거도로가 설치되지 아니한 곳에서는 도로 좌측 가장자리에 붙어서 통행하여야 한다.

> ADVICE 자전거 등의 운전자는 자전거도로가 설치되지 아니한 곳에서는 도로 우측 가장자리에 붙어서 통행하여야 한다〈법 제13조의2 제2항〉.

5 다음 중 음주운전에 대한 처벌기준으로 틀린 것은? [기출변형]

① 음주수치 0.03 이상 0.08 미만일 경우 2년 이하의 징역 및 500만 원 이하의 벌금

② 혈중알코올농도가 0.08퍼센트 이상 0.2퍼센트 미만인 경우 1년 이상 2년 이하의 징역이나 500만 원 이상 1천만 원 이하의 벌금

③ 음주측정 1회 거부시 1년 이상 5년 이하 징역이나 500만 원 이상 2천만 원 이하 벌금

④ 음주수치 0.2% 이상 시 2년 이상 5년 이하 징역 및 1천만 원 이상 2천만 원 이하 벌금

>**ADVICE** 음주운전자의 벌칙〈제148조의2〉
   ㉠ 경찰공무원의 음주측정에 응하지 않은 사람 : 1년 이상 5년 이하의 징역이나 500만 원 이상 2천만 원 이하의 벌금
   ㉡ 음주운전자의 벌칙
   • 혈중알코올농도가 0.2퍼센트 이상인 사람 : 2년 이상 5년 이하의 징역이나 1천만 원 이상 2천만 원 이하의 벌금
   • 혈중알코올농도가 0.08퍼센트 이상 0.2퍼센트 미만인 사람 : 1년 이상 2년 이하의 징역이나 500만 원 이상 1천만 원 이하의 벌금
   • 혈중알코올농도가 0.03퍼센트 이상 0.08퍼센트 미만인 사람 : 1년 이하의 징역이나 500만 원 이하의 벌금

6 특별교통안전 의무교육 관련 시간이 틀린 것은? [기출변형]

① 음주운전으로 5년이 지나지 않은 사람은 6시간

② 보복운전 관련한 운전자는 6시간

③ 운전면허효력 정지처분을 받게 되거나 받은 초보운전자로서 그 정지기간이 끝나지 아니한 사람 6시간

④ 최근 5년 동안 2회 음주운전을 한 운전자는 16시간

>**ADVICE** 특별교통안전 의무교육 시간〈시행규칙 제46조 제1항 별표 16〉
   ㉠ 최근 5년 동안 처음으로 음주운전을 한 사람 : 12시간(3회, 회당 4시간)
   ㉡ 최근 5년 동안 2번 음주운전을 한 사람 : 16시간(4회, 회당 4시간)
   ㉢ 최근 5년 동안 3번 이상 음주운전을 한 사람 : 48시간(12회, 회당 4시간)

7 「도로교통법」상 이에 준하는 사람은?

시각 장애인 및 안내견을 데리고 다니는 사람

① 듣지를 못하는 사람
② 평형감각 저하인 사람
③ 보행이 불가능한 사람
④ 말하지 못하는 사람

⟫ADVICE 앞을 보지 못하는 사람 및 이에 준하는 사람이 도로를 보행할 때에는 흰색 지팡이를 갖고 다니도록 하거나 앞을 보지 못하는 사람에게 길을 안내하는 장애인 보조견 표지가 발급된 개(장애인 보조견)를 동반하도록 하여야 한다〈법 제11조 제2항〉.

> **Tip**
>
> **앞을 보지 못하는 사람에 준하는 사람**〈시행령 제8조〉
> ㉠ 듣지 못하는 사람
> ㉡ 신체의 평형 기능에 장애가 있는 사람
> ㉢ 의족 등을 사용하지 아니하고는 보행을 할 수 없는 사람

8 긴급자동차에 대한 설명으로 맞는 것은?

① 긴급자동차로 분류된 차량들은 중앙선을 침범할 수 없다.

② 도로교통법상 긴급자동차란 긴급한 용도로 사용되고 있는 자동차로 소방차, 구급차, 혈액 공급차량, 그 밖에 대통령령으로 정하는 자동차를 말한다.

③ 교차로나 그 부근에서 긴급자동차가 접근하는 경우에는 차마와 노면전차의 운전자는 그 즉시 일시 정지하여야 한다.

④ 소방차는 화재로 인한 출동시에도 중앙선을 침범할 수 없다.

>**ADVICE** ① 개정으로 중앙선 침범도 긴급자동차예외 규정에 포함된다.

③ 교차로나 그 부근에서 긴급자동차가 접근하는 경우 차마와 노면전차의 운전자는 그 즉시 그 자리를 피해야 한다. (일시정지 ×)

④ 화재로 인해 출동 시는 긴급성이 인정되므로 중앙선 침범이 가능하다.

Tip

긴급자동차 접근 시 피양 방법

일반도로	긴급자동차가 우선통행 할 수 있도록 진로를 양보하여야 한다.
교차로나 그 부근	차마와 노면전차의 운전자는 교차로를 피하여 일시정지 하여야 한다.
고속도로	긴급자동차가 우선 통행할 수 있도록 진로를 양보하여야 한다.
일방통행	긴급자동차가 우선 통행할 수 있도록 진로를 양보하여야 한다.
※ 긴급자동차 접근 시 일시정지등 양보 위반 범칙금 → 승용 6만 원 / 승합 7만 원	

긴급자동차에 대한 특례⟨법 제30조⟩ … 긴급자동차에는 다음 사항을 적용하지 아니한다.

㉠ 자동차 등의 속도 제한(다만, 긴급자동차에 대하여 속도를 제한한 경우 같은 조의 규정을 적용한다).

㉡ 앞지르기의 금지(시기 및 장소)

㉢ 끼어들기의 금지

㉣ 신호위반

㉤ 보도침범

㉥ 중앙선침범

㉦ 횡단 등의 금지

㉧ 안전거리 확보

㉨ 앞지르기 방법

㉩ 정차 및 주차금지

㉪ 주차금지

㉫ 고장 등의 조치

※ 단 ㉣부터 ㉫까지는 소방차, 구급차, 혈액공급차량, 경찰용자동차에 대해서만 적용하지 않는다. (다른 긴급차는 대상이 아니다)

9 횡단이 가능한 방법으로 옳은 것은?

① 횡단과 관련된 설비가 설치된 곳에서의 횡단
② 횡단과 관련된 설비가 설치되지 아니한 곳에서의 횡단
③ 횡단보도 표지가 설치된 곳에서의 횡단
④ 차마 및 차량의 앞뒤로 횡단

>**ADVICE** ③ 횡단보도 표지가 설치된 곳에서의 횡단이 원칙이다.

10 다음 중 주·정차 금지장소를 잘못 설명하고 있는 것은?

① 경찰서장이 도로에서의 위험을 방지하고 교통의 안전과 원활한 소통을 확보하기 위하여 필요하다고 인정하여 지정한 곳
② 교차로의 가장자리나 도로의 모퉁이로부터 5m 이내인 곳
③ 「소방기본법」 제10조에 따른 소방용수시설 또는 비상소화장치가 설치된 곳으로부터 5m 이내인 곳
④ 횡단보도로부터 10미터 이내인 곳

>**ADVICE** ① 경찰서장이 아니고 시·도경찰청장이 도로에서의 위험을 방지하고 교통의 안전과 원활한 소통을 확보하기 위하여 필요하다고 인정하여 지정한 곳

> **Tip**
>
> **정차 및 주차의 금지**(법 제32조) … 모든 차의 운전자는 다음의 어느 하나에 해당하는 곳에서는 차를 정차하거나 주차하여서는 아니 된다. 다만, 이 법이나 이 법에 따른 명령 또는 경찰공무원의 지시를 따르는 경우와 위험방지를 위하여 일시 정지하는 경우에는 그러하지 아니하다.
> ㉠ 교차로·횡단보도·건널목이나 보도와 차도가 구분된 도로의 보도(「주차장법」에 따라 차도와 보도에 걸쳐서 설치된 노상주차장은 제외한다)
> ㉡ 교차로의 가장자리나 도로의 모퉁이로부터 5미터 이내인 곳
> ㉢ 안전지대가 설치된 도로에서는 그 안전지대의 사방으로부터 각각 10미터 이내인 곳
> ㉣ 버스여객자동차의 정류지(停留地)임을 표시하는 기둥이나 표지판 또는 선이 설치된 곳으로부터 10미터 이내인 곳. 다만, 버스여객자동차의 운전자가 그 버스여객자동차의 운행시간 중에 운행노선에 따르는 정류장에서 승객을 태우거나 내리기 위하여 차를 정차하거나 주차하는 경우에는 그러하지 아니하다.
> ㉤ 건널목의 가장자리 또는 횡단보도로부터 10미터 이내인 곳
> ㉥ 다음의 곳으로부터 5미터 이내인 곳
> • 「소방기본법」 제10조에 따른 소방용수시설 또는 비상소화장치가 설치된 곳
> • 「소방시설 설치 및 관리에 관한 법률」 제2조 제1항 제1호에 따른 소방시설로서 대통령령으로 정하는 시설이 설치된 곳
> ㉦ 시·도경찰청장이 도로에서의 위험을 방지하고 교통의 안전과 원활한 소통을 확보하기 위하여 필요하다고 인정하여 지정한 곳
> ㉧ 시장 등이 지정한 어린이 보호구역

 ANSWER 8.② 9.③ 10.①

1 다음 중 「도로교통법」상 면허 결격사유에 해당하는 것은?

① 대형특수면허 – 운전경력 1년 미만, 19세 미만
② 원동기장치자전거면허 – 17세 미만
③ 1종 보통면허 – 듣지 못하는 경우
④ 1종 소형면허 – 한쪽 눈이 안 보이는 경우

>**ADVICE** ② 원동기장치자전거의 경우에는 16세 미만인 사람이 결격사유에 해당한다.
　③ 듣지 못하는 사람은 제1종 운전면허 중 대형면허 · 특수면허만 결격사유에 해당한다.
　④ 한쪽 눈이 안 보이는 경우는 제1종 운전면허 중 대형면허 · 특수면허만 결격사유에 해당한다.

Tip

운전면허 결격사유〈법 제82조 제1항〉
㉠ 18세 미만(원동기장치자전거의 경우에는 16세 미만)인 사람
㉡ 교통상의 위험과 장해를 일으킬 수 있는 정신질환자 또는 뇌전증 환자로서 대통령령으로 정하는 사람

> **대통령령으로 정하는 사람**
> 치매 · 조현병 · 조현정동장애(情動障碍) · 양극성 정동장애(조울병) · 재발성 우울장애등의 정신질환 또는 정신 발육지연 · 뇌전증 등으로 인하여 해당 분야 전문의가 정상적인 운전을 할 수 없다고 인정하는 사람

㉢ 듣지 못하는 사람(제1종 운전면허 중 대형면허 · 특수면허만 해당한다), 앞을 보지 못하는 사람(한쪽 눈만 보지 못하는 사람의 경우에는 제1종 운전면허 중 대형면허 · 특수면허만 해당한다)이나 그 밖에 대통령령으로 정하는 신체장애인(다리, 머리, 척추, 그밖의 신체의 장애로 인하여 앉아 있을 수 없는 사람)
㉣ 양쪽 팔꿈치관절 이상을 잃은 사람이나 양쪽 팔을 전혀 쓸 수 없는 사람. 다만, 본인의 신체장애 정도에 적합하게 제작된 자동차를 이용하여 정상적인 운전을 할 수 있는 경우에는 그러하지 아니하다.
㉤ 교통상의 위험과 장해를 일으킬 수 있는 마약 · 대마 · 향정신성의약품 또는 알코올 중독자로서 대통령령으로 정하는 사람

> **대통령령으로 정하는 사람**
> 마약 · 대마 · 향정신성의약품 또는 알코올 관련 장애 등으로 인하여 정상적인 운전을 할 수 없다고 해당 분야 전문의가 인정하는 사람

㉥ 제1종 대형면허 또는 제1종 특수면허를 받으려는 경우로서 19세 미만이거나 자동차(이륜자동차는 제외한다)의 운전 경험이 1년 미만인 사람
㉦ 대한민국의 국적을 가지지 아니한 사람 중 「출입국관리법」 제31조에 따라 외국인등록을 하지 아니한 사람(외국인 등록이 면제된 사람은 제외한다)이나 「재외동포의 출입국과 법적지위에 관한 법률」 제6조 제1항에 따라 국내거소 신고를 하지 아니한 사람

2 다음 중 「도로교통법」상 휴대전화가 사용 가능하지 않은 경우는?

① 긴급자동차를 운전하는 경우
② 자동차 등 또는 노면전차가 정지하고 있는 경우
③ 차량의 화물을 내리기 위해 서행하고 있는 경우
④ 각종 범죄 및 재해 신고 등 긴급할 필요가 있는 경우

> **ADVICE** 운전 중 휴대전화사용이 예외적으로 가능한 경우〈법 제49조 제10호〉
> ㉠ 자동차 등 또는 노면전차가 정지하고 있는 경우
> ㉡ 긴급자동차를 운전하는 경우
> ㉢ 범죄 및 재해 신고 등 긴급한 필요가 있는 경우
> ㉣ 안전운전에 방해를 주지 아니하는 장치로서 대통령령으로 정하는 장치를 이용하는 경우
>
> **Tip**
> 안전운전에 방해를 주지 아니하는 장치〈대통령령 제29조〉
> 손으로 잡지 아니하고도 휴대용 전화를 사용할 수 있도록 해 주는 장치

✎ **ANSWER** 1.① 2.③

3 「도로교통법」상 주 · 정차가 금지된 지역이 아닌 곳은?

① 교차로 · 횡단보도 · 건널목이나 보도와 차도가 구분된 도로의 보도

② 건널목의 가장자리 또는 횡단보도로부터 10m 초과

③ 교차로의 가장자리나 도로의 모퉁이로부터 5m 이내

④ 시 · 도경찰청장이 도로에서 위험을 방지하고 교통의 안전과 원활한 소통을 확보하기 위하여 필요하다고 인정하여 지정한 곳

〉ADVICE ② 건널목의 가장자리 또는 횡단보도로부터 10미터 이내인 곳은 정차 및 주차를 할 수 없다.

> Tip
>
> **정차 및 주차의 금지**〈법 제32조〉 ⋯ 모든 차의 운전자는 다음의 어느 하나에 해당하는 곳에서는 차를 정차하거나 주차하여서는 아니 된다. 다만, 이 법이나 이 법에 따른 명령 또는 경찰공무원의 지시를 따르는 경우와 위험방지를 위하여 일시 정지하는 경우에는 그러하지 아니하다.
> ㉠ 교차로 · 횡단보도 · 건널목이나 보도와 차도가 구분된 도로의 보도(「주차장법」에 따라 차도와 보도에 걸쳐서 설치된 노상주차장은 제외한다)
> ㉡ 교차로의 가장자리나 도로의 모퉁이로부터 5미터 이내인 곳
> ㉢ 안전지대가 설치된 도로에서는 그 안전지대의 사방으로부터 각각 10미터 이내인 곳
> ㉣ 버스여객자동차의 정류지(停留地)임을 표시하는 기둥이나 표지판 또는 선이 설치된 곳으로부터 10미터 이내인 곳. 다만, 버스여객자동차의 운전자가 그 버스여객자동차의 운행시간 중에 운행노선에 따르는 정류장에서 승객을 태우거나 내리기 위하여 차를 정차하거나 주차하는 경우에는 그러하지 아니하다.
> ㉤ 건널목의 가장자리 또는 횡단보도로부터 10미터 이내인 곳
> ㉥ 다음의 곳으로부터 5미터 이내인 곳
>   • 「소방기본법」 제10조에 따른 소방용수시설 또는 비상소화장치가 설치된 곳
>   • 「소방시설 설치 및 관리에 관한 법률」 제2조 제1항 제1호에 따른 소방시설로서 대통령령으로 정하는 시설이 설치된 곳
> ㉦ 시 · 도경찰청장이 도로에서의 위험을 방지하고 교통의 안전과 원활한 소통을 확보하기 위하여 필요하다고 인정하여 지정한 곳
> ㉧ 시장 등이 지정한 어린이 보호구역

4 다음 중 긴급자동차 차량에 해당하지 않는 것은?

① 혈액 운송차량
② 응급차
③ 소방차
④ 그 외 행정안전부장관이 정하는 차량

〉ADVICE ④ 그 밖에 대통령령으로 정하는 자동차이다.

> Tip
>
> **긴급자동차**〈제2조 제22호〉
> ㉠ 소방차
> ㉡ 구급차
> ㉢ 혈액 공급차량
> ㉣ 그 밖에 대통령령으로 정하는 자동차

5 다음 중 신호등 성능 기준으로 옳은 것은?

① 등화의 빛의 발산각도는 사방으로 각각 45°이상으로 할 것
② 등화의 밝기는 낮에 100m 앞쪽에서 식별 가능할 것
③ 등화의 빛의 발산각도는 사방으로 30°이상으로 할 것
④ 등화의 밝기는 낮에 50m 앞쪽에서 식별 가능할 것

〉ADVICE 신호등 성능 기준〈시행규칙 재7조 제3항〉
　　　㉠ 등화의 발산각도 : 사방으로 각각 45도 이상
　　　㉡ 등화의 밝기 : 낮에 150미터 앞쪽에서 식별이 가능할 것
　　　㉢ 기타 : 태양광선이나 주위의 다른 빛에 의하여 표시가 방해받지 않을 것

✎ **ANSWER** 3.② 4.④ 5.①

6 「도로교통법 시행령」상 승차 또는 적재 제한 관련 설명으로 틀린 것은? [기출변형]

① 자동차의 승차인원은 승차정원 이내일 것
② 이륜자동차는 그 승차장치의 길이 또는 적재장치 길이에 30cm를 더한 길이 이내
③ 화물자동차의 경우 지상으로부터 4m 높이 이내
④ 고속버스 운송사업용 자동차의 승차인원은 승차정원의 110% 이내

ADVICE 모든 차의 운전자는 승차 인원, 적재중량 및 적재용량에 관하여 대통령령으로 정하는 운행상의 안전기준을 넘어서 승차시키거나 적재한 상태로 운전하여서는 아니 된다.
다만, 출발지를 관할하는 경찰서장의 허가를 받은 경우에는 그러하지 아니하다.
㉠ 자동차의 승차인원은 승차정원 이내일 것
㉡ 적재중량(화물자동차) : 구조 및 성능에 따르는 적재중량의 110 퍼센트 이내일 것
㉢ 화물자동차·이륜자동차 및 소형 3륜자동차의 적재용량

길이	• 자동차 길이에 그 길이의 10분의 1을 더한 길이 • 이륜자동차는 승차장치의 길이 또는 적재장치의 길이에 30센티미터를 더한 길이
너비	자동차의 후사경으로 뒤쪽을 확인할 수 있는 범위(후사경의 높이보다 화물을 낮게 적재한 경우에는 그 화물을, 후사경의 높이보다 화물을 높게 적재한 경우에는 뒤쪽을 확인할 수 있는 범위를 말함)의 너비
높이	• 화물자동차는 지상으로부터 4미터(도로구조의 보전과 통행의 안전에 지장이 없다고 인정하여 고시한 도로 노선의 경우에는 4미터 20센티미터) • 소형 3륜자동차는 지상으로부터 2미터 50센티미터 • 이륜자동차는 지상으로부터 2미터의 높이

7 「도로교통법」상 교통법규 위반자에 대한 벌칙이 가장 중한 것은?

① 정비 불량 자동차를 운전하게 하거나 운전하는 사람
② 교통단속을 회피할 목적으로 교통단속용 장비의 기능을 방해하는 장치를 제작·수입·판매 또는 장착한 사람
③ 약물로 인하여 정상적으로 운전하지 못할 우려가 있는 상태에서 자동차 등을 운전한 사람
④ 교통사고 발생 시 운전자나 그 밖의 승무원의 조치 또는 신고행위를 방해한 사람

ADVICE ③ 약물로 인하여 정상적으로 운전하지 못할 우려가 있는 상태에서 자동차 등 또는 노면전차를 운전한 사람은 3년 이하의 징역이나 1천만 원 이하의 벌금에 처한다〈법 148조의2 제4항〉.
①②④ 6개월 이하의 징역이나 200만 원 이하의 벌금 또는 구류에 처한다〈법 제153조 제1항〉.

6개월 이하의 징역이나 200만 원 이하의 벌금 또는 구류〈법 제153조 제1항〉

㉠ 정비 불량차를 운전하도록 시키거나 운전한 사람

㉡ 경찰공무원의 요구 · 조치 또는 명령에 따르지 아니하거나 이를 거부 또는 방해한 사람

㉢ 교통단속을 회피할 목적으로 교통단속용 장비의 기능을 방해하는 장치를 제작 · 수입 · 판매 또는 장착한 사람

㉣ 교통단속용 장비의 기능을 방해하는 장치를 한 차를 운전한 사람

㉤ 교통사고 발생 시의 조치 또는 신고 행위를 방해한 사람

㉥ 함부로 교통안전시설이나 그 밖에 그와 비슷한 인공구조물을 설치한 사람

㉦ 운전면허 및 적성검사 등에 필요한 조건을 위반하여 운전한 사람

8 「도로교통법」상 술에 취한 상태에서 자동차 등을 운전한 사람에 대한 처벌로 옳지 않은 것은?

① 혈중알코올농도 0.03퍼센트 이상 0.08퍼센트 미만인 사람 – 1년 이하의 징역이나 500만 원 이하의 벌금

② 혈중알코올농도 0.08퍼센트 이상 0.2퍼센트 미만인 사람 – 2년 이상 4년 이하의 징역이나 500만 원 이상 1천만 원 이하의 벌금

③ 혈중알코올농도 0.2퍼센트 이상인 사람 – 2년 이상 5년 이하의 징역이나 1천만 원 이상 2천만 원 이하의 벌금

④ 술에 취한 상태에 있다고 인정할만한 상당한 이유가 있는 사람으로서 경찰공무원의 음주측정에 응하지 않은 사람 – 1년 이상 5년 이하의 징역이나 500만 원 이상 2천만 원 이하의 벌금

>ADVICE 음주운전자의 벌칙〈법 제148조의2〉

㉠ 1년 이상 5년 이하의 징역이나 500만 원 이상 2천만 원 이하의 벌금

• 술에 취한 상태에 있다고 인정할 만한 상당한 이유가 있는 사람으로서 경찰공무원의 측정에 응하지 아니하는 사람 (자동차등 또는 노면전차를 운전한 경우로 한정한다)

• 술에 취한 상태에 있다고 인정할 만한 상당한 이유가 있는 사람으로서 자동차등 또는 노면전차를 운전한 후 음주측정방해행위를 한 사람

㉡ 술에 취한 상태에서 자동차 등 또는 노면전차를 운전한 사람은 다음의 구분에 따라 처벌

• 혈중알코올농도가 0.2퍼센트 이상인 사람 : 2년 이상 5년 이하의 징역이나 1천만 원 이상 2천만 원 이하의 벌금

• 혈중알코올농도가 0.08퍼센트 이상 0.2퍼센트 미만인 사람 : 1년 이상 2년 이하의 징역이나 500만 원 이상 1천만 원 이하의 벌금

• 혈중알코올농도가 0.03퍼센트 이상 0.08퍼센트 미만인 사람 : 1년 이하의 징역이나 500만 원 이하의 벌금

ANSWER 6.④ 7.③ 8.②

1 다음 중 차의 운전자가 지켜야 하는 정차 또는 주차의 방법에 대하여 잘못 설명하고 있는 것은?

① 모든 차의 운전자는 도로에서 주차할 때에는 시 · 도경찰청장이 정하는 주차의 장소 · 시간 및 방법에 따라야 한다.

② 차도와 보도의 구별이 없는 도로의 경우에는 도로의 오른쪽 가장자리에 정차하여야 한다.

③ 여객자동차의 운전자는 승객을 태우거나 내려주기 위하여 정류소 또는 이에 준하는 장소에서 정차하였을 때에는 승객이 타거나 내린 즉시 출발하여야 하며 뒤따르는 다른 차의 정차를 방해하지 아니하여야 한다.

④ 경사진 곳에 정차하거나 주차하려는 자동차의 운전자는 대통령령이 정하는 바에 따라 고임목을 설치하거나 조향장치를 도로의 가장자리 방향으로 돌려놓는 등 미끄럼사고의 발생을 방지하기 위한 조치를 취하여야 한다.

ADVICE ② 모든 차의 운전자는 도로에서 정차할 때에는 차도의 오른쪽 가장자리에 정차할 것. 다만 차도와 보도의 구별이 없는 도로의 경우에는 도로의 오른쪽 가장자리로부터 중앙으로 50센티미터 이상의 거리를 두어야 한다〈시행령 제11조 제1항〉.

> **Tip**
>
> **정차 또는 주차의 방법 등**〈시행령 제11조〉
> ㉠ 차의 운전자가 지켜야 하는 정차 또는 주차의 방법 및 시간은 다음과 같다.
> - 모든 차의 운전자는 도로에서 정차할 때에는 차도의 오른쪽 가장자리에 정차할 것. 다만, 차도와 보도의 구별이 없는 도로의 경우에는 도로의 오른쪽 가장자리로부터 중앙으로 50센티미터 이상의 거리를 두어야 한다.
> - 여객자동차의 운전자는 승객을 태우거나 내려주기 위하여 정류소 또는 이에 준하는 장소에서 정차하였을 때에는 승객이 타거나 내린 즉시 출발하여야 하며 뒤따르는 다른 차의 정차를 방해하지 아니할 것
> - 모든 차의 운전자는 도로에서 주차할 때에는 시 · 도경찰청장이 정하는 주차의 장소 · 시간 및 방법에 따를 것
> ㉡ 모든 차의 운전자는 정차하거나 주차할 때에는 다른 교통에 방해가 되지 아니하도록 하여야 한다. 다만, 다음의 어느 하나에 해당하는 경우에는 그러하지 아니하다.
> - 안전표지 또는 다음 각 목의 어느 하나에 해당하는 사람의 지시에 따르는 경우
> - 경찰공무원(의무경찰을 포함한다)
> - 제주특별자치도의 자치경찰공무원(이하 "자치경찰공무원"이라 한다)
> - 경찰공무원(자치경찰공무원을 포함한다)을 보조하는 모범운전자, 군사경찰, 소방공무원 등에 해당하는 사람
> - 고장으로 인하여 부득이하게 주차하는 경우
> ㉢ 자동차의 운전자는 경사진 곳에 정차하거나 주차(도로 외의 경사진 곳에서 정차하거나 주차하는 경우를 포함한다)하려는 경우 자동차의 주차제동장치를 작동한 후에 다음의 어느 하나에 해당하는 조치를 취하여야 한다. 다만, 운전자가 운전석을 떠나지 아니하고 직접 제동장치를 작동하고 있는 경우는 제외한다.
> - 경사의 내리막 방향으로 바퀴에 고임목, 고임돌, 그 밖에 고무, 플라스틱 등 자동차의 미끄럼 사고를 방지할 수 있는 것을 설치할 것
> - 조향장치(操向裝置)를 도로의 가장자리(자동차에서 가까운 쪽을 말한다) 방향으로 돌려놓을 것

2 다음 중 교통안전교육에서의 교육사항이 아닌 것은?

① 기본예절

② 법령과 지식

③ 안전운전능력

④ 자율주행자동차의 지식과 기능

> ADVICE 교통안전교육 교육사항〈법 제73조 제1항〉
> ㉠ 운전자가 갖추어야 하는 기본예절
> ㉡ 도로교통에 관한 법령과 지식
> ㉢ 안전운전능력
> ㉣ 교통사고의 예방과 처리에 관한 사항
> ㉤ 어린이, 장애인 및 노인의 교통사고 예방에 관한 사항
> ㉥ 친환경 경제운전에 필요한 지식과 기능
> ㉦ 긴급자동차에 길 터주기 요령
> ㉧ 그 밖에 교통안전의 확보를 위하여 필요한 사항

3 다음 중 도로교통법에서 규정하고 있는 내용을 잘못 설명한 것은?

① 시장 등은 교통을 원활하게 하기 위하여 노면전차 전용도로 또는 전용차로를 설치하려는 경우에는 「도시철도법」 제7조 제1항에 따른 도시철도사업계획의 승인 후에 시·도경찰청장과 협의 하여야 한다.

② 차마의 운전자는 길가의 건물이나 주차장 등에서 도로에 들어갈 때에는 일단 정지한 후에 안전한지 확인하면서 서행하여야 한다.

③ 자동차 등의 운전자는 같은 방향으로 가고 있는 자전거 등의 운전자에 주의하여야 하며, 그 옆을 지날 때에는 자전거등과의 충돌을 피할 수 있는 필요한 거리를 확보하여야 한다.

④ 모든 차의 운전자는 차의 진로를 변경하려는 경우에 그 변경하려는 방향으로 오고 있는 다른 차의 정상적인 통행에 장애를 줄 우려가 있을 때에는 진로를 변경하여서는 아니 된다.

> ADVICE 노면전차 전용로의 설치 등〈법 제16조〉
> ㉠ 시장 등은 교통을 원활하게 하기 위하여 노면전차 전용도로 또는 전용차로를 설치하려는 경우에는 「도시철도법」 제7조 제1항에 따른 도시철도사업계획의 승인 전에 다음의 사항에 대하여 시·도경찰청장과 협의하여야 한다. 사업 계획을 변경하려는 경우에도 또한 같다.
> • 노면전차의 설치 방법 및 구간
> • 노면전차 전용로 내 교통안전시설의 설치
> • 그 밖에 노면전차 전용로의 관리에 관한 사항
> ㉡ 노면전차의 운전자는 ㉠에 따른 노면전차 전용도로 또는 전용차로로 통행하여야 하며, 차마의 운전자는 노면전차 전용도로 또는 전용차로를 다음의 경우를 제외하고는 통행하여서는 아니 된다.
> • 좌회전, 우회전, 횡단 또는 회전하기 위하여 궤도부지를 가로지르는 경우
> • 도로, 교통안전시설, 도로의 부속물 등의 보수를 위하여 진입이 불가피한 경우
> • 노면전차 전용차로에서 긴급자동차가 그 본래의 긴급한 용도로 운행되고 있는 경우

✎ **ANSWER** 1.② 2.④ 3.①

4 다음 중 차마 및 노면전차의 통행방법에 대해 잘못된 설명은?

① 도로가 일방통행인 경우에는 도로의 중앙이나 좌측 부분을 통행할 수 있다.

② 도로의 파손, 도로공사나 그 밖의 장애 등으로 도로의 우측 부분을 통행할 수 없는 경우에는 도로의 중앙이나 좌측 부분으로 통행할 수 있다.

③ 도로 우측 부분의 폭이 5미터가 되지 아니하는 도로에서 다른 차를 앞지르려는 경우에는 도로의 중앙이나 좌측 부분으로 통행할 수 있다.

④ 가파른 비탈길의 구부러진 곳에서 교통의 위험을 방지하기 위하여 시·도경찰청장이 필요하다고 인정하여 구간 및 통행방법을 지정하고 있는 경우에 그 지정에 따라 통행하는 경우에는 도로의 중앙이나 좌측 부분으로 통행할 수 있다.

>**ADVICE** ③ 도로 우측 부분의 폭이 6미터가 되지 아니하는 도로에서 다른 차를 앞지르려는 경우 중앙 또는 좌측통행이 가능하다〈법 제13조 제4항〉.

> Tip
>
> 차마의 운전자가 도로의 중앙이나 좌측 부분을 통행할 수 있는 경우〈법 제13조 제4항〉
> ㉠ 도로가 일방통행인 경우
> ㉡ 도로의 파손, 도로공사나 그 밖의 장애 등으로 도로의 우측 부분을 통행할 수 없는 경우
> ㉢ 도로 우측 부분의 폭이 6미터가 되지 아니하는 도로에서 다른 차를 앞지르려는 경우. 다만, 다음의 어느 하나에 해당하는 경우에는 그러하지 아니하다.
>   • 도로의 좌측 부분을 확인할 수 없는 경우
>   • 반대 방향의 교통을 방해할 우려가 있는 경우
>   • 안전표지 등으로 앞지르기를 금지하거나 제한하고 있는 경우
> ㉣ 도로 우측 부분의 폭이 차마의 통행에 충분하지 아니한 경우
> ㉤ 가파른 비탈길의 구부러진 곳에서 교통의 위험을 방지하기 위하여 시·도경찰청장이 필요하다고 인정하여 구간 및 통행방법을 지정하고 있는 경우에 그 지정에 따라 통행하는 경우

5 다음 중 어린이통학버스에 신고에 관한 사항으로 맞는 내용은?

① 시·도경찰청장은 신고서를 접수한 경우 구비요건을 확인한 후 기준에 적합한 때에는 어린이통학버스 신고증명서를 교부하여야 한다.
② 어린이통학버스 신고증명서는 그 자동차의 앞면 창유리 우측하단의 보기 쉬운 곳에 부착하여야 한다.
③ 어린이통학버스 신고증명서를 잃어버리거나 헐어 못쓰게 된 때에는 어린이통학버스 신고증명서 재교부신청서를 도로교통공단에 제출하여 다시 교부받아야 한다.
④ 어린이통학버스 신고증명서가 헐어 못쓰게 되어 다시 신청하는 때에는 어린이통학버스 신고증명서 재교부신청서에 헐어 못쓰게 된 신고증명서를 첨부하여 관할경찰서장에게 제출하여야 한다.

> ADVICE
> ① 신고증명서는 관할경찰서장이 교부한다.
> ② 교부받은 어린이통학버스 신고증명서는 그 자동차의 앞면 창유리 우측상단의 보기 쉬운 곳에 부착하여야 한다.
> ③ 어린이통학버스 신고증명서 재교부신청서를 도로교통공단이 아닌 관할경찰서장에게 제출하여 다시 교부받아야 한다.

> Tip
> 어린이통학버스의 신고 등〈법 제52조〉
> ㉠ 어린이통학버스(한정면허를 받아 어린이를 여객대상으로 하여 운행되는 운송사업용 자동차는 제외한다)를 운영하려는 자는 행정안전부령으로 정하는 바에 따라 미리 관할 경찰서장에게 신고하고 신고증명서를 발급받아야 한다.
> ㉡ 어린이통학버스를 운영하는 자는 어린이통학버스 안에 발급받은 신고증명서를 항상 갖추어 두어야 한다.
> ㉢ 어린이통학버스로 사용할 수 있는 자동차는 행정안전부령으로 정하는 자동차로 한정한다. 이 경우 그 자동차는 도색·표지, 보험가입, 소유 관계 등 대통령령으로 정하는 요건을 갖추어야 한다.
> ㉣ 누구든지 신고를 하지 아니하거나 어린이를 여객대상으로 하는 한정면허를 받지 아니하고 어린이통학버스와 비슷한 도색 및 표지를 하거나 이러한 도색 및 표지를 한 자동차를 운전하여서는 아니 된다.

6 다음 중 고속도로에서의 관리 및 조치 등에 대한 설명으로 틀린 설명은?

① 고속도로의 관리자는 고속도로에서 일어나는 위험을 방지하고 교통의 안전과 원활한 소통을 확보하기 위하여 교통안전시설을 설치·관리하여야 한다.

② 고속도로의 관리자가 교통안전시설을 설치하려면 경찰청장과 협의하여야 한다.

③ 경찰청장은 고속도로의 원활한 소통을 위하여 특히 필요한 경우에는 고속도로에 전용차로를 설치할 수 있다.

④ 자치경찰공무원은 도로의 손괴, 교통사고의 발생이나 그 밖의 사정으로 고속도로 등에서 교통이 위험 또는 혼잡하거나 그러할 우려가 있을 때에는 교통의 위험 또는 혼잡을 방지하고 교통의 안전 및 원활한 소통을 확보하기 위하여 필요한 범위에서 진행 중인 자동차의 통행을 일시 금지 또는 제한하거나 그 자동차의 운전자에게 필요한 조치를 명할 수 있다.

>**ADVICE** ④ 위험방지 등의 조치〈법 제58조〉… 경찰공무원(자치경찰공무원은 제외한다)은 도로의 손괴, 교통사고의 발생이나 그 밖의 사정으로 고속도로 등에서 교통이 위험 또는 혼잡하거나 그러할 우려가 있을 때에는 교통의 위험 또는 혼잡을 방지하고 교통의 안전 및 원활한 소통을 확보하기 위하여 필요한 범위에서 진행 중인 자동차의 통행을 일시 금지 또는 제한하거나 그 자동차의 운전자에게 필요한 조치를 명할 수 있다.

7 다음 중 도로교통법상의 내용을 잘못 설명하고 있는 것은?

① 친환경적이고 경제적인 방법으로 운전하여 연료소모와 탄소배출을 줄이도록 노력하는 것은 도로교통법이 아니라 교통안전법의 사항이다.

② 자전거 등이 교통안전에 위험을 초래하지 않도록 보행자에게 위해를 줄 우려가 있는 금속재 모서리는 둥글게 가공되거나 고무, 플라스틱 등으로 덮여 있어야 한다.

③ 자전거 등의 운전자가 횡단보도를 이용하여 도로를 횡단할 때에는 자전거 등에서 내려서 자전거 등을 끌거나 들고 보행하여야 한다.

④ 지리안내 영상 또는 교통정보안내 영상의 경우에는 자동차 등 또는 노면전차에 영상표시장치를 장착하여 운전자가 운전 중 볼 수 있는 위치에 영상이 표시되게 할 수 있다.

>**ADVICE** ①은 도로교통법 제48조 제2항의 내용이다.

> Tip
> 안전운전 및 친환경 경제운전의 의무〈법 제48조〉
> ㉠ 모든 차 또는 노면전차의 운전자는 차 또는 노면전차의 조향장치와 제동장치, 그 밖의 장치를 정확하게 조작하여야 하며, 도로의 교통상황과 차 또는 노면전차의 구조 및 성능에 따라 다른 사람에게 위험과 장해를 주는 속도나 방법으로 운전하여서는 아니 된다.
> ㉡ 모든 차의 운전자는 차를 친환경적이고 경제적인 방법으로 운전하여 연료소모와 탄소배출을 줄이도록 노력하여야 한다.

8 교통안전시설을 철거하거나 원상회복에 따른 부담금에 관한 사항이다. 다음 중 맞는 설명은?

① 시장 등은 부담금을 납부하여야 하는 사람이 지정된 기간에 이를 납부하지 아니하면 과태료를 부과한다.
② 파손된 정도가 경미하거나 일상 보수작업만으로 수리할 수 있는 경우 또는 부담금 총액이 30만 원 미만인 경우에는 부담금 부과를 면제할 수 있다.
③ 교통안전시설의 철거나 원상회복을 위한 공사비용 부담금의 금액을 교통안전시설의 파손 정도 및 내구연한 경과 정도 등을 고려하여 산출하고, 그 사유를 유발한 사람이 여러 명인 경우에는 동일하게 부담금을 분담하게 할 수 있다.
④ 시장 등은 부과한 부담금이 교통안전시설의 철거나 원상회복을 위한 공사에 드는 비용을 초과한 경우에는 그 차액을 환급하여야 한다.

>**ADVICE** ① 시장등은 부담금을 납부하여야 하는 사람이 지정된 기간에 이를 납부하지 아니하면 지방세 체납처분의 예에 따라 징수한다.
② 파손된 정도가 경미하거나 일상 보수작업만으로 수리할 수 있는 경우 또는 부담금 총액이 20만 원 미만인 경우에는 부담금 부과를 면제할 수 있다.
③ 특별시장 · 광역시장 · 제주특별자치도지사 또는 시장 · 군수(광역시의 군수는 제외한다. 이하 "시장등"이라 한다)는 법에 따른 교통안전시설의 철거나 원상회복을 위한 공사 비용 부담금(이하 "부담금"이라 한다)의 금액을 교통안전시설의 파손 정도 및 내구연한 경과 정도 등을 고려하여 산출하고, 그 사유를 유발한 사람이 여러 명인 경우에는 그 유발 정도에 따라 부담금을 분담하게 할 수 있다.

9 다음 중 교통안전시설물을 설치 · 관리할 수 없는 자는?

① 서울특별시장
② 울산광역시장
③ 경기도지사
④ 수원시장

>**ADVICE** 신호기 등의 설치 및 관리〈법 제3조 제1항〉… 특별시장, 광역시장, 제주특별자치도지사 또는 시장, 군수(광역시의 군수는 제외한다. 이하 "시장 등"이라 한다)는 도로에서의 위험을 방지하고 교통의 안전과 원활한 소통을 확보하기 위하여 필요하다고 인정하는 경우에는 신호기 및 안전표지를 설치, 관리하여야 한다. 다만, 유료도로에서는 시장 등의 지시에 따라 그 도로관리자가 교통안전시설을 설치 · 관리하여야 한다.

✎ **ANSWER** 6.④ 7.① 8.④ 9.③

10 다음 중 운전면허에 대한 설명으로 틀린 설명은?

① 국제운전면허증을 발급받은 사람은 국내에 입국한 날부터 1년 동안만 그 국제운전면허증으로 자동차 등을 운전할 수 있다.

② 운전면허의 결격사유로 교통상의 위험과 장해를 일으킬 수 있는 정신질환자 또는 뇌전증 환자로서 경찰서장이 정하는 사람은 운전면허를 받을 수 없다.

③ 연습운전면허는 그 면허를 받은 날부터 1년 동안 효력을 가진다. 다만, 연습운전면허를 받은 날부터 1년 이전이라도 연습운전면허를 받은 사람이 제1종 보통면허 또는 제2종 보통면허를 받은 경우 연습운전면허는 그 효력을 잃는다.

④ 운전면허를 받지 아니하거나 운전면허의 효력이 정지된 경우에는 자동차 등 운전한 경우에는 그 위반한 날(운전면허효력 정지기간에 운전하여 취소된 경우에는 그 취소된 날)부터 1년, 원동기장치자전거면허를 받으려는 경우에는 6개월의 결격기간이 주어진다.

> **ADVICE** ② 교통상의 위험과 장해를 일으킬 수 있는 정신질환자 또는 뇌전증 환자로서 대통령령으로 정하는 사람은 운전면허를 받을 수 없다〈법 제82조 제1항 제2호〉.

1 「도로교통법 시행규칙」상 차량신호등의 적색 등화의 점멸 신호가 뜻하는 바로 가장 옳은 것은?

① 차마는 정지선이나 횡단보도가 있을 때에는 그 직전이나 교차로의 직전에 일시정지한 후 다른 교통에 주의하면서 진행할 수 있다.

② 차마는 정지선, 횡단보도 및 교차로의 직전에서 정지해야 한다.

③ 차마는 우회전하려는 경우 정지선, 횡단보도 및 교차로의 직전에서 정지한 후 신호에 따라 진행하는 다른 차마의 교통을 방해하지 않고 우회전할 수 있다.

④ 교차로에서 차마가 우회전하려는 경우 차마는 우회전 삼색등이 적색의 등화인 경우 우회전 할 수 없다.

> **ADVICE** 차량신호등의 신호
>
> ㉠ 녹색의 등화
> • 차마는 직진 또는 우회전할 수 있다.
> • 비보호 좌회전 표지 또는 비호로 좌회전표시가 있는 곳에서는 좌회전 할 수 있다.
> ㉡ 황색의 등화
> • 차마는 정지선이 있거나 횡단보도가 있을 때에는 그 직전이나 교차로의 직전에 정지하여야 하며, 이미 교차로에 차마의 일부라도 진입한 경우에는 신속히 교차로 밖으로 진행하여야 한다.
> • 차마는 우회전 할 수 있고 우회전하는 경우에는 보행자의 횡단을 방해하지 못한다.
> ㉢ 적색의 등화
> • 차마는 정지선, 횡단보도 및 교차로의 직전에서 정지하여야 한다.
> • 차마는 우회전하려는 경우 정지선, 횡단보도 및 교차로의 직전에서 정지한 후 신호에 따라 진행하는 다른 차마의 교통을 방해하지 않고 우회전할 수 있다.
> • 위의 내용에도 불구하고 차마는 우회전 삼색등이 적색의 등화인 경우 우회전할 수 없다.
> ㉣ 황색등화의 점멸 : 차마는 다른 교통 또는 안전표지의 표시에 주의하면서 진행할 수 있다.
> ㉤ 적색등화의 점멸 : 차마는 정지선이나 횡단보도가 있을 때에는 그 직전이나 교차로의 직전에 일시정지한 후 다른 교통에 주의하면서 진행할 수 있다.

2 「도로교통법」상 어린이통학버스 운영자 등에 대한 안전교육 중 〈보기〉의 ㈎에 들어갈 말로 가장 옳은 것은?

───────── 보기 ─────────

어린이통학버스를 운영하는 사람과 운전하는 사람은 어린이통학버스 안전교육을 받아야 한다. 어린이통학버스 안전교육 중 정기 안전교육은 어린이통학버스를 계속하여 운전하는 사람과 운전하는 사람 및 동승한 보호자를 대상으로 ㈎ 마다 정기적으로 실시하는 교육이다.

① 1년
② 2년
③ 3년
④ 5년

▶ADVICE 어린이통학버스 운영자 등에 대한 안전교육〈법 제53조의3〉

ⓐ 어린이통학버스를 운영하는 사람과 운전하는 사람 및 제53조제3항에 따른 보호자는 어린이통학버스의 안전운행 등에 관한 교육(어린이통학버스 안전교육)을 받아야 한다.

ⓑ 어린이통학버스 안전교육은 다음의 구분에 따라 실시한다.
- 신규 안전교육 : 어린이통학버스를 운영하려는 사람과 운전하려는 사람 및 제53조제3항에 따라 동승하려는 보호자를 대상으로 그 운영, 운전 또는 동승을 하기 전에 실시하는 교육
- 정기 안전교육 : 어린이통학버스를 계속하여 운영하는 사람과 운전하는 사람 및 제53조제3항에 따라 동승한 보호자를 대상으로 2년마다 정기적으로 실시하는 교육

> **Tip**
>
> 어린이통학버스 관련 시험에 잘나오는 것
> ⓐ 도색, 표지 소유관계, 보험관계 → 대통령령(행정안전부령 X)
> ⓑ 9인승 이상(11인승 X)
> ⓒ 일시정지(서행 X)
> ⓓ 허가권자 → 관할경찰서장(시·도경찰청장 X)
> ⓔ 안전교육(운영자, 운전자) → 3시간(2시간 X)
> ⓕ 재교육 → 2년마다(3년마다 X)

3 「도로교통법」상 운전면허증의 반납에 대한 설명으로 가장 옳지 않은 것은?

① 운전면허 취소처분을 받은 경우 그 사유가 발생한 날부터 7일 이내에 반납하여야 한다.

② 경찰공무원은 취소처분을 받고 법정 기한 내에 운전면허증을 반납하지 아니한 사람이 소지한 운전면허증을 직접 회수할 수 있다.

③ 시·도경찰청장이 운전면허효력 정지처분을 받은 사람으로부터 운전면허증을 회수하였을 때에는 이를 보관하였다가 정지기간이 끝난 6개월 후 돌려주어야 한다.

④ 운전면허증을 갱신 받았을 때, 기존 운전면허증은 반납하여야 한다.

> **ADVICE** 운전면허증 반납〈법 제95조〉
>   ㉠ 반납사유 및 반납기간
>   • 반납기간 : 사유가 발생한 날부터 7일 이내
>   • 반납기관 : 시·도경찰청장
>   • 반납사유
>   - 운전면허 취소처분을 받은 경우
>   - 운전면허효력 정지처분을 받은 경우
>   - 운전면허증을 잃어버리고 다시 발급받은 후 그 잃어버린 운전면허증을 찾은 경우
>   - 연습운전면허를 받은 사람이 제1종 보통면허증 또는 제2종 보통면허증을 받은 경우
>   - 운전면허증 갱신을 받은 경우
>   ㉡ 미 반납 자 조치 : 경찰공무원은 운전면허증을 반납하지 아니한 사람이 소지한 운전면허증을 직접 회수(모바일운전면허증의 경우 전자적 회수를 포함)할 수 있다.
>   ㉢ 회수한 면허증 처리 : 시·도경찰청장은 운전면허증을 반납받았거나, 회수하였을 때에는 이를 보관하였다가 정지기간이 끝난 즉시 돌려주어야 한다.

4 「도로교통법」상 보행자의 통행에 대한 설명으로 가장 옳지 않은 것은?

① 보행자는 보도에서는 우측통행을 원칙으로 한다.

② 보행자는 보도와 차도가 구분되지 아니한 도로 중 중앙선이 있는 도로에서는 길 가장자리 또는 길가장자리 구역으로 통행하여야 한다.

③ 보행자는 보도와 차도가 구분되지 아니한 도로 중 중앙선이 없는 도로에서는 도로의 전 부분으로 통행할 수 없다.

④ 보행자는 보도와 차도가 구분된 도로에서는 언제나 보도로 통행하여야 한다. 다만, 차도를 횡단하는 경우, 도로공사 등으로 보도의 통행이 금지된 경우나 그 밖의 부득이한 경우에는 그러하지 아니하다.

> **ADVICE** 보행자의 통행〈법 제8조〉
> ㉠ 보행자는 보도와 차도가 구분된 도로에서는 언제나 보도로 통행하여야 한다. 다만, 차도를 횡단하는 경우, 도로공사 등으로 보도의 통행이 금지된 경우나 그 밖의 부득이한 경우에는 그러하지 아니하다.
> ㉡ 보행자는 보도와 차도가 구분되지 아니한 도로 중 중앙선이 있는 도로(일방통행인 경우에는 차선으로 구분된 도로를 포함한다)에서는 길 가장자리 또는 길가장자리구역으로 통행하여야 한다.
> ㉢ 보행자는 다음의 어느 하나에 해당하는 곳에서는 도로의 전 부분으로 통행할 수 있다. 이 경우 보행자는 고의로 차마의 진행을 방해하여서는 아니 된다.
>   • 보도와 차도가 구분되지 아니한 도로 중 중앙선이 없는 도로(일방통행인 경우에는 차선으로 구분되지 아니한 도로에 한정한다)
>   • 보행자우선도로
> ㉣ 보행자는 보도에서는 우측통행을 원칙으로 한다.

5 「도로교통법 시행령」상 차도를 통행할 수 있는 경우로 가장 옳지 않은 것은?

① 사다리, 목재, 그 밖에 보행자의 통행에 지장을 줄 우려가 있는 물건을 운반 중인 사람

② 기(旗) 또는 현수막 등을 휴대한 행렬

③ 말·소 등의 큰 동물을 몰고 가는 사람

④ 신체의 평형기능에 장애가 있는 사람

> **ADVICE** 행렬 등의 통행〈법 제9조〉
> ㉠ 학생의 대열
> ㉡ 차도를 통행할 수 있는 사람 또는 행렬〈시행령 제7조〉
>   • 말·소 등의 큰 동물을 몰고 가는 사람
>   • 사다리, 목재, 그 밖에 보행자의 통행에 지장을 줄 우려가 있는 물건을 운반 중인 사람
>   • 도로에서 청소나 보수 등의 작업을 하고 있는 사람
>   • 군부대나 그 밖에 이에 준하는 단체의 행렬
>   • 기(旗) 또는 현수막 등을 휴대한 행렬
>   • 장의(葬儀) 행렬

6 「도로교통법령」상 운전면허를 받으려는 사람이 시험에 응시하기 전에 받아야 하는 교통안전교육에 대한 설명으로 가장 옳지 않은 것은?

① 교통안전교육은 시청각교육 등의 방법으로 1시간 실시한다.

② 운전면허 및 자동차관리에 관한 교통안전교육을 받아야 한다.

③ 교육의 과목·내용·방법 및 시간 등에 관하여 필요한 사항은 행정안전부령으로 정한다.

④ 운전자가 갖추어야 하는 기본예절에 관한 교통안전교육을 받아야 한다.

>**ADVICE** 교통안전교육〈법 제73조〉

　　㉠ 운전면허를 신규로 받으려는 사람의 교육시간(시청각교육 방법) : 1시간

　　㉡ 안전교육 내용

　　　• 운전자가 갖추어야 하는 기본예절

　　　• 도로교통에 관한 법령과 지식

　　　• 안전운전 능력

　　　• 교통사고의 예방과 처리에 관한 사항

　　　• 어린이·장애인 및 노인의 교통사고 예방에 관한 사항

　　　• 친환경 경제운전에 필요한 지식과 기능

　　　• 긴급자동차에 길 터주기 요령

　　　• 그 밖에 교통안전의 확보를 위하여 필요한 사항

7 「도로교통법」상 운전면허의 결격사유에 대한 설명으로 가장 옳지 않은 것은?

① 무면허운전 금지를 위반하여 자동차를 운전한 경우에는 그 위반한 날부터 1년간 운전면허를 받을 수 없다.

② 음주운전 금지를 위반하여 운전을 하다가 사람을 사상한 후 사고발생 시의 조치에 따른 필요한 조치 및 신고를 하지 아니한 경우에는 그 위반한 날부터 3년간 운전면허를 받을 수 없다.

③ 자동차 등을 이용하여 범죄행위를 하거나 다른 사람의 자동차 등을 훔치거나 빼앗은 사람이 무면허운전 금지를 위반하여 그 자동차 등을 운전한 경우에는 그 위반한 날부터 3년간 운전면허를 받을 수 없다.

④ 음주운전 금지를 위반하여 운전을 하다가 교통사고를 일으킨 경우에는 운전면허가 취소된 날부터 2년간 운전면허를 받을 수 없다.

》ADVICE 운전면허 발급 제한 기간

5년	㉠ 무면허(면허 정지 기간 중 운전) – 도주 ⓛ 운전면허발급 제한기간 중에 국제운전면허증으로 운전 – 도주 ⓒ 음주운전 – 도주 ⓔ 과로(질병, 약물)운전 – 도주 ⓜ 공동 위험 행위 중에 사람을 사상한 후 구호 조치 및 신고를 하지 아니하고 도주한 경우 ⓗ 음주운전 * 무면허운전 * 국제운전면허증 결격 기간 중 사망사고 야기 ★ 무면허는 위반한 날부터 음주, 과로, 공동위험행위는 취소된 날부터 기산
4년	5년의 제한 사유 이외의 사유로 교통사고를 야기한 후에 도주한 경우 (일반교통사고 야기 후 도주)
3년	㉠ 2회 이상 음주운전 교통사고야기(측정거부포함) (취소한 때로부터) (면허유무무관) ⓛ 자동차 등을 이용하여 범죄를 범한 자가 무면허 운전을 한 경우 (위반한날부터) ⓒ 자동차를 강, 절도한자가 무면허 운전한 경우 (위반한 날부터)
2년	㉠ 2회 이상 음주 측정거부(면허유무무관) ⓛ 2회 이상 음주운전 (취소된 날부터) ⓒ 1회 음주 운전 교통사고로 면허취소 ⓔ 무면허 운전 3회 이상 위반 또는 운전면허 발급제한기간 중에 국제운전면허증으로 자동차 등을 운전 3회 이상 위반한자(위반한 날 또는 취소된 날부터) ⓜ 2회 이상 공동위험 행위(취소된 날부터) (면허유무무관) ⓗ 다른 사람의 자동차 등을 훔치거나 빼앗은 자가 운전면허가 있는 상태에서 운전한 경우 (취소된 날부터) ⓢ 운전면허시험 대리응시 (취소된 날부터) ⓞ 허위 등 부정한 방법으로 면허증 또는 증명서를 교부 받은 때 (취소된 날 부터) ⓩ 운전면허를 받을 자격이 없는 사람이 운전면허를 받았을 경우 ⓦ 운전면허효력의 정지 기간 중 운전면허증 또는 운전면허증에 갈음 하는 증명서를 교부 받은 사실이 드러난 때
1년	〈2~5년 제한 사유 이외의 사유로 운전면허가 취소 된 경우〉 ㉠ 누적벌점초과에 의한 취소 → 1년간(121점), 2년간(201점), 3년간(271점) ⓛ 공동 위험 행위 (원동기 면허 취득 포함) ⓒ 음주운전으로 운전면허가 취소 된 때 ⓔ 교통사고로 인하여 운전면허가 취소된 때(사고야기 후 도주는 제외) ⓜ 무면허 운전 (위반한 날부터) ⓗ 운전면허를 받은 사람이 자동차 등을 이용하여 범죄행위(아래 기타 사항에서 상술함)를 한 때 ⓢ 음주측정불응, 약물운전 ⓞ 면허증대여 또는 대여 받아 운전 ⓩ 면허 정지 기간 중에 자동차 등을 운전한자 ⓦ 무등록 차량운전 ⓚ 경찰공무원을 폭행한 경우 ⓔ 연습면허 취소사유가 있었던 경우

8 〈보기〉에서 「도로교통법 시행규칙」상 도로교통 안전표지판 중 규제표지의 개수는?

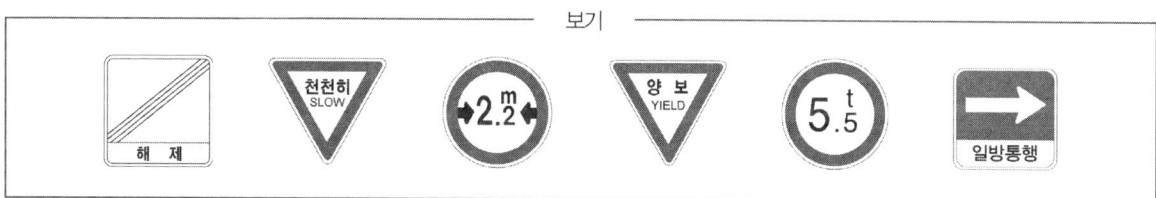
보기

① 2개   ② 3개
③ 4개   ④ 5개

ADVICE 규제표지

도로교통의 안전을 위하여 각종제한·금지 등의 규제를 하는 경우에 이를 도로 사용자에게 알리는 표지				
201 통행금지	202 자동차통행금지	203 화물자동차 통행금지	204 승합자동차 통행금지	205 이륜자동차 및 원동기 장치자전거 통행금지
206 자동차, 이륜자동차 및 원동기장치자전거 통행금지	207 경운기·트랙터 및 손수레 통행금지	208 삭제	209 삭제	210 자전거통행금지
211 진입금지	212 직진금지	213 우회전금지	214 좌회전금지	215 삭제
216 유턴금지	217 앞지르기 금지	218 주정차금지	219 주차 금지	220 차중량제한
221 차높이제한	222 차폭제한	223 차간거리확보	224 최고속도제한	225 최저속도제한
226 서 행	227 일시정지	228 양보	229 삭제	230 보행자보행금지
231 위험물적재차량 통행금지				

9 「도로교통법」상 벌칙에 대한 설명으로 가장 옳지 않은 것은?

① 운전면허의 효력이 정지된 경우 자동차를 운전한 사람은 6개월 이하의 징역이나 200만 원 이하의 벌금 또는 구류에 처한다.

② 정비 불량차를 운전하도록 시킨 사람은 6개월 이하의 징역이나 200만 원 이하의 벌금 또는 구류에 처한다.

③ 교통단속용 장비의 기능을 방해하는 장치를 한 차를 운전한 사람은 6개월 이하의 징역이나 200만 원 이하의 벌금 또는 구류에 처한다.

④ 고속도로에서 고의로 중앙선의 좌측 부분으로 통행한 운전자는 100만 원 이하의 벌금 또는 구류에 처한다.

》ADVICE ①은 무면허운전으로 1년 이하 징역 또는 300만 원이하 벌금이다.

Tip

1년 이하 징역 또는 300만 원이하 벌금

㉠ 무면허운전 (원동기장치자전거면허는 제외) (운전면허의 효력이 정지된 경우를 포함) 또는 국제운전면허증을 받지 아니 하고 운전한 사람

㉡ 무면허운전 * 음주운전 * 과로운전 등을 시킨 고용주 등

㉢ 거짓이나 그 밖의 부정한 수단으로 운전면허를 받거나 운전면허증 또는 운전면허증을 갈음하는 증명서를 발급받은 사람

㉣ 교통에 방해가 될 만한 물건을 함부로 도로에 내버려둔 사람

㉤ 교통안전교육강사가 아닌 사람으로 하여금 교통안전 교육을 하게 한 교통 안전교육기관의 장

㉥ 자동차운전학원이 아닌데도 유사명칭 등을 사용한 사람

10 「도로교통법」상 정차 및 주차 금지인 위치가 아닌 것은?

① 노상주차장을 제외하고, 보도와 차도가 구분된 도로의 보도
② 안전지대가 설치된 도로에서 그 안전지대의 사방으로부터 8미터 떨어진 곳
③ 횡단보도로부터 8미터 떨어진 곳
④ 「소방기본법」 제10조에 따른 소방용수시설로부터 8미터 떨어진 곳

>ADVICE 정차 및 주차의 금지〈법 제32조〉… 모든 차의 운전자는 다음의 어느 하나에 해당하는 곳에서는 차를 정차하거나 주차하여서는 아니 된다. 다만, 이 법이나 이 법에 따른 명령 또는 경찰공무원의 지시를 따르는 경우와 위험방지를 위하여 일시 정지하는 경우에는 그러하지 아니하다.

ⓒ 교차로 · 횡단보도 · 건널목이나 보도와 차도가 구분된 도로의 보도(「주차장법」에 따라 차도와 보도에 걸쳐서 설치된 노상주차장은 제외한다)
ⓛ 교차로의 가장자리나 도로의 모퉁이로부터 5미터 이내인 곳
ⓒ 안전지대가 설치된 도로에서는 그 안전지대의 사방으로부터 각각 10미터 이내인 곳
ⓔ 버스여객자동차의 정류지(停留地)임을 표시하는 기둥이나 표지판 또는 선이 설치된 곳으로부터 10미터 이내인 곳. 다만, 버스여객자동차의 운전자가 그 버스여객자동차의 운행시간 중에 운행노선에 따르는 정류장에서 승객을 태우거나 내리기 위하여 차를 정차하거나 주차하는 경우에는 그러하지 아니하다.
ⓜ 건널목의 가장자리 또는 횡단보도로부터 10미터 이내인 곳
ⓗ 다음의 곳으로부터 5미터 이내인 곳
　• 「소방기본법」 제10조에 따른 소방용수시설 또는 비상소화장치가 설치된 곳
　• 「소방시설 설치 및 관리에 관한 법률」 제2조제1항제1호에 따른 소방시설로서 대통령령으로 정하는 시설이 설치된 곳
ⓐ 시 · 도경찰청장이 도로에서의 위험을 방지하고 교통의 안전과 원활한 소통을 확보하기 위하여 필요하다고 인정하여 지정한 곳
ⓞ 시장 등이 지정한 어린이 보호구역

1 「도로교통법」상 도로에서 어린이 또는 영유아를 보호하기 위한 보호자의 조치 내용으로 가장 옳지 않은 것은?

① 어린이의 보호자는 도로에서 어린이가 개인형 이동장치를 안전하게 운전하도록 하여야 한다.

② 어린이의 보호자는 교통이 빈번한 도로에서 어린이를 놀게 하여서는 아니 된다.

③ 영유아의 보호자는 교통이 빈번한 도로에서 영유아가 혼자 보행하게 하여서는 아니 된다.

④ 어린이의 보호자는 도로에서 어린이가 자전거를 타는 경우에는 인명 보호 장구를 착용하도록 하여야 한다.

>ADVICE ① 어린이의 보호자는 도로에서 어린이가 개인형 이동장치를 운전하게 하여서는 아니 된다.

> **Tip**
>
> **어린이 등에 대한 보호**〈법 제11조〉
> ㉠ 어린이의 보호자는 교통이 빈번한 도로에서 어린이를 놀게 하여서는 아니 되며, 영유아(6세 미만인 사람)의 보호자는 교통이 빈번한 도로에서 영유아가 혼자 보행하게 하여서는 아니 된다.
> ㉡ 앞을 보지 못하는 사람의 보호자는 그 사람이 도로를 보행할 때에는 흰색 지팡이를 갖고 다니도록 하거나 앞을 보지 못하는 사람에게 길을 안내하는 개로서 행정안전부령으로 정하는 개(장애인보조견)를 동반하도록 하는 등 필요한 조치를 하여야 한다.
> ㉢ 어린이의 보호자는 도로에서 어린이가 자전거를 타거나 행정안전부령으로 정하는 위험성이 큰 움직이는 놀이기구를 타는 경우에는 어린이의 안전을 위하여 행정안전부령으로 정하는 인명보호 장구(裝具)를 착용하도록 하여야 한다.
> ㉣ 어린이의 보호자는 도로에서 어린이가 개인형 이동장치를 운전하게 하여서는 아니 된다.
> ㉤ 경찰공무원은 신체에 장애가 있는 사람이 도로를 통행하거나 횡단하기 위하여 도움을 요청하거나 도움이 필요하다고 인정하는 경우에는 그 사람이 안전하게 통행하거나 횡단할 수 있도록 필요한 조치를 하여야 한다.

2 「도로교통법」상 명시된 자동차 등(개인형 이동장치는 제외한다)의 운전자의 난폭운전 행위가 아닌 것은?

① 횡단 · 유턴 · 후진 금지 위반

② 정당한 사유 없는 소음 발생

③ 고속도로에서의 앞지르기 방법 위반

④ 앞뒤로 줄지어 통행

난폭운전 금지 행위〈법 제46조의3〉

 ㉠ 신호 또는 지시 위반

 ㉡ 중앙선 침범

 ㉢ 속도의 위반

 ㉣ 횡단 · 유턴 · 후진 금지 위반

 ㉤ 안전거리 미확보, 진로변경 금지 위반, 급제동 금지 위반

 ㉥ 앞지르기 방법 또는 앞지르기의 방해금지 위반

 ㉦ 정당한 사유 없는 소음 발생

 ㉧ 고속도로에서의 앞지르기 방법 위반

 ㉨ 고속도로 등에서의 횡단 · 유턴 · 후진 금지 위반

3 「도로교통법」상 차량 운행 중 안전거리 확보에 대한 설명으로 가장 옳지 않은 것은?

① 모든 차의 운전자는 같은 방향으로 가고 있는 앞차의 뒤를 따르는 경우에는 앞차가 갑자기 정지하게 되는 경우 그 앞차와의 충돌을 피할 수 있는 필요한 거리를 확보하여야 한다.

② 자동차 등의 운전자는 같은 방향으로 가고 있는 자전거 등의 운전자에 주의하여야 하며, 그 옆을 지날 때에는 자전거 등과의 충돌을 피할 수 있는 필요한 거리를 확보하여야 한다.

③ 모든 차의 운전자는 차의 진로를 변경하려는 경우에 그 변경하려는 방향으로 오고 있는 다른 차의 정상적인 통행에 지장을 줄 우려가 있을 때에는 빠른 진로 변경을 통해 안전거리를 확보하여야 한다.

④ 모든 차의 운전자는 위험방지를 위한 경우와 그 밖의 부득이한 경우가 아니면 운전하는 차를 갑자기 정지시키거나 속도를 줄이는 등의 급제동을 하여서는 아니 된다.

③ 모든 차의 운전자는 차의 진로를 변경하려는 경우에 그 변경하려는 방향으로 오고 있는 다른 차의 정상적인 통행에 장애를 줄 우려가 있을 때에는 진로를 변경하여서는 아니 된다.

> **Tip**
>
> 안전거리 확보 등〈법 제19조〉
>
> ㉠ 모든 차의 운전자는 같은 방향으로 가고 있는 앞차의 뒤를 따르는 경우에는 앞차가 갑자기 정지하게 되는 경우 그 앞차와의 충돌을 피할 수 있는 필요한 거리를 확보하여야 한다.
>
> ㉡ 자동차 등의 운전자는 같은 방향으로 가고 있는 자전거 등의 운전자에 주의하여야 하며, 그 옆을 지날 때에는 자전거 등과의 충돌을 피할 수 있는 필요한 거리를 확보하여야 한다.
>
> ㉢ 모든 차의 운전자는 차의 진로를 변경하려는 경우에 그 변경하려는 방향으로 오고 있는 다른 차의 정상적인 통행에 장애를 줄 우려가 있을 때에는 진로를 변경하여서는 아니 된다.
>
> ㉣ 모든 차의 운전자는 위험방지를 위한 경우와 그 밖의 부득이한 경우가 아니면 운전하는 차를 갑자기 정지시키거나 속도를 줄이는 등의 급제동을 하여서는 아니 된다.

✎ **ANSWER** 1.① 2.④ 3.③

4 「도로교통법」상 어린이통학버스에 대한 설명으로 가장 옳지 않은 것은?

① 모든 차의 운전자는 어린이나 영유아를 태우고 있다는 표시를 한 상태로 도로를 통행하는 어린이통학버스를 앞지르지 못한다.

② 어린이통학버스로 사용할 수 있는 자동차는 관할시·도지사의 령으로 정하는 자동차로 한정한다.

③ 중앙선이 설치되지 아니한 도로와 편도 1차로인 도로에서는 반대방향에서 진행하는 차의 운전자도 어린이통학버스에 이르기 전에 일시 정지하여 안전을 확인한 후 서행하여야 한다.

④ 어린이통학버스로 사용할 수 있는 자동차는 도색·표지, 보험가입, 소유 관계 등 대통령령으로 정하는 요건을 갖추어야 한다.

>ADVICE ② 어린이통학버스로 사용할 수 있는 자동차는 행정안전부령으로 정하는 자동차로 한정한다.

> **Tip**
>
> 어린이통학버스 관련 시험에 잘나오는 것
> ㉠ 도색, 표지 소유관계, 보험관계 → 대통령령(행정안전부령 X)
> ㉡ 9인승 이상(11인승 X)
> ㉢ 일시정지(서행 X)
> ㉣ 허가권자 → 관할경찰서장(시·도경찰청장 X)
> ㉤ 안전교육(운영자, 운전자) → 3시간(2시간 X)
> ㉥ 재교육 → 2년마다(3년마다 X)

5 「도로교통법 시행규칙」상 최고속도의 100분의 20을 줄인 속도로 운행하여야 하는 경우에 해당하는 것은?

① 눈이 20밀리미터 미만 쌓인 경우
② 폭우로 가시거리가 100미터 이내인 경우
③ 노면이 얼어붙은 경우
④ 안개로 가시거리가 50미터 이내인 경우

>ADVICE 비, 안개, 눈 등 거친 날씨 때 감속운행 속도〈규칙 제19조 제2항〉

감속운행 속도	도로의 상태
최고 속도의 $\dfrac{20}{100}$	㉠ 비가 내려 노면이 젖어 있는 경우 ㉡ 눈이 20mm 미만 쌓인 경우
최고 속도의 $\dfrac{50}{100}$	㉠ 폭우·폭설·안개 등으로 가시거리가 100m 이내인 경우 ㉡ 노면이 얼어붙은 경우 ㉢ 눈이 20mm 이상 쌓인 경우

예 편도 1차로 일반도로에 눈·비가 오고 있을 때 감속속도는 얼마인가?

법정운행속도가 60km/h 이고, 눈·비가 내릴 때에는 100분의 20을 감속하여야 하므로

$60 \times \dfrac{20}{100} = 12$km/h, 즉 60km/h − 12km/h = 48km/h

∴ 48km/h로 운행하여야 한다.

6 「도로교통법 시행규칙」상 차량신호등의 적색 등화의 점멸 신호가 뜻하는 바로 가장 옳은 것은?

① 차마는 정지선이나 횡단보도가 있을 때에는 그 직전이나 교차로의 직전에 일시정지한 후 다른 교통에 주의하면서 진행할 수 있다.

② 차마는 정지선, 횡단보도 및 교차로의 직전에서 정지해야 한다.

③ 차마는 우회전하려는 경우 정지선, 횡단보도 및 교차로의 직전에서 정지한 후 신호에 따라 진행하는 다른 차마의 교통을 방해하지 않고 우회전할 수 있다.

④ 교차로에서 차마가 우회전하려는 경우 차마는 우회전 삼색등이 적색의 등화인 경우 우회전할 수 없다.

> **ADVICE** 차량신호등의 신호

신호의 종류	신호의 뜻
㉠ 녹색의 등화 ⬜⬜⚫	• 차마는 직진 또는 우회전할 수 있다. • 비보호 좌회전 표지 또는 비호로 좌회전표시가 있는 곳에서는 좌회전 할 수 있다.
㉡ 황색의 등화 ⬜🟡⬜	• 차마는 정지선이 있거나 횡단보도가 있을 때에는 그 직전이나 교차로의 직전에 정지하여야 하며, 이미 교차로에 차마의 일부라도 진입한 경우에는 신속히 교차로 밖으로 진행하여야 한다. • 차마는 우회전 할 수 있고 우회전하는 경우에는 보행자의 횡단을 방해하지 못한다.
㉢ 적색의 등화 ⚫⬜⬜	• 차마는 정지선, 횡단보도 및 교차로의 직전에서 정지하여야 한다. 다만, 신호에 따라 진행하는 다른 차마의 교통을 방해하지 아니하고 우회전할 수 있다. • 다만 차마는 우회전 삼색등이 적색의 등화인 경우 우회전 할 수 없다.
㉣ 황색등화의 점멸 ⬜🟡⬜	차마는 다른 교통 또는 안전표지의 표시에 주의하면서 진행할 수 있다.
㉤ 적색등화의 점멸 🔴⬜⬜	차마는 정지선이나 횡단보도가 있을 때에는 그 직전이나 교차로의 직전에 일시정지한 후 다른 교통에 주의하면서 진행할 수 있다.

7 「도로교통법」상 어린이통학버스 운영자 등에 대한 안전교육 중 〈보기〉의 ㈎에 들어갈 말로 가장 옳은 것은?

─────── 보기 ───────

　　어린이통학버스를 운영하는 사람과 운전하는 사람은 어린이통학버스 안전교육을 받아야 한다. 어린이통학버스 안전교육 중 정기 안전교육은 어린이통학버스를 계속하여 운전하는 사람과 운전하는 사람 및 동승한 보호자를 대상으로 ㈎ 마다 정기적으로 실시하는 교육이다.

① 1년　　　　　　　　　　　　　② 2년
③ 3년　　　　　　　　　　　　　④ 5년

〉**ADVICE** 어린이통학버스 운영자 등에 대한 안전교육〈법 제53조의3〉 … 어린이통학버스를 운영하는 사람과 운전하는 사람 및 보호자는 어린이통학버스 안전교육을 받아야 한다.
　　㉠ 신규 안전교육 : 어린이통학버스를 운영하려는 사람과 운전하려는 사람 및 동승하려는 보호자를 대상으로 그 운영, 운전 또는 동승을 하기 전에 실시하는 교육
　　㉡ 정기 안전교육 : 어린이통학버스를 계속하여 운영하는 사람과 운전하는 사람 및 동승한 보호자를 대상으로 2년마다 정기적으로 실시하는 교육

8 「도로교통법」상 운전면허증의 반납에 대한 설명으로 가장 옳지 않은 것은?

① 운전면허 취소처분을 받은 경우 그 사유가 발생한 날부터 7일 이내에 반납하여야 한다.
② 경찰공무원은 취소처분을 받고 법정 기한 내에 운전면허증을 반납하지 아니한 사람이 소지한 운전면허증을 직접 회수할 수 있다.
③ 시·도경찰청장이 운전면허효력 정지처분을 받은 사람으로부터 운전면허증을 회수하였을 때에는 이를 보관하였다가 정지기간이 끝난 6개월 후 돌려주어야 한다.
④ 운전면허증을 갱신 받았을 때, 기존 운전면허증은 반납하여야 한다.

〉**ADVICE** ③ 시·도경찰청장이 운전면허증을 반납 받았거나 운전면허효력 정지처분을 받은 사람으로부터 운전면허증을 회수하였을 때에는 이를 보관하였다가 정지기간이 끝난 즉시 돌려주어야 한다.

> **Tip**
> 운전면허증의 반납〈법 제95조〉
> ㉠ 반납기간 : 사유가 발생한 날부터 7일 이내
> ㉡ 반납기관 : 시·도경찰청장
> ㉢ 반납사유
> • 운전면허 취소처분을 받은 경우
> • 운전면허효력 정지처분을 받은 경우
> • 운전면허증을 잃어버리고 다시 발급받은 후 그 잃어버린 운전면허증을 찾은 경우
> • 연습운전면허증을 받은 사람이 제1종 보통면허증 또는 제2종 보통면허증을 받은 경우
> • 운전면허증 갱신을 받은 경우

9 「도로교통법」상 보행자의 통행에 대한 설명으로 가장 옳지 않은 것은?

① 보행자는 보도에서는 우측통행을 원칙으로 한다.

② 보행자는 보도와 차도가 구분되지 아니한 도로 중 중앙선이 있는 도로에서는 길가장자리 또는 길가장자리 구역으로 통행하여야 한다.

③ 보행자는 보도와 차도가 구분되지 아니한 도로 중 중앙선이 없는 도로에서는 도로의 전 부분으로 통행할 수 없다.

④ 보행자는 보도와 차도가 구분된 도로에서는 언제나 보도로 통행하여야 한다. 다만, 차도를 횡단하는 경우, 도로공사 등으로 보도의 통행이 금지된 경우나 그 밖의 부득이한 경우에는 그러하지 아니하다.

>ADVICE 보행자의 통행〈법 제8조〉

   ㉠ 보행자는 보도와 차도가 구분된 도로에서는 언제나 보도로 통행하여야 한다. 다만, 차도를 횡단하는 경우, 도로공사 등으로 보도의 통행이 금지된 경우나 그 밖의 부득이한 경우에는 그러하지 아니하다.

   ㉡ 보행자는 보도와 차도가 구분되지 아니한 도로 중 중앙선이 있는 도로(일방통행인 경우에는 차선으로 구분된 도로를 포함한다)에서는 길가장자리 또는 길가장자리구역으로 통행하여야 한다.

   ㉢ 보행자는 다음 어느 하나에 해당하는 곳에서는 도로의 전 부분으로 통행할 수 있다. 이 경우 보행자는 고의로 차마의 진행을 방해하여서는 아니 된다.

   • 보도와 차도가 구분되지 아니한 도로 중 중앙선이 없는 도로(일방통행인 경우에는 차선으로 구분되지 아니한 도로)

   • 보행자우선도로

   ㉣ 보행자는 보도에서는 우측통행을 원칙으로 한다.

10 「도로교통법 시행령」상 차도를 통행할 수 있는 경우로 가장 옳지 않은 것은?

① 사다리, 목재, 그 밖에 보행자의 통행에 지장을 줄 우려가 있는 물건을 운반 중인 사람

② 기(旗) 또는 현수막 등을 휴대한 행렬

③ 말·소 등의 큰 동물을 몰고 가는 사람

④ 신체의 평형기능에 장애가 있는 사람

>ADVICE 행렬 등의 통행〈법 제9조〉

   ㉠ 학생의 대열

   ㉡ 차도를 통행할 수 있는 사람 또는 행렬〈시행령 제7조〉

   • 말·소 등의 큰 동물을 몰고 가는 사람

   • 사다리, 목재, 그 밖에 보행자의 통행에 지장을 줄 우려가 있는 물건을 운반 중인 사람

   • 도로에서 청소나 보수 등의 작업을 하고 있는 사람

   • 군부대나 그 밖에 이에 준하는 단체의 행렬

   • 기(旗) 또는 현수막 등을 휴대한 행렬

   • 장의(葬儀) 행렬

 ANSWER 7.② 8.③ 9.③ 10.④

1 다음 교통안전표지의 종류와 속도규정을 바르게 연결한 것은?

① 주의표지 - 80km/h
② 주의표지 - 90km/h
③ 지시표지 - 80km/h
④ 지시표지 - 90km/h

〉ADVICE 지시표지이며 자동차전용도로의 최고속도는 90km/h이다.

2 다음 중 음주운전의 처벌 기준으로 바르지 않은 것은?

① 음주측정불응시에는 1년 이상 5년 이하 징역이나 500만 원 이상 2천만 원 이하 벌금에 처한다.
② 혈중알콜농도 0.04% 운전하다 적발될 시 1년 이하의 징역이나 500만 원 이하의 벌금에 처한다.
③ 혈중알콜농도 0.08%~0.2%에서 운전하다 적발될 시 면허취소와 함께 결격기간 1년이 주어지며, 혈중알콜농도 0.2%에서 사고시에는 2년간 면허취득을 할 수 없다.
④ 혈중알콜농도 0.03%에서 운전하다 적발될 시에는 면허가 취소된다.

〉ADVICE ④ 혈중알콜농도 0.03 ~ 0.08 미만은 면허취소가 아니고 100일 이하의 면허정지이다.
  ※ 음주운전 처벌 기준〈법 제148조의2〉

• 0.2% 이상	2년 이상 5년 이하의 징역이나 1천만 원 이상 2천만 원 이하의 벌금
1회 측정불응	1년 이상 5년 이하 징역이나 500만 원 이상 2천만 원 이하 벌금
0.08% 이상 ~ 0.2% 미만	1년 이상 2년 이하의 징역이나 500만 원 이상 1천만 원 이하의 벌금
0.03% 이상 ~ 0.08% 미만	1년 이하의 징역이나 500만 원 이하의 벌금

3 다음 중 정차 금지장소가 아닌 것은? [기출 변형]

① 도로의 모퉁이로부터 5미터 이내인 곳
② 안전지대가 설치된 도로에서는 그 안전지대의 사방으로부터 각각 10미터 이내인 곳
③ 건널목의 가장자리 또는 횡단보도로부터 10미터 이내인 곳
④ 도로공사를 하고 있는 경우 그 공사 구역의 양쪽 가장자리로부터 5미터 이내인 곳

ADVICE 정차 및 주차의 금지〈법 제32조〉
　　㉠ 교차로·횡단보도·건널목이나 보도와 차도가 구분된 도로의 보도(차도와 보도에 걸쳐서 설치된 노상주차장은 제외한다)
　　㉡ 교차로의 가장자리나 도로의 모퉁이로부터 5미터 이내인 곳
　　㉢ 안전지대가 설치된 도로에서는 그 안전지대의 사방으로부터 각각 10미터 이내인 곳
　　㉣ 버스여객자동차의 정류지(停留地)임을 표시하는 기둥이나 표지판 또는 선이 설치된 곳으로부터 10미터 이내인 곳. 다만, 버스여객자동차의 운전자가 그 버스여객자동차의 운행시간 중에 운행노선에 따르는 정류장에서 승객을 태우거나 내리기 위하여 차를 정차하거나 주차하는 경우에는 그러하지 아니하다.
　　㉤ 건널목의 가장자리 또는 횡단보도로부터 10미터 이내인 곳
　　㉥ 다음의 곳으로부터 5미터 이내인 곳
　　　• 「소방기본법」 제10조에 따른 소방용수시설 또는 비상소화장치가 설치된 곳
　　　• 「소방시설 설치 및 관리에 관한 법률」 제2조 제1항 제1호에 따른 소방시설로서 대통령령으로 정하는 시설이 설치된 곳

> **Tip**
> 대통령령으로 정하는 시설(시행령 10조의3 제1항)
> ㉠ 옥내소화전설비(호스릴옥내소화전설비를 포함한다)·스프링클러설비등·물분무등소화설비의 송수구
> ㉡ 소화용수설비
> ㉢ 연결송수관설비, 연결살수설비, 연소방지설비의 송수구 및 무선통신보조설비의 무선기기접속단자

　　㉦ 시·도경찰청장이 도로에서의 위험을 방지하고 교통의 안전과 원활한 소통을 확보하기 위하여 필요하다고 인정하여 지정한 곳
　　㉧ 시장 등이 지정한 어린이 보호구역
　　☞ 다만, 도로교통법이나 도로교통법에 따른 명령 또는 경찰공무원의 지시를 따르는 경우와 위험방지를 위하여 일시정지 하는 경우에는 그러하지 아니하다.

> **Tip**
> 주차금지의 장소〈법 제33조〉
> ㉠ 터널 안 및 다리 위
> ㉡ 다음의 곳으로부터 5미터 이내인 곳
> 　• 도로공사를 하고 있는 경우에는 그 공사 구역의 양쪽 가장자리
> 　• 다중이용업소의 영업장이 속한 건축물로 소방본부장의 요청에 의하여 시·도경찰청장이 지정한 곳
> ㉢ 시·도경찰청장이 도로에서의 위험을 방지하고 교통의 안전과 원활한 소통을 확보하기 위하여 필요하다고 인정하여 지정한 곳

 ANSWER 1.④ 2.④ 3.④

4 다음 중 자동차의 종류에 대한 설명으로 바르지 못한 것은?

① 승합자동차 : 15인 이하의 자동차는 승합자동차에 해당된다.

② 이륜자동차 : 총배기량 또는 정격출력의 크기와 관계없이 1인 또는 2인의 사람을 운송하기에 적합하게 제작된 이륜의 자동차 및 그와 유사한 구조로 되어 있는 자동차를 말한다.

③ 화물자동차 : 화물을 운송하기에 적합한 화물적재공간을 갖추고, 화물적재공간의 총적재화물의 무게가 운전자와 승객이 승차공간에 모두 탑승했을 때의 승객의 무게보다 많은 자동차

④ 특수자동차 : 다른 자동차를 견인하거나 구난작업 또는 특수한 용도로 사용하기에 적합하게 제작된 자동차로서 승용자동차 · 승합자동차 또는 화물자동차가 아닌 자동차

>**ADVICE** 자동차의 종류〈자동차관리법 제3조 제1항〉
   ㉠ 승용자동차 : 10인 이하를 운송하기에 적합하게 제작된 자동차
   ㉠ 승합자동차 : 11인 이상을 운송하기에 적합하게 제작된 자동차. 다만, 다음의 어느 하나에 해당하는 자동차는 승차 인원과 관계없이 이를 승합자동차로 본다.
      • 내부의 특수한 설비로 인하여 승차인원이 10인 이하로 된 자동차
      • 국토교통부령으로 정하는 경형자동차로서 승차인원이 10인 이하인 전방조종자동차
   ㉢ 화물자동차 : 화물을 운송하기에 적합한 화물적재공간을 갖추고, 화물적재공간의 총적재화물의 무게가 운전자를 제외한 승객이 승차공간에 모두 탑승했을 때의 승객의 무게보다 많은 자동차
   ㉣ 특수자동차 : 다른 자동차를 견인하거나 구난작업 또는 특수한 용도로 사용하기에 적합하게 제작된 자동차로서 승용 자동차 · 승합자동차 또는 화물자동차가 아닌 자동차
   ㉤ 이륜자동차 : 총배기량 또는 정격출력의 크기와 관계없이 1인 또는 2인의 사람을 운송하기에 적합하게 제작된 이륜의 자동차 및 그와 유사한 구조로 되어 있는 자동차

5 다음 중 특별교통안전 권장교육의 종류가 아닌 것은?

① 벌점감경교육

② 배려운전교육

③ 현장참여교육

④ 고령운전교육

>ADVICE ② 배려교육은 권장교육이 아니고 특별교통안전 의무교육이다.

Tip

특별교통안전 권장교육〈시행규칙 제46조 제1항 별표16〉

교육구분	교육시간	교육과목 및 내용
법규준수교육(권장)	6시간	• 교통환경과 교통문화 • 안전운전의 기초 • 교통심리 및 행동이론 • 위험예측과 방어운전 • 운전유형 진단 교육 • 교통관련 법령의 이해
벌점감경교육	4시간	• 교통질서와 교통사고 • 운전자의 마음가짐 • 교통법규와 안전 • 운전면허 및 자동차 관리 등
현장참여교육	8시간	• 도로교통 현장 관찰 • 음주 등 위험상황에서의 운전 가상체험 • 교통법규 위반별 사고 사례분석 및 토의 등
고령운전교육	3시간	• 신체노화와 안전운전 • 약물과 안전운전 • 인지능력 자가진단 및 그 결과에 따른 안전운전 요령 • 교통관련 법령의 이해 • 고령운전자 교통사고 실태

✎ **ANSWER** 4.③ 5.②

6 다음 중 벌칙이 가장 무거운 법정형은?

① 교통단속용 장비의 기능을 방해하는 장치를 한 차를 운전한 사람
② 경찰관서에서 사용하는 무전기와 동일한 주파수의 무전기를 사용하여 운전한 사람
③ 긴급자동차가 아닌 자동차에 부착된 경광등, 사이렌 또는 비상등을 부착하여 운전한 사람
④ 「자동차 및 자동차부품의 성능과 기준에 관한 규칙」에서 정하지 아니한 것으로서 안전운전에 현저히 장애가 될 정도의 장치를 부착하여 운전한 사람

>ADVICE ①은 6개월 이하의 징역이나 200만 원 이하의 벌금
　　　　나머지 ②③④는 불법부착장치관련 운전으로 범칙금 대상이다.(승합자동차 등 2만 원, 승용자동차 등 2만 원)

7 다음 교통정리가 없는 교차로에서 양보운전 중 올바르지 않은 것은?

① 이미 교차로에 들어가 있는 다른 차가 있을 때에는 그 차에 진로를 양보한다.
② 폭이 넓은 도로로부터 교차로에 들어가려고 하는 차에 진로를 양보한다.
③ 교차로에 동시에 들어가려고 하는 차의 운전자는 우측도로의 차에 진로를 양보한다.
④ 교차로에서 직진하려고 하는 차의 운전자는 좌회전하려는 차에 진로를 양보한다.

>ADVICE 교통정리가 없는 교차로에서의 양보운전〈법 제26조〉
　　　ⓐ 교통정리를 하고 있지 아니하는 교차로에 들어가려고 하는 차의 운전자는 이미 교차로에 들어가 있는 다른 차가 있을 때에는 그 차에 진로를 양보하여야 한다.
　　　ⓑ 교통정리를 하고 있지 아니하는 교차로에 들어가려고 하는 차의 운전자는 그 차가 통행하고 있는 도로의 폭보다 교차하는 도로의 폭이 넓은 경우에는 서행하여야 하며, 폭이 넓은 도로로부터 교차로에 들어가려고 하는 다른 차가 있을 때에는 그 차에 진로를 양보하여야 한다.
　　　ⓒ 교통정리를 하고 있지 아니하는 교차로에 동시에 들어가려고 하는 차의 운전자는 우측도로의 차에 진로를 양보하여야 한다.
　　　ⓓ 교통정리를 하고 있지 아니하는 교차로에서 좌회전하려고 하는 차의 운전자는 그 교차로에서 직진하거나 우회전하려는 다른 차가 있을 때에는 그 차에 진로를 양보하여야 한다.

8 다음 중 자율주행자동차의 대한 설명으로 틀린 것은? [기출 변형]

① "자율주행자동차"란 운전자 또는 승객의 조작 없이 자동차 스스로 운행이 가능한 자동차를 말한다.
② "완전 자율주행자동차"은 모든 영역에서 운전자의 개입 없이 자동차를 운행하는 자율주행시스템을 갖춘 자동차를 말한다.
③ "부분 자율주행자동차"은 지정된 조건에서 운전자의 개입 없이 자동차를 운행하는 자율주행시스템을 갖춘 자동차를 말한다.
④ "완전 자율주행자동차"에 해당하지 않는 자동차를 운전하는 자율주행 운전자는 자율주행시스템의 직접 운전 요구에 지체없이 대응하여 조향장치, 제동장치 및 그 밖의 장치를 직접 조작하여 운전하여야 한다.

>ADVICE 자율주행자동차 상용화 촉진 및 지원에 관한 법률

ⓐ 목적〈제1조〉: 이 법은 자율주행자동차의 도입·확산과 안전한 운행을 위한 운행기반 조성 및 지원 등에 필요한 사항을 규정하여 자율주행자동차의 상용화를 촉진하고 지원함으로써 국민의 생활환경 개선과 국가경제의 발전에 이바지함을 목적으로 한다.

ⓑ 용어정의〈제2조 제1항〉
  • 자율주행자동차 : 「자동차관리법」 제2조제1호의3에 따른 운전자 또는 승객의 조작 없이 자동차 스스로 운행이 가능한 자동차를 말한다.
  • 자율주행시스템 : 운전자 또는 승객의 조작 없이 주변상황과 도로 정보 등을 스스로 인지하고 판단하여 자동차를 운행할 수 있게 하는 자동화 장비, 소프트웨어 및 이와 관련한 모든 장치를 말한다.
  • 자율협력주행시스템 : 「도로교통법」 제2조제15호에 따른 신호기, 같은 조 제16호에 따른 안전표지, 「국가통합교통체계효율화법」 제2조제4호에 따른 교통시설 등을 활용하여 국토교통부령으로 정하는 바에 따라 자율주행기능을 지원·보완하여 효율성과 안전성을 향상시키는 「국가통합교통체계효율화법」 제2조제16호에 따른 지능형교통체계를 말한다.
  • 정밀도로지도 : 「공간정보의 구축 및 관리 등에 관한 법률」 제2조제8호에 따른 측량성과로서 국토교통부령으로 정하는 바에 따라 자율주행자동차의 운행에 활용 가능하도록 도로 등의 위치정보 등이 포함된 정밀전자지도를 말한다.
  • 자율주행자동차 시범운행지구 : 자율주행자동차의 연구·시범운행을 촉진하기 위하여 규제특례가 적용되는 구역으로서 제7조에 따라 지정되는 구역을 말한다.
  • 규제특례 : 규제를 완화 또는 배제하거나 규제권한을 이양하는 것으로서 제9조부터 제13조까지 규정된 사항을 말한다.
  • 자율협력주행 인증 : 자율협력주행 과정에서 일어나는 통신 등의 안전성 및 신뢰성을 확보하기 위하여 자동차, 노변기지국 등 도로교통의 구성요소들을 식별하고 증명하는 행위를 말한다.
  • 인증서 : 자율협력주행 인증을 위한 전자적 정보를 말한다.
  • 자율협력주행 인증업무 : 자율협력주행 인증, 인증서의 발급·관리 및 폐지 등 자율협력주행 인증서비스를 제공하는 업무를 말한다.
  • 인증기관 : 자율협력주행 인증업무를 수행하는 기관으로서 제28조제1항에 따라 지정받은 자를 말한다.
  • 가입자 : 인증기관으로부터 인증서를 발급받은 자동차, 노변기지국 등의 소유자 또는 관리자를 말한다.

ⓒ 자율주행자동차의 종류〈제2조 제2항〉
  • 부분 자율주행자동차 : 제한된 조건에서 자율주행시스템으로 운행할 수 있으나 작동한계상황 등 필요한 경우 운전자의 개입을 요구하는 자율주행자동차
  • 완전 자율주행자동차 : 자율주행시스템만으로 운행할 수 있어 운전자가 없거나 운전자 또는 승객의 개입이 필요하지 아니한 자율주행자동차
  ☞ 종류는 국토교통부령으로 정하는 바에 따라 세분할 수 있다.

 ANSWER 6.① 7.④ 8.③

9 다음은 주차위반 차의 견인·보관 및 반환 등을 위한 조치에 대한 내용이다. (   )안에 들어갈 숫자를 모두 더하면?

㉠ 경찰서장, 도지사 또는 시장 등은 차를 견인하였을 때부터 (   )시간이 경과되어도 이를 인수하지 아니하는 때에는 해당 차의 보관장소 등 행정안전부령이 정하는 사항을 해당 차의 사용자 또는 운전자에게 등기우편으로 통지하여야 한다.

㉡ 법 제35조 제4항에 따라 차를 견인한 날부터 (   )일간 해당 기관의 게시판에 다음 각 호의 사항을 공고하고, 행정안전부령으로 정하는 바에 따라 열람부를 작성·비치하여 관계자가 열람할 수 있도록 하여야 한다.

㉢ 운전자가 조치 또는 공고를 한 날부터 (   )개월 이내에 그 반환을 요구하지 아니할 때에는 대통령령으로 정하는 바에 따라 그 차를 매각하거나 폐차할 수 있다.

---

① 39

② 42

③ 63

④ 65

>**ADVICE** ㉠ 24시간 ㉡ 14일 ㉢ 1개월

㉠ 경찰서장, 도지사 또는 시장 등은 차를 견인하였을 때부터 24시간이 경과되어도 이를 인수하지 아니하는 때에는 해당 차의 보관장소 등 행정안전부령이 정하는 사항을 해당 차의 사용자 또는 운전자에게 등기우편으로 통지하여야 한다〈시행령 제13조 제3항〉.

㉡ 경찰서장, 도지사 또는 시장 등은 견인하여 보관하고 있는 차의 사용자나 운전자를 알 수 없는 경우에는 법 제35조 제4항에 따라 차를 견인한 날부터 14일간 해당 기관의 게시판에 다음 각 호의 사항을 공고하고, 행정안전부령으로 정하는 바에 따라 열람부를 작성·비치하여 관계자가 열람할 수 있도록 하여야 한다〈시행령 제13조 제4항〉.

㉢ 경찰서장이나 시장 등은 제3항과 제4항에 따라 차의 반환에 필요한 조치 또는 공고를 하였음에도 불구하고 그 차의 사용자나 운전자가 조치 또는 공고를 한 날부터 1개월 이내에 그 반환을 요구하지 아니할 때에는 대통령령으로 정하는 바에 따라 그 차를 매각하거나 폐차할 수 있다〈법 제35조 제5항〉.

10 아래 법 조항에 따라 시·군공무원이 발급하는 출석고지시의 발급대상에 해당되지 않는 운전자는?

> 시·군공무원은 위반한 운전자가 있으면 행정안전부령으로 정하는 바에 따라 현장에서 위반행위의 요지와 경찰서장(제주특별자치도의 경우 제주특별자치도지사로 한다. 이하 이 조에서 같다)에게 출석할 기일 및 장소 등을 구체적으로 밝힌 고지서를 발급하고, 운전면허증의 제출을 요구하여 이를 보관할 수 있다.
>
> – 도로교통법 제143조의 일부 –

① 제15조 제3항에 따른 전용차로 통행금지 의무 위반
② 제24조 제1항에 따른 철길건널목 일시정지 의무 위반
③ 제29조 제4항·제5항에 따른 긴급자동차에 대한 진로양보 의무 위반
④ 제32조부터 제34조까지의 규정에 따른 정차 및 주차 금지 의무 위반

>**ADVICE** 시·군 공무원이 발부하는 출석고지서 발부 대상은 3가지이다
> ㉠ 전용차로 통행 금지 의무
> ㉡ 긴급자동차 진로양보 의무 위반
> ㉢ 주·정차 금지 의무 위반

✎ **ANSWER** 9.① 10.②

1 다음 중 올바른 운전방법이 아닌 것은?

① 다른 차를 앞지르려면 앞차의 좌측으로 통행하여야 한다.
② 서행하거나 정지한 다른 차를 앞지르려면 주위 확인 후 천천히 추월하여야 한다.
③ 교통정리를 하고 있지 아니하는 교차로에서 좌회전하려고 하는 차의 운전자는 그 교차로에서 직진하거나 우회전하려는 다른 차가 있을 때에는 그 차에 진로를 양보하여야 한다.
④ 폭이 넓은 도로로부터 교차로에 들어가려고 하는 차에 진로를 양보한다.

〉ADVICE　② 서행하거나 정지한 다른 차를 앞지르려고 하는 모든 차의 운전자는 반대방향의 교통과 앞차 앞쪽의 교통에도 주의를 충분히 기울여야 하며, 앞차의 속도·진로와 그 밖의 도로상황에 따라 방향지시기·등화 또는 경음기(警音機)를 사용하는 등 안전한 속도와 방법으로 앞지르기를 하여야 한다〈법 제21조 제3항〉.

2 다음 중 교통안전교육관련 내용으로 옳지 않은 설명은? [기출 변형]

① 75세 이상인 사람으로서 운전면허를 받으려는 사람은 교통안전교육을 받아야 한다.
② 교통안전교육 기관이나 시설은 대통령령으로 정하는 시설·설비 및 강사 등의 요건을 갖추어야 한다.
③ 도로교통 관련 행정 또는 교육 업무에 3년 이상 종사한 경력이 있는 사람으로서 대통령령으로 정하는 교통안전교육강사 자격교육을 받은 사람은 강사가 가능하다.
④ 교통안전교육기관의 장은 해당 교통안전교육기관의 운영을 1개월 이상 정지하거나 폐지하려면 정지 또는 폐지하려는 날의 7일 전까지 행정안전부령으로 정하는 바에 따라 시·도경찰청장에게 신고하여야 한다.

〉ADVICE　③ 도로교통 관련 행정 또는 교육 업무에 2년 이상 종사한 경력이 있는 사람으로서 대통령령으로 정하는 교통안전교육강사 자격교육을 받은 사람은 강사가 가능하다.
　※ 교통안전교육강사의 자격기준 등〈법 제76조〉
　　㉠ 교통안전교육강사의 자격
　　　• 경찰청장이 발급한 학과교육 강사자격증을 소지한 사람
　　　• 도로교통 관련 행정 또는 교육 업무에 2년 이상 종사한 경력이 있는 사람으로서 대통령령으로 정하는 교통안전교육강사 자격교육을 받은 사람
　　㉡ 교통안전교육강사의 결격사유
　　　• 20세 미만인 사람
　　　• 「교통사고처리 특례법」 제3조 제1항 또는 「특정범죄 가중처벌 등에 관한 법률」 제5조의3을 위반하여 금고 이상의 형을 선고받고 그 집행이 끝나거나 집행이 면제된 날부터 2년이 지나지 아니한 사람
　　　• 「교통사고처리 특례법」 제3조 제1항 또는 「특정범죄 가중처벌 등에 관한 법률」 제5조의3을 위반하여 금고 이상의 형을 선고받고 그 집행유예기간 중에 있는 사람
　　　• 자동차를 운전할 수 있는 운전면허를 받지 아니한 사람 또는 초보운전자

3 다음 중 정차 금지장소가 아닌 것은? [기출 변형]

① 횡단보도로부터 10미터 이내인 곳
② 도로공사를 하고 있는 경우 그 공사 구역의 양쪽 가장자리로부터 5미터 이내인 곳
③ 도로 모퉁이로부터 5미터 이내인 곳
④ 안전지대가 설치된 도로에서는 그 안전지대의 사방으로부터 각각 10미터 이내인

>ADVICE ②는 주차금지의 장소이다.

Tip

정차 및 주차의 금지〈법 제32조〉

㉠ 교차로 · 횡단보도 · 건널목이나 보도와 차도가 구분된 도로의 보도(차도와 보도에 걸쳐서 설치된 노상주차장은 제외한다)
㉡ 교차로의 가장자리나 도로의 모퉁이로부터 5미터 이내인 곳
㉢ 안전지대가 설치된 도로에서는 그 안전지대의 사방으로부터 각각 10미터 이내인 곳
㉣ 버스여객자동차의 정류지(停留地)임을 표시하는 기둥이나 표지판 또는 선이 설치된 곳으로부터 10미터 이내인 곳. 다만, 버스여객자동차의 운전자가 그 버스여객자동차의 운행시간 중에 운행노선에 따르는 정류장에서 승객을 태우거나 내리기 위하여 차를 정차하거나 주차하는 경우에는 그러하지 아니하다.
㉤ 건널목의 가장자리 또는 횡단보도로부터 10미터 이내인 곳
㉥ 다음 각 목의 곳으로부터 5미터 이내인 곳
  • 「소방기본법」 제10조에 따른 소방용수시설 또는 비상소화장치가 설치된 곳
  • 「소방시설 설치 및 관리에 관한 법률」 제2조 제1항 제1호에 따른 소방시설로서 대통령령으로 정하는 시설이 설치된 곳
㉦ 시 · 도경찰청장이 도로에서의 위험을 방지하고 교통의 안전과 원활한 소통을 확보하기 위하여 필요하다고 인정하여 지정한 곳
㉧ 시장 등이 지정한 어린이 보호구역
☞ 다만, 도로교통법이나 도로교통법에 따른 명령 또는 경찰공무원의 지시를 따르는 경우와 위험방지를 위하여 일시정지 하는 경우에는 그러하지 아니하다.

주차금지의 장소〈법 제33조〉

㉠ 터널 안 및 다리 위
㉡ 다음의 곳으로부터 5미터 이내인 곳
  • 도로공사를 하고 있는 경우에는 그 공사 구역의 양쪽 가장자리
  • 다중이용업소의 영업장이 속한 건축물로 소방본부장의 요청에 의하여 시 · 도경찰청장이 지정한 곳
㉢ 시 · 도경찰청장이 도로에서의 위험을 방지하고 교통의 안전과 원활한 소통을 확보하기 위하여 필요하다고 인정하여 지정한 곳

✎ **ANSWER** 1.② 2.③ 3.②

4 다음 중 안전표지에 대한 설명으로 옳은 것은?

① 지시표지 : 도로상태가 위험하거나 도로 또는 그 부근에 위험물이 있는 경우에 필요한 안전 조치를 할 수 있도록 이를 도로사용자에게 알리는 표지

② 주의표지 : 도로의 통행방법·통행구분 등 도로교통의 안전을 위하여 필요한 경우에 도로사용자가 이에 따르도록 알리는 표지

③ 보조표지 : 도로교통의 안전을 위하여 각종 주의·규제·지시 등의 내용을 기호·문자 또는 선으로 도로사용자에게 알리는 표지

④ 규제표지 : 도로교통의 안전을 위하여 각종 제한·금지 등을 하는 경우에 이를 도로사용자에게 알리는 표지

> **ADVICE** 교통안전표지의 종류〈시행규칙 제8조 제1항〉
> ㉠ 주의표지 : 도로의 상태가 위험하거나 도로 또는 그 부근에 위험물이 있는 경우 안전조치를 할 수 있도록 도로사용자에게 알리는 표지
> ㉡ 규제표지 : 도로교통의 안전을 위하여 각종제한·금지 등의 규제를 하는 경우에 이를 도로 사용자에게 알리는 표지
> ㉢ 지시표지 : 도로의 통행방법·통행구분 등 도로 교통의 안전을 위하여 필요한 지시를 하는 경우에 도로 사용자가 이를 따르도록 알리는 표지
> ㉣ 보조표지 : 주의·규제·지시표지의 주 기능을 보충하여 도로 사용자에게 알리는 표지
> ㉤ 노면표시 : 도로 교통의 안전을 위하여 각종 주의·규제·지시 등의 내용을 노면에 기호·문자 또는 선으로 도로 사용자에게 알리는 표지

5 도로교통법상 좌석안전띠를 매지 않아도 되는 경우가 아닌 것은?

① 자동차를 주차시키고 있을 때

② 긴급자동차가 그 본래의 용도로 운행되고 있는 때

③ 부상·질병·장애 또는 임신한 자가 자동차를 운전하거나 승차하는 때

④ 경호 등을 위한 경찰용 자동차에 의하여 호위되거나 유도되고 있는 자동차를 운전하거나 승차하는 때

> **ADVICE** 안전띠 착용 예외사유
> ㉠ 법에서 정하는 예외〈법 제50조 제1항〉 : 질병 등으로 인하여 좌석 안전띠를 매는 것이 곤란한 경우
> ㉡ 행정안전부령에서 정하는 예외〈시행규칙 제31조〉
> • 부상·질병·장애 또는 임신 등으로 인하여 좌석안전띠의 착용이 적당하지 아니하다고 인정되는 자가 자동차를 운전하거나 승차하는 때
> • 자동차를 후진시키기 위하여 운전하는 때
> • 신장·비만, 그 밖의 신체의 상태에 의하여 좌석안전띠의 착용이 적당하지 아니하다고 인정되는 자가 자동차를 운전하거나 승차하는 때
> • 긴급자동차가 그 본래의 용도로 운행되고 있는 때

- 경호 등을 위한 경찰용 자동차에 의하여 호위되거나 유도되고 있는 자동차를 운전하거나 승차하는 때
- 「국민투표법」 및 공직선거관리법령에 의하여 국민투표운동 · 선거운동 및 국민투표 · 선거관리업무에 사용되는 자동차를 운전하거나 승차하는 때
- 우편물의 집배, 폐기물의 수집 그 밖에 빈번히 승강하는 것을 필요로 하는 업무에 종사하는 자가 해당업무를 위하여 자동차를 운전하거나 승차하는 때
- 「여객자동차 운수사업법」에 의한 여객 자동차 운송 사업용 자동차의 운전자가 승객의 주취, 약물복용 등으로 좌석안전띠를 매도록 할 수 없는 때

6 다음 보기에서 벌점이 동일한 것을 묶은 것은?

⊙ 공동위험행위로 형사입건된 때
ⓒ 운전 중 휴대용 전화사용
ⓒ 고속도로 버스전용차로 · 다인승전용차로 통행위반
ⓔ 앞지르기 방법위반
ⓜ 철길건널목 통과방법위반

---

① ⊙, ⓜ
② ⓒ, ⓔ
③ ⓒ, ⓜ
④ ⓔ, ⓜ

>ADVICE 〈시행규칙 별표 28〉 참조
　　　⊙ 40점　ⓒ 15점　ⓒ 30점　ⓔ 10점　ⓜ 30점

7 다음 괄호 안에 들어갈 숫자로 알맞은 것은?

> 차로의 너비는 (㉠)미터 이상으로 하여야 한다. 다만, (㉡)설치 등 부득이하다고 인정되는 때에는 (㉢)센티미터 이상으로 할 수 있다.

	㉠	㉡	㉢
①	3	버스전용차로	265
②	3	일방통행차로	265
③	3	좌회전전용차로	275
④	3	우회전전용차로	275

)ADVICE 차로의 너비는 3미터 이상으로 하여야 한다. 다만, 좌회전전용차로의 설치 등 부득이하다고 인정되는 때에는 275센티미터 이상으로 할 수 있다〈시행규칙 제15조 제2항〉.

8 최고속도의 절반으로 운행해야 하는 경우는?

① 눈이 10밀리미터 미만 쌓인 경우
② 눈이 10밀리미터 이상 쌓인 경우
③ 비가 내려 노면이 젖어 있는 경우
④ 노면이 얼어붙은 경우

)ADVICE 비, 바람, 안개, 눈 등 악천후 시 감속운행 속도〈시행규칙 제19조 제2항〉

감속운행 속도	도로의 상태
최고 속도의 20/100	• 비가 내려 노면이 젖어 있는 경우 • 눈이 20mm 미만 쌓인 경우
최고 속도의 50/100	• 폭우 · 폭설 · 안개 등으로 가시거리가 100m 이내인 경우 • 노면이 얼어붙은 경우 • 눈이 20mm 이상 쌓인 경우

9 다음 중 도로교통법상 난폭운전의 경우가 아닌 것은?

① 속도를 위반하는 경우
② 정당한 사유 없이 소음을 발생하는 경우
③ 신호를 위반하는 경우
④ 차선변경을 무리하게 하는 경우

>ADVICE 난폭운전의 금지〈법 제46조의3〉
　　　㉠ 신호 또는 지시위반
　　　㉡ 중앙선침범
　　　㉢ 속도위반
　　　㉣ 횡단, 유턴, 후진금지 위반
　　　㉤ 안전거리 미확보, 진로변경금지위반, 급제동 금지 위반
　　　㉥ 앞지르기 방법 또는 앞지르기의 방해금지 위반
　　　㉦ 정당한 사유 없는 소음 발생
　　　㉧ 고속도로에서의 앞지르기 방법 위반
　　　㉨ 고속도로 등에서의 횡단, 유턴, 후진 금지 위반

10 다음 중 차도의 우측을 통행할 수 없는 경우는?

① 말·소 등의 큰 동물을 몰고 가는 사람
② 군부대나 그 밖에 이에 준하는 단체의 행렬
③ 신체장애인
④ 사다리, 목재, 그 밖에 보행자의 통행에 지장을 줄 우려가 있는 물건을 운반 중인 사람

>ADVICE 차도 우측으로 통행해야 하는 행렬〈법 제9조 제1항〉
　　　㉠ 학생의 대열
　　　㉡ 대통령령으로 정하는 행렬〈시행령 제7조〉
　　　　• 말·소 등의 큰 동물을 몰고 가는 사람
　　　　• 사다리·목재나 그 밖에 보행자의 통행에 지장을 줄 우려가 있는 물건을 운반 중인 사람
　　　　• 도로의 청소나 보수 등의 작업을 하고 있는 사람
　　　　• 군부대 그 밖에 이에 준하는 단체의 행렬
　　　　• 기(旗) 또는 현수막 등을 휴대한 행렬
　　　　• 장의(葬儀)행렬

 ANSWER 7.③　8.④　9.④　10.③

1 다음 중 경사진 곳에 주차 시 해야 할 일로 가장 옳은 것은?

① 고임목을 설치해야 하며, 핸들을 도로 가장자리로 돌려놓는다.
② 고임목을 설치해야 하며, 핸들을 차도로 돌려놓는다.
③ 주차제동장치를 가동하여 안전을 방지한다.
④ 도로 턱이 차량 오른쪽에 있으면 운전대를 왼쪽으로 완전히 꺾어야 한다.

>ADVICE ① 고임목을 설치해야 하며, 핸들을 도로 가장자리로 돌려놓는 것이 가장 정확하게 안전을 위한 조치이다.

2 다음 중 경찰공무원이 안전을 위하여 적절한 조치를 하여야 할 경우가 아닌 사람은?

① 교통이 빈번한 도로에서 놀고 있는 어린이
② 보호자 없이 도로를 보행하는 영유아
③ 앞을 보지 못하는 사람으로서 흰색 지팡이를 가지고 장애인보조견을 동반하여 걷고 있는 사람
④ 횡단보도나 교통이 빈번한 도로에서 보행에 어려움을 겪고 있는 노인(65세 이상)

>ADVICE 경찰공무원은 다음의 어느 하나에 해당하는 사람을 발견한 경우에는 그들의 안전을 위하여 적절한 조치를 하여야 한다〈법 제11조 제6항〉.
   ㉠ 교통이 빈번한 도로에서 놀고 있는 어린이
   ㉡ 보호자 없이 도로를 보행하는 영유아
   ㉢ 앞을 보지 못하는 사람으로서 흰색 지팡이를 가지지 아니하거나 장애인 보조견을 동반하지 아니하는 등 필요한 조치를 하지 아니하고 다니는 사람
   ㉣ 횡단보도나 교통이 빈번한 도로에서 보행에 어려움을 겪고 있는 노인(65세 이상)

3 운전면허의 취소처분 또는 정지처분에 대한 이의신청 기간으로 옳은 것은?

① 그 처분을 받은 날부터 15일 이내
② 그 처분을 받은 날부터 30일 이내
③ 그 처분을 받은 날부터 60일 이내
④ 그 처분을 받은 날부터 90일 이내

>ADVICE

운전면허 처분에 대한 이의신청〈법 제94조 제1항〉

㉠ 이의 신청자
- 운전면허 취소 처분 자
- 운전면허 정지 처분 자
- 연습운전면허 취소 처분 자

㉡ 이의신청 사유 : 처분에 대하여 이의(異議)가 있는 경우

㉢ 이의신청 기관 : 시 · 도경찰청장

㉣ 이의신청 기간 : 그 처분을 받은 날부터 60일 이내에 행정안전부령으로 정하는 바에 따라 이의를 신청할 수 있다.

4 다음 중 자동차 등 또는 노면전차의 운전 중에는 휴대용 전화(자동차용 전화를 포함한다)를 사용이 불가한 경우는?

① 자동차 등 또는 노면전차가 천천히 서행하면서 이동하는 경우
② 안전운전에 장애를 주지 아니하는 장치로서 대통령령으로 정하는 장치를 이용하는 경우
③ 긴급자동차를 운전하는 경우
④ 각종 범죄 및 재해 신고 등 긴급한 필요가 있는 경우

>ADVICE 운전자의 휴대전화 사용금지〈법 제49조 제1항 제10호〉

㉠ 휴대용 전화(자동차용 전화를 포함한다)를 사용하지 아니할 것

㉡ 예외 경우
- 자동차 등이 정지하고 있는 경우
- 긴급자동차를 운전하는 경우
- 각종 범죄 및 재해 신고 등 긴급한 필요가 있는 경우
- 안전운전에 장애를 주지 아니하는 장치로서 대통령령으로 정하는 장치를 이용하는 경우

㉢ 대통령령으로 정하는 장치〈시행령 제29조〉 : 손으로 잡지 아니하고도 휴대용 전화(자동차용 전화를 포함한다)를 사용할 수 있도록 해 주는 장치를 말한다.

✎ **ANSWER** 1.① 2.③ 3.③ 4.①

5 다음 중 자동차의 최고속도를 20/100으로 줄어야 하는 경우는?

① 비가 내려 노면이 젖어 있는 경우

② 노면이 얼어붙은 경우

③ 안개 등으로 가시거리가 100미터 이내인 경우

④ 눈이 20밀리미터 이상 쌓인 경우

》ADVICE 비, 바람, 안개, 눈 등 악천후 시 감속운행 속도〈시행규칙 제19조 제2항〉

감속운행 속도	도로의 상태
최고 속도의 20/100	• 비가 내려 노면이 젖어 있는 경우 • 눈이 20mm 미만 쌓인 경우
최고 속도의 50/100	• 폭우 · 폭설 · 안개 등으로 가시거리가 100m 이내인 경우 • 노면이 얼어붙은 경우 • 눈이 20mm 이상 쌓인 경우

6 밤에 도로에서 견인되는 차가 켜야 하는 등화로 옳은 것은?

① 전조등, 차폭등, 미등, 번호등, 실내조명등

② 미등, 차폭등, 번호등

③ 미등, 차폭등

④ 전조등, 미등

》ADVICE 밤에 자동차를 운행하는 경우 등화를 해야 하는 유형〈시행령 제19조 제1항〉

구분	켜야하는 등화
자동차	자동차안전기준에서 정하는 • 전조등 • 차폭등 • 미등 • 번호등 • 실내조명등(승합자동차와 여객자동차 운수 사업법에 따른 여객자동차 운송 사업용 승용자동차만 해당한다)
원동기장치자전거	전조등 · 미등
견인되는 차	미등 · 차폭등 · 번호등
노면전차	전조등, 차폭등, 미등, 실내조명등
위 구분 외의 모든 차	시 · 도경찰청장이 정하여 고시하는 등화

도로에서 주·정차할 때 켜야 하는 등화의 종류(고장이나 부득이한 사유)〈시행령 제19조 제2항〉

구분	켜야하는 등화
자동차(이륜자동차는 제외한다)	자동차안전기준에서 정하는 미등·차폭등
이륜자동차 및 원동기장치자전거	미등(후부 반사기를 포함한다)
노면전차	차폭등 및 미등
위 구분 외의 모든 차	시·도경찰청장이 정하여 고시하는 등화

7 다음 중 「도로교통법 시행령」 제7조에 의거 차도의 우측으로 통행할 수 있는 경우가 아닌 것은?

① 장의 행렬
② 5인 이상 차도의 통행
③ 도로에서 청소나 보수 등의 작업을 하고 있는 사람
④ 군부대의 행렬

〉ADVICE 차도 우측으로 통행해야 하는 행렬〈법 제9조 제1항〉
　　㉠ 학생의 대열
　　㉡ 대통령령으로 정하는 행렬〈시행령 7조〉
　　　• 말·소 등의 큰 동물을 몰고 가는 사람
　　　• 사다리·목재나 그 밖에 보행자의 통행에 지장을 줄 우려가 있는 물건을 운반 중인사람
　　　• 도로의 청소나 보수 등의 작업을 하고 있는 사람
　　　• 군부대 그 밖에 이에 준하는 단체의 행렬
　　　• 기(旗) 또는 현수막 등을 휴대한 행렬
　　　• 장의(葬儀)행렬

ANSWER 5.① 6.② 7.②

8 다음 중 앞지르기의 금지 시기 및 장소에 대한 내용이 잘못된 것은?

① 앞차가 다른 차를 앞지르고 있거나 앞지르려고 하는 경우

② 앞차의 좌측에 다른 차가 앞차와 나란히 가고 있는 경우

③ 경찰공무원의 지시에 따라 앞차가 서행하고 있을 경우

④ 왕복 4차선에서 앞차가 서행 중일 경우

>**ADVICE** ④ 왕복 4차선에서 앞차가 서행 중일 경우는 앞지르기가 가능하며, ①②③은 앞지르기가 금지된다.

Tip

앞지르기 금지의 시기 및 장소〈법 제22조〉

구분	내용
앞차를 앞지르지 못하는 경우	• 앞차의 좌측에 다른 차가 앞차와 나란히 가고 있을 때 • 앞차가 다른 차를 앞지르고 있거나 앞지르려고 하고 있을 때
다른 차를 앞지르지 못하는 경우	• 이 법이나 이 법에 따른 명령에 따라 정지하거나 서행하고 있는 차 • 경찰공무원의 지시에 따라 정지하거나 서행하고 있는 차 • 위험을 방지하기 위하여 정지하거나 서행하고 있는 차
앞지르지 금지 장소	• 교차로, 터널 안, 다리 위 • 도로의 구부러진 곳, 비탈길의 고갯마루 부근 또는 가파른 비탈길의 내리막 등 시·도경찰청장이 필요하다 인정하여 안전표지로 지정한 곳 ☞ 오르막길은 앞지르지 금지 장소가 아니다.

9 다음 중 보복운전으로 입건 시 처분 벌점으로 맞는 것은?

① 30점
② 50점
③ 60점
④ 100점

> ADVICE 난폭운전과 보복운전
> ㉠ 난폭운전 : 불특정인 대상 → 도로교통법적용 → 벌점 40점(입건 시)
> ㉡ 보복운전 : 특정인대상 → 형법적용 → 벌점 100점(입건 시)

10 다음 중 주차 및 정차의 금지장소가 아닌 곳은?

① 건널목의 가장자리 또는 횡단보도로부터 10m 이내인 곳
② 「주차장 법」에 따라 차도와 보도에 걸쳐서 설치된 노상주차장
③ 안전지대가 설치된 도로에서는 그 안전지대 사방으로부터 각각 10m 이내인 곳
④ 교차로의 가장자리나 도로의 모퉁이로부터 5m 이내인 곳

>ADVICE ② 차도와 보도에 걸쳐서 설치된 노상주차장은 정차 및 주차의 금지장소에서 제외된다.

> **Tip**
>
> **정차 및 주차의 금지**〈법 제32조〉
> ㉠ 교차로 · 횡단보도 · 건널목이나 보도와 차도가 구분된 도로의 보도(차도와 보도에 걸쳐서 설치된 노상주차장은 제외한다)
> ㉡ 교차로의 가장자리나 도로의 모퉁이로부터 5미터 이내인 곳
> ㉢ 안전지대가 설치된 도로에서는 그 안전지대의 사방으로부터 각각 10미터 이내인 곳
> ㉣ 버스여객자동차의 정류지(停留地)임을 표시하는 기둥이나 표지판 또는 선이 설치된 곳으로부터 10미터 이내인 곳. 다만, 버스여객자동차의 운전자가 그 버스여객자동차의 운행시간 중에 운행노선에 따르는 정류장에서 승객을 태우거나 내리기 위하여 차를 정차하거나 주차하는 경우에는 그러하지 아니하다.
> ㉤ 건널목의 가장자리 또는 횡단보도로부터 10미터 이내인 곳
> ㉥ 다음 각 목의 곳으로부터 5미터 이내인 곳
>   • 「소방기본법」 제10조에 따른 소방용수시설 또는 비상소화장치가 설치된 곳
>   • 「소방시설 설치 및 관리에 관한 법률」 제2조 제1항 제1호에 따른 소방시설로서 대통령령으로 정하는 시설이 설치된 곳
> ㉦ 시 · 도경찰청장이 도로에서의 위험을 방지하고 교통의 안전과 원활한 소통을 확보하기 위하여 필요하다고 인정하여 지정한 곳
> ㉧ 시장 등이 지정한 어린이 보호구역
> ☞ 다만, 도로교통법이나 도로교통법에 따른 명령 또는 경찰공무원의 지시를 따르는 경우와 위험방지를 위하여 일시정지 하는 경우에는 그러하지 아니하다.

1 도로교통법상 앞지르기가 금지 시기 및 장소에 대한 내용으로 틀린 것은?

① 도로가 구부러진 곳과 고갯마루 또는 비탈길 오르막은 앞지르기가 금지되는 장소이다.

② 교차로, 터널 안, 다리 위는 앞지르기가 금지된다.

③ 앞차의 좌측에 다른 차가 앞차와 나란히 가고 있는 경우 앞지르기가 금지된다.

④ 앞차가 다른 차를 앞지르고 있거나 앞지르려고 하는 경우 앞지르기가 금지된다.

>ADVICE 앞지르기 금지의 시기 및 장소〈법 제22조〉

구분	내용
앞차를 앞지르지 못하는 경우	• 앞차의 좌측에 다른 차가 앞차와 나란히 가고 있을 때 • 앞차가 다른 차를 앞지르고 있거나 앞지르려고 하고 있을 때
다른 차를 앞지르지 못하는 경우	• 도로교통법이나 도로교통법에 따른 명령에 따라 정지하거나 서행하고 있는 차 • 경찰공무원의 지시에 따라 정지하거나 서행하고 있는 차 • 위험을 방지하기 위하여 정지하거나 서행하고 있는 차
앞지르지 금지 장소	• 교차로 • 터널 안 • 다리 위 • 도로의 구부러진 곳, 비탈길의 고갯마루 부근 또는 가파른 비탈길의 내리막 등 시·도경찰청장이 도로에서의 위험을 방지하고 교통의 안전과 원활한 소통을 확보하기 위하여 필요하다고 인정하는 곳으로서 안전표지로 지정한 곳

✎ **ANSWER** 10.② / 1.①

2 도로교통법상 경찰공무원이 안전을 위해서 적절한 조치를 하여할 사람으로 옳지 않은 것은?

① 횡단보도와 교통이 빈번한 도로에서 보행이 불편한 60대 노인

② 교차로 및 교통이 빈번한 도로에서 노는 어린이

③ 보호자 없이 혼자 도로를 보행하는 어린이

④ 앞이 보이지 않은 사람이 흰색 지팡이가 없고, 보조견도 없으며 보행에 적절한 조치가 없는 사람

> **ADVICE** 경찰공무원은 다음의 어느 하나에 해당하는 사람을 발견한 경우에는 그들의 안전을 위하여 적절한 조치를 하여야 한다〈법 제11조 제6항〉.
> ㉠ 교통이 빈번한 도로에서 놀고 있는 어린이
> ㉡ 보호자 없이 도로를 보행하는 영유아
> ㉢ 앞을 보지 못하는 사람으로서 흰색 지팡이를 가지지 아니하거나 장애인 보조견을 동반하지 아니하는 등 필요한 조치를 하지 아니하고 다니는 사람
> ㉣ 횡단보도나 교통이 빈번한 도로에서 보행에 어려움을 겪고 있는 노인(65세 이상)

3 한국도로교통공단으로부터 통보받은 시·도경찰청장이 운전면허를 받을 사람 또는 적성검사를 받은 사람에게 붙이거나 바꿀 수 있는 자동차 등의 구조를 한정하는 조건으로 옳지 않은 것은?

① 신체장애에 적합하게 제작 및 승인된 자동차 조건

② 가속페달과 브레이크를 손으로 조작하는 장치, 왼쪽 방향지시기, 오른쪽 가속페달을 부착하는 조건

③ 삼륜이상 원동기장치자전거만 운전하는 조건

④ 자동변속기장착 자동차만 운전하는 조건

> **ADVICE** ② 가속페달 또는 브레이크를 손으로 조작하는 장치, 오른쪽 방향지시기 또는 왼쪽 엑셀레이터를 부착하도록 하는 조건

운전면허의 조건 등〈법 제80조 제3항, 제4항 시행규칙 제54조〉

시·도경찰청장은 운전면허를 받을 사람의 신체상태 또는 운전능력에 따라 행정안전부령으로 정하는 바에 따라 운전할 수 있는 자동차 등의 구조를 한정하는 등 운전면허에 필요한 조건을 붙일 수 있다〈법 제83조 제3항〉.

운전면허를 새로 발급하는 경우	〈조건의 종류〉 ㉠ 자동차 등의 구조를 한정하는 조건 　• 자동변속기장치 자동차만을 운전하도록 하는 조건 　• 삼륜 이상의 원동기장치자전거(이하 "다륜형 원동기장치자전거"라 한다) 만을 운전하도록 하는 조건 　• 가속페달 또는 브레이크를 손으로 조작하는 장치, 오른쪽 방향지시기 또는 왼쪽 엑셀레이터를 부착하도록 하는 조건 　• 신체장애 정도에 적합하게 제작·승인된 자동차 등만을 운전하도록 하는 조건 ㉡ 의수·의족·보청기 등 신체상의 장애를 보완하는 보조수단을 사용하도록 하는 조건 ㉢ 청각장애인이 운전하는 자동차에는 청각장애인 표지와 충분한 시야를 확보할 수 있는 볼록거울을 별도로 부착하도록 하는 조건 〈병합부과〉 운전면허를 받을 사람 또는 적성검사를 받은 사람의 신체상의 상태 또는 운전능력에 따라 2 이상의 조건을 병합하여 부과할 수 있다. 〈통지 등〉 ㉠ 시·도경찰청장이 운전에 필요한 조건을 붙이거나 바꾼 때에는 그 내용을 한국도로교통공단에 통보하고, 그 통보를 받은 한국도로교통공단은 운전면허의 조건이 부과 되거나 변경되는 사람에게 별지 제40호의2 서식의 조건부과(변경)통지서에 따라 그 내용을 통지 하여야 한다. ㉡ 한국도로교통공단은 제4항에 따라 시·도경찰청장으로부터 통보를 받은 때에는 그 사람의 운전면허증과 자동차운전 면허대장, 정기적성검사대장 또는 수시적성검사대장에 그 내용을 기재하여야 한다. 〈조건의 변경 또는 해지〉 시·도경찰청장은 "자동차 등의 구조를 한정하는 조건"에 따른 조건을 바꾸거나 해지하려는 경우에는 법 제83조 제1항 제1호 및 제4호에 따른 적성 및 기능에 관한 시험에 합격한 사람에 한정하여 이를 할 수 있다
적성검사를 받은 사람에 대한 조건부과	㉠ 시·도경찰청장은 법 제87조 및 제88조에 따라 적성검사를 받은 사람의 신체 상태 또는 운전 능력에 따라 조건을 새로 붙이거나 변경할 수 있다〈법 제80조 제4항〉. ㉡ 한국도로교통공단은 법 제 83조 제1항 제1호, 제87조 및 제88조에 따라 실시한 적성검사 결과가 운전면허에 조건을 붙여야 하거나 변경이 필요하다고 판단되는 경우에는 그 내용을 시·도경찰청장에게 통보하여야 한다〈시행규칙 제54조 제1항〉.

✎ **ANSWER**　2.① 3.②

4 도로교통법에 따른 운전자의 준수사항으로 옳은 것은?

① 원동기 동력을 바퀴에 전달하지 않을 시 원동기 회전수를 증가할 수 있다.

② 차량이 정지 시 휴대폰을 사용하면 안 된다.

③ 운전 시 자동차 등 또는 노면전차의 좌우 또는 전후방을 볼 수 있도록 도움을 주는 영상표시장치는 영상이 표시되도록 할 수 있다.

④ 화물적재함에 적재중량과 동일한 사람을 태울 수 있다.

>**ADVICE** ① 자동차 등의 원동기 동력을 차의 바퀴에 전달시키지 아니하고 원동기의 회전수를 증가시키는 행위를 하여서는 아니된다(공회전 금지).
　② 자동차 등 또는 노면전차가 정지하고 있는 경우에는 휴대폰 사용이 가능하다.
　④ 운전자는 자동차의 화물 적재함에 사람을 태우고 운행할 수 없다.

5 도로교통법 시행령 상 장내기능 시험에 대한 설명으로 적절한 것은?

① 도로교통법규에 따라 운전하는 능력을 평가한다.

② 장내기능시험차량은 대통령령으로 지정된 차량을 사용한다.

③ 전자채점기로 채점하고, 다만, 경찰청장의 명령에 따라 기능시험은 운전면허시험관이 직접 채점한다.

④ 장내기능시험 불합격자는 불합격일자로부터 2일 이내에 재응시가 가능하다.

>**ADVICE** 자동차 등의 운전에 필요한 장내기능시험〈시행령 제48조〉
　㉠ 자동차 등의 운전에 필요한 기능에 관한 시험(이하 "장내기능시험"이라 한다)은 다음의 사항에 대하여 실시한다.
　　• 운전 장치를 조작하는 능력
　　• 교통법규에 따라 운전하는 능력
　　• 운전 중의 지각 및 판단 능력
　㉡ 장내기능시험에 사용되는 자동차 등의 종류는 행정안전부령으로 정한다.
　㉢ 장내기능시험은 전자채점기로 채점한다. 다만, 행정안전부령으로 정하는 기능시험은 운전면허시험관이 직접 채점할 수 있다.
　㉣ ㉢에 따른 전자채점기의 규격·설치 및 사용연한 등에 관하여 필요한 사항은 경찰청장이 정한다.
　㉤ 장내기능시험에 불합격한 사람은 불합격한 날부터 3일이 지난 후에 다시 장내기능 시험에 응시할 수 있다.

> **Tip**
> **운전면허시험관이 직접 채점할 수 있는 기능시험**〈시행규칙 제66조 제2항〉
> ㉠ 양팔을 쓸 수 없는 사람 및 신체상 또는 정신상의 장애가 있는 사람에 대한 기능시험
> ㉡ 경찰서장이 실시하는 원동기장치자전거면허 기능시험
> ㉢ 응시자의 일시적 증가로 인하여 운전면허시험장 외의 장소에서 실시하는 기능시험

6 도로교통법에 운전면허시험 전 받아야만 하는 교통안전교육 사항이 아닌 것은?

① 도로교통에 관련 법령과 지식
② 안전운전 능력
③ 어린이·장애인 및 노인의 교통사고 예방에 관한 사항
④ 도로운전에 필요한 지식과 기능

> ADVICE 운전면허시험 전 받아야만 하는 교통안전교육 사항〈법 제73조 제1항〉
> ㉠ 운전자가 갖추어야 하는 기본예절
> ㉡ 도로교통에 관한 법령과 지식
> ㉢ 안전운전 능력
> ㉣ 교통사고의 예방과 처리에 관한 사항
> ㉤ 어린이·장애인 및 노인의 교통사고 예방에 관한 사항
> ㉥ 친환경 경제운전에 필요한 지식과 기능
> ㉦ 긴급자동차에 길 터주기 요령
> ㉧ 그 밖에 교통안전의 확보를 위하여 필요한 사항

7 도로교통법에 따른 용어의 정의로 옳지 않은 것은?

① '차마'란 사람 또는 가축의 힘이나 그 밖의 동력으로 도로에서 운전되는 것과 교통운수에 사용되는 가축
② '정차'란 10분 이내 주행하지 않고 정지하는 것
③ '원동기장치자전거'「자동차관리법」제3조에 따른 이륜자동차 가운데 배기량 125cc 이하(전기를 동력으로 하는 경우에는 최고정격출력 11킬로와트 이하)의 이륜자동차
④ '일시정지'란 차 또는 노면전차의 운전자가 그 차 또는 노면전차의 바퀴를 일시적으로 완전히 정지시키는 것

> ADVICE 주, 정차의 용어 비교
> ㉠ 주차 : 운전자가 승객을 기다리거나 화물을 싣거나 차가 고장 나거나 그 밖의 사유로 차를 계속 정지 상태에 두는 것 또는 운전자가 차에서 떠나서 즉시 그 차를 운전할 수 없는 상태에 두는 것을 말한다.
> ㉡ 정차 : 운전자가 5분을 초과하지 아니하고 차를 정지시키는 것으로서 주차 외의 정지 상태를 말한다.

✎ **ANSWER** 4.③ 5.① 6.④ 7.②

8 도로교통법에 차마의 통행방법으로 옳지 않은 것은?

① 도로 외의 곳으로 출입할 때에는 보도를 횡단하여 통행할 수 있다.
② 도로 우측 부분의 폭이 6미터가 되지 아니하는 도로에서 다른 차를 앞지르려는 경우에는 도로의 중앙이나 좌측 부분을 통행할 수 있다.
③ 규정 속도로 주행하는 것이 원칙이나, 교통이 밀리거나 그 밖의 부득이한 사유로 최저속도보다 느리게 운전할 수밖에 없는 경우에는 그러하지 아니하다.
④ 경사진 곳에서 차량을 마주쳤을 때에는 내려가는 차량이 도로 우측 가장자리로 양보한다.

》**ADVICE** 진로 양보의 의무〈법 제20조〉

  ㉠ 앞·뒤차의 진로양보의무 : 모든 차(긴급자동차는 제외한다)의 운전자는 뒤에서 따라오는 차보다 느린 속도로 가려는 경우에는 도로의 우측 가장자리로 피하여 진로를 양보하여야한다.(단, 통행구분이 설치된 도로의 경우에는 그러하지 아니하다)
  ㉡ 마주보고 진행할 때 진로양보의무(좁은 도로에서의 양보) : 자동차(긴급자동차는 제외한다)의 운전자는 서로 마주보고 진행할 때 비탈진 좁은 도로에서는 내려가는 자동차에 올라가는 자동차가, 비탈진 좁은 도로 외의 좁은 도로에선 사람을 태웠거나 물건을 실은 자동차에 동승자가 없고 물건을 싣지 아니한 자동차가 도로의 우측 가장자리로 피하여 진로를 양보해야 한다.

9 비, 안개, 눈 등에 따른 감속 운행 조건으로 옳은 것은?

① 비로 젖은 도로를 주행 시에는 최고속도의 100분의 10을 줄인 속도로 운행하여야 한다.
② 폭우, 눈, 안개로 가시거리가 100m 이하일 때 도로를 주행 시에는 최고속도의 100분의 30을 줄인 속도로 운행하여야 한다.
③ 빙판 도로를 주행 시에는 최고속도의 100분의 90을 줄인 속도로 운행하여야 한다.
④ 눈이 20mm 이상 쌓여있는 도로를 주행 시에는 최고속도의 100분의 50을 줄인 속도로 운행하여야 한다.

》**ADVICE** 비, 바람, 안개, 눈 등 악천후 시 감속운행 속도〈시행규칙 제19조 제2항〉

감속운행 속도	도로의 상태
최고 속도의 20/100	• 비가 내려 노면이 젖어 있는 경우 • 눈이 20mm 미만 쌓인 경우
최고 속도의 50/100	• 폭우·폭설·안개 등으로 가시거리가 100m 이내인 경우 • 노면이 얼어붙은 경우 • 눈이 20mm 이상 쌓인 경우

1 교통사고처리 특례법 상 12대 중과실 위반이 아닌 것은?

① 제한속도를 15km/h 초과

② 일시정지 등 안전표지 지시 위반

③ 횡단보도에서 보행자 보호 위반

④ 앞지르기 금지 위반

>ADVICE 교통사고처리 특례법상 특례조항(중대법규위반) 12개 항목〈교통사고처리 특례법 제3조 제2항〉
  ㉠ 신호위반
  ㉡ 중앙선 침범(고속도로 유턴, 횡단, 후진 등 포함)
  ㉢ 음주운전
  ㉣ 무면허운전
  ㉤ 과속(20km초과)
  ㉥ 보도침범
  ㉦ 보행자 보호의무 위반(횡단보도)
  ㉧ 앞지르기 위반(방법, 시기, 장소 등 포함)
  ㉨ 철길건널목 통과 방법 위반
  ㉩ 승객 추락방지 조치위반
  ㉪ 어린이 보호구역 위반
  ㉫ 적재물, 추락방지 조치위반
  ☞ 12개 항목 중에서 인적 교통사고를 발생시키지 않아도 형사처벌이 가능한 것 → 음주운전, 무면허운전
    (암기요령 - 어린이 신승주과 보행 중 철길 앞 화물 사라졌다)

2 시도경찰청장이 긴급자동차로 지정할 수 있는 차는?

① 경찰용 긴급 차에 유도중인차량
② 긴급 경찰업무 수행 차
③ 군용차
④ 가스 사업 기관에서 응급작업 중인 차량

〉**ADVICE** 사용하는 사람 또는 기관 등의 신청에 의하여 시·도경찰청장이 지정하는 긴급자동차〈시행령 제2조 제1항〉
　　㉠ 전기사업·가스사업 그 밖의 공익사업기관에서 위험방지를 위한 응급작업에 사용되는 자동차
　　㉡ 민방위업무를 수행하는 기관에서 긴급예방 또는 복구를 위한 출동에 사용되는 자동차
　　㉢ 도로관리를 위하여 사용되는 자동차 중 도로상의 위험을 방지하기 위한 응급작업 및 운행이 제한되는 자동차를 단속하기 위하여 사용되는 자동차
　　㉣ 전신·전화의 수리공사 등 응급작업에 사용되는 자동차
　　㉤ 긴급한 우편물의 운송에 사용되는 자동차
　　㉥ 전파감시업무에 사용되는 자동차

3 신호기에 대한 설명으로 옳은 것은?

① 신호기 신호와 경찰공무원의 수신호가 다를 경우 경찰공무원의 신호를 따른다.
② 신호기의 신호와 경비원의 수신호가 다를 경우 경비원의 신호를 따른다.
③ 신호기의 신호와 군사경찰의 수신호가 다를 경우 신호기의 수신호를 따른다.
④ 신호기의 신호와 구급차를 유도 중인 소방공무원의 신호가 다를 경우 신호기의 수신호를 따른다.

〉**ADVICE** 신호 또는 지시에 따를 의무〈법 제5조 제1항〉 … 도로를 통행하는 보행자, 차마 또는 노면 전차의 운전자는 교통안전시설이 표시하는 신호 또는 지시와 다음의 어느 하나에 해당하는 사람이 하는 신호 또는 지시를 따라야 한다.
　　㉠ 교통정리를 하는 경찰공무원(의무경찰을 포함한다) 및 제주특별자치도의 자치 경찰공무원(자치경찰공무원)
　　㉡ 경찰공무원(자치경찰공무원을 포함한다)을 보조하는 사람으로서 대통령령으로 정하는 사람(경찰보조자)

> **Tip**
>
> 신호·지시의 우선순위〈법 제5조 제2항〉
> 도로를 통행하는 보행자, 차마 또는 노면전차의 운전자는 교통안전시설이 표시하는 신호 또는 지시와 교통정리를 하는 경찰공무원 또는 경찰보조자(이하 "경찰공무원등"이라 한다)의 신호 또는 지시가 서로 다른 경우에는 경찰공무원등의 신호 또는 지시에 따라야 한다.

4 교차로에서 우선순위로 옳은 것은?

① 좁은 도로보다 폭넓은 도로의 차가 우선

② 우측도로의 차량보다 좌측도로의 차가 우선

③ 긴급차보다 통행우선권이 있는 차가 우선

④ 직진하거나 우회전하려는 차보다 이미 좌회전하고 있는 차가 우선

ADVICE 교통정리가 없는 교차로에서 양보운전〈법 제26조〉

㉠ 선 진입 차에 대한 양보의무 : 교차로에 들어가려고 하는 차의 운전자는 이미 교차로에 들어가 있는 다른 차가 있을 때에는 그 차에 진로를 양보해야 한다.

㉡ 넓은 도로로부터 들어가려고 하는 차에 대한 양보의무

• 교차로에 들어가려고 하는 차의 운전자는 그 차가 통행하고 있는 도로의 폭보다 교차하는 도로의 폭이 넓은 경우에는 서행하여야 한다.

• 폭이 넓은 도로로부터 교차로에 들어가려고 하는 다른 차가 있을 때에는 그 차에 진로를 양보하여야 한다.

㉢ 우측 도로 차에 양보의무 : 교차로에 동시에 들어가려고 하는 차의 운전자는 우측도로의 차에 진로를 양보해야 한다.

㉣ 직진 또는 우회전 차에 양보의무 : 교차로에서 좌회전하려고 하는 차의 운전자는 그 교차로에서 직진하거나 우회전하려는 다른 차가 있을 때에는 그 차에 진로를 양보해야 한다.

✎ **ANSWER** 2.④ 3.① 4.①

5 비보호 좌회전이 가능한 경우는?

① 녹색불일 때 맞은 편에 차가 없으면 가능
② 적색불일 때 가능
③ 황색불일 때 가능
④ 녹색불일 때 언제든지 가능

〉ADVICE ① 비보호 좌회전인 경우 녹색불일 때 맞은편에 차가 없는 경우 좌회전 한다.

> Tip
>
> **비보호 좌회전(非保護左回轉)** ⋯ 교차로에서, 별도의 좌회전 신호를 주지 않고 직진 신호일 때 좌회전을 허용하는 신호 운영 방식이다. 일반적으로 직진과 회전 교통량이 적은 교차로에서 행하며, 신호 주기가 짧고 지체가 적어 효율성이 높다.

6 아래 (   )안의 들어갈 말로 올바른 것은?

도로 폭 초과차에 대하여 (   )의 허가를 받으면 운행이 가능하다

① 행정안전부장관
② 출발지를 관할하는 시도지사
③ 출발지를 관할하는 경찰서장
④ 도착지를 관할하는 경찰서장

〉ADVICE 차로의 너비보다 넓은 차(도로 폭 초과 차)의 통행허가는 행정안전부령으로 정하는 바에 따라 그 차의 출발지를 관할하는 경찰서장의 허가를 받은 경우에는 통행이 가능하다.

7 100분의 50의 속도로 감속해야 하는 경우는?

① 안개, 폭우 등으로 인해 가시거리가 100미터 이상인 경우

② 비가 시간당 5mm이상 오는 경우

③ 비가 내려 노면이 젖어 있는 경우

④ 눈이 20mm이상 쌓인 경우

>**ADVICE** 비, 바람, 안개, 눈 등 악천후 시 감속운행 속도〈시행규칙 제19조 제2항〉

감속운행 속도	도로의 상태
최고 속도의 20/100	• 비가 내려 노면이 젖어 있는 경우 • 눈이 20mm 미만 쌓인 경우
최고 속도의 50/100	• 폭우 · 폭설 · 안개 등으로 가시거리가 100m 이내인 경우 • 노면이 얼어붙은 경우 • 눈이 20mm 이상 쌓인 경우

8 앞지르기가 가능한 장소는?

① 교차로　　　　　　　　　　　② 터널안

③ 다리위　　　　　　　　　　　④ 경사진 오르막

>**ADVICE** 앞지르기 금지의 시기 및 장소(법 제22조)

　㉠ 앞차를 앞지르지 못하는 경우

　　• 앞차의 좌측에 다른 차가 앞차와 나란히 가고 있을 때

　　• 앞차가 다른 차를 앞지르고 있거나 앞지르려고 하고 있을 때

　㉡ 다른 차를 앞지르지 못하는 경우

　　• 도로교통법이나 도로교통법에 따른 명령에 따라 정지하거나 서행하고 있는 차

　　• 경찰공무원의 지시에 따라 정지하거나 서행하고 있는 차

　　• 위험을 방지하기 위하여 정지하거나 서행하고 있는 차

　㉢ 앞지르지 금지 장소

　　• 교차로, 터널 안, 다리 위

　　• 도로의 구부러진 곳, 비탈길의 고갯마루 부근 또는 가파른 비탈길의 내리막 등 시 · 도경찰청장이 필요하다 인정하여 안전표지로 지정한 곳

　☞ 오르막은 앞지르기 금지장소가 아니다.

1 「도로교통법시행규칙」상 좌석안전띠를 매지 아니하거나 승차자에게 좌석안전띠를 매도록 하지 아니하여도 되는 경우에 해당하지 않는 것은?

① 자동차를 주차시키기 위하여 운전하는 때
② 경호 등을 위한 경찰용 자동차에 의하여 호위되거나 유도되고 있는 자동차를 운전하거나 승차하는 때
③ 「여객자동차운수사업법」에 의한 여객 자동차 운송 사업용 자동차의 운전자가 승객에게 좌석 안전띠 착용을 안내하였음에도 불구하고 승객이 착용하지 않는 때
④ 부상, 질병, 장애 또는 임신 등으로 인하여 좌석안전띠의 착용이 적당하지 아니하다고 인정되는 자가 자동차를 운전하거나 운전하는 때

>**ADVICE** 자동차를 주차시키기 위하여 운전하는 경우에도 안전띠는 착용해야 한다.

2 「도로교통법시행령」 제10조에서 전용차로통행차 외에 전용차로로 통행할 수 있는 경우에 해당하지 않는 것은?

① 긴급자동차가 그 본래의 긴급한 용도로 운행되고 있는 경우
② 전용차로 통행 차의 통행에 장해를 주지 아니하는 범위에서 택시가 승객을 태우거나 내려주기 위하여 일시 통행하는 경우
③ 행사를 위하여 기(旗) 또는 현수막 등을 휴대한 행렬
④ 도로의 파손, 공사, 그 밖의 부득이한 장애로 인하여 전용차로가 아니면 통행할 수 없는 경우

>**ADVICE** 행사를 위하여 기 또는 현수막 등을 휴대한 행렬은 차도를 통행할 수 있는 경우이며 전용차로 통행과는 관련이 없다.

3 「도로교통법」상 운전자는 운전 중에 휴대용 전화를 사용할 수 없지만 예외적으로 허용하는 경우에 해당하지 않는 것은?

① 자동차등 또는 노면전차가 정지하고 있는 경우

② 특수자동차를 운전하는 경우

③ 각종범죄 및 재해 신고 등 긴급한 필요가 있는 경우

④ 안전운전에 장애를 주지 아니하는 장치로서 대통령령으로 정하는 장치를 이용하는 경우

> ADVICE 특수자동차를 운전하는 경우에는 운전중 휴대용 전화를 사용할 수 없다.

4 「도로교통법」상 모든 차의 운전자가 보행자 옆을 지나갈 경우 안전한 거리를 두고 서행해야 하는 곳에 해당하지 않는 것은?

① 보행자 우선도로

② 도로 외의 곳

③ 보도와 차도가 구분되지 아니한 도로 중 중앙선이 없는 도로

④ 보도와 차도가 구분된 도로

> ADVICE 보도와 차도가 구분된 도로에서가 아니라 보도와 차도가 구분되지 않은 도로에서 서행하여야 한다.

5 「도로교통법」상 회전교차로의 통행방법으로 가장 옳지 않은 것은?

① 이미 진행하고 있는 다른 차가 있는 때에는 바깥 쪽 차선으로 진입하여 진행이 가능하다

② 모든 차의 운전자는 회전교차로에서는 반시계 방향으로 통행하여야 한다.

③ 모든 차의 운전자는 회전교차로에 진입하려는 경우에는 서행하거나 일시 정지하여야 한다.

④ 회전교차로 통행을 위하여 손이나 방향지시기 또는 등화로써 신호를 하는 자가 있는 경우 그 뒤차의 운전자는 신호를 한 앞차의 진행을 방해하여서는 아니 된다.

> ADVICE 이미 진행하고 있는 다른 차가 있는 때에는 그 차에 진로를 양보하여야 한다.

ANSWER 1.① 2.③ 3.② 4.④ 5.①

6 보기는 「도로교통법시행규칙」상 개인형 이동장치의 승차정원에 대한 내용이다 ㈎와 ㈏에 들어갈 내용으로 가장 옳은 것은?

> 1. 전동킥보드 및 전동이륜평행차의 경우 : ㈎
> 2. 전동기의 동력만으로 움직일 수 있는 저전거의 경우 : ㈏

	㈎	㈏		㈎	㈏
①	1명	1명	②	1명	2명
③	2명	1명	④	2명	2명

>ADVICE 전동킥보드 및 전동이륜평행차 → 1명
전동기의 동력만으로 움직일 수 있는 자전거의 경우 → 2명

7 「도로교통법」제31조에서 모든 차 또는 노면전차의 운전자가 서행하여야 하는 곳에 해당하지 않는 것은?

① 교통정리를 하고 있지 아니하는 교차로
② 비탈길의 고갯마루 부근
③ 도로가 구부러진 부근
④ 교통정리를 하고 있지 아니하고 좌우를 확인할 수 없거나 교통이 빈번한 교차로

>ADVICE ④는 일시정지 장소이다

8 「도로교통법시행령」상 자동차등의 운전에 필요한 적성검사의 기준으로 가장 옳지 않은 것은?

① 제2종 운전면허 : 두 눈을 동시에 뜨고 잰 시력이 0.8 이상일 것. 다만, 한쪽 눈을 보지 못하는 사람은 다른 쪽 눈의 시력이 0.5이상이어야 한다.
② 붉은색, 녹색 및 노란색을 구별할 수 있을 것
③ 55데시벨(보청기를 사용하는 사람은 40데시벨)의 소리를 들을 수 있을 것
④ 조향장치나 그 밖의 장치를 뜻대로 조작할 수 없는 등 정상적인 운전을 할 수 없다고 인정되는 신체상 또는 정신상의 장애가 없을 것

>ADVICE 운전면허시험의 실시사항 중 적성검사 기준
① 시력(교정시력 포함)
㉠ 제1종 운전면허 : 두 눈을 동시에 뜨고 잰 시력이 0.8 이상이고, 두 눈의 시력이 각각 0.5 이상일 것. 다만, 한쪽 눈을 보지 못하는 사람이 보통면허를 취득하려는 경우에는 다른 쪽 눈의 시력이 0.8 이상이고, 수평시야가 120도 이상이며, 수직시야가 20도 이상이고 중심시야 20도 내 암점(暗點) 또는 반맹(半盲)이 없어야 한다.

ⓛ 제2종 운전면허 : 두 눈을 동시에 뜨고 잰 시력이 0.5 이상일 것. 다만 한쪽 눈을 보지 못하는 사람은 다른 쪽 눈의 시력이 0.6 이상일 것

② 색채식별능력 : 붉은색·녹색 및 노란색을 구별할 수 있을 것

③ 청력(1종 대형 또는 특수면허에 한정함) : 55데시벨(보청기를 사용하는 사람은 40데시벨)의 소리를 들을 수 있을 것

④ 신체상 또는 정신상의 장애가 없을 것

ⓖ 조향장치나 그 밖의 장치를 뜻대로 조작할 수 없는 등 정상적인 운전을 할 수 없다고 인정되는 신체상 또는 정신상의 장애가 없을 것

ⓛ 다만, 보조수단이나 신체장애 정도에 적합하게 제작·승인된 자동차를 사용하여 정상적인 운전을 할 수 있다고 인정되는 경우에는 그러하지 아니하다.

9 「도로교통법」 제13조의2에서 자전거 등의 통행방법 특례에 대한 설명으로 가장 옳지 않은 것은?

① 자전거 등의 운전자는 안전표지로 통행이 허용된 경우를 제외하고는 2대 이상이 나란히 차도를 통행하여서는 아니 된다

② 자전거 등의 운전자는 자전거 도로가 따로 있는 곳에서는 그 자전거도로로 통행하여야 한다.

③ 자전거 등의 운전자가 횡단보도를 이용하여 도로를 횡단할 때에는 속도를 줄여 서행하거나 일시정지 하여야 한다.

④ 자전거 등의 운전자는 자전거도로가 설치되지 아니한 곳에서는 도로 우측 가장자리에 붙어서 통행하여야 한다.

⟩ADVICE 자전거 운전자는 횡단보도를 운전해서 횡단할 수 없다. 횡단보도를 횡단 시는 자전거에서 내려서 끌고 횡단해야 한다.

10 「도로교통법」상 외국의 권한 있는 기관에서 발급한 운전면허증을 가진 사람 가운데 운전면허시험의 일부가 면제되지 않는 사람은?

① 「주민등록법」 제6조에 따라 주민등록이 된 사람

② 「출입국관리법」 제31조에 따라 외국인등록이 면제된 사람

③ 「난민법」에 따른 난민인정자

④ 「재외동포의 출입국과 법적 지위에 관한 법률」 제6조에 따라 국내거소신고를 하지 않은 사람

⟩ADVICE 재외동포로써 국내거소를 신고하지 않은 사람은 운전면허시험의 일부 면제 대상이 아니다.

✎ **ANSWER** 6.② 7.④ 8.① 9.③ 10.④

1 「도로교통법 시행규칙」상 시·도경찰청장이 긴급자동차의 지정을 취소할 수 있는 경우에 해당하지 않는 것은?

① 자동차의 사이렌 또는 경광등이 긴급자동차에 관한 구조에 적합하지 않은 경우
② 자동차의 색칠이 긴급자동차에 관한 구조에 적합하지 않은 경우
③ 자동차의 고장으로 인하여 긴급자동차로 사용할 수 없게 된 경우
④ 자동차가 지정된 기간 내에 정기검사를 받지 않은 경우

>**ADVICE** 취소권자는 시도경찰청장이다.
　　　※ 지정 긴급자동차 취소사유… 목적 외 사용 시, 고장 등 부득이한 경우, 긴급자동차 구조로 적합하지 않은 경우

2 「도로교통법 시행규칙」상 〈보기〉의 ㈎, ㈏에 들어갈 내용으로 가장 옳은 것은?

――――――――――― 보기 ―――――――――――

견인자동차가 아닌 자동차로 다른 자동차를 견인하여 도로(고속도로를 제외한다)를 통행하는 때의 속도는 제19조에 불구하고 다음 각 호에서 정하는 바에 의한다.
1. 총중량 2천킬로그램 미만인 자동차를 총중량이 그의 3배 이상인 자동차로 견인하는 경우에는 매시 <u>㈎</u> 킬로미터 이내
2. 제1호 외의 경우 및 이륜자동차가 견인하는 경우에는 매시 <u>㈏</u> 킬로미터 이내(M)

	㈎	㈏		㈎	㈏
①	30	20	②	30	25
③	35	20	④	35	25

>**ADVICE** 자동차를 견인할 때의 속도

견인자동차가 아닌 자동차로 다른 자동차를 견인하여 도로(고속도로 제외)를 통행하는 때의 속도	
매시 30km/h 이내	매시 25km/h 이내
총중량 2천kg 미만[2톤 미만]인 자동차를 총중량 3배 이상[6톤 이상] 자동차로 견인하는 경우	기타 견인 및 이륜자동차가 견인하는 경우

3 「도로교통법」 제49조의 모든 운전자의 준수사항을 이행한 것으로 가장 옳은 것은?

① 자동차의 앞면 창유리와 운전석 좌우 옆면 창유리의 가시광선의 투과율이 대통령령으로 정하는 기준보다 낮아 교통안전 등에 지장을 줄 수 있는 차를 운전한 경우
② 행정안전부령으로 정하는 기준에 적합하지 않은 장치이지만, 자율주행자동차의 신기술 개발을 위한 장치를 장착한 차를 운전한 경우
③ 도로 횡단시설을 이용할 수 없는 지체장애인이나 노인 등이 도로를 횡단하고 있어 서행운전 하는 경우
④ 도로에서 자동차를 세워둔 채 시비·다툼 등의 행위를 하여 다른 차마의 통행을 방해한 경우

> **ADVICE** ② 자율주행자동차의 신기술 개발을 위한 장치를 장착한 차를 운전한 경우는 예외 사유로써 위반이라고 할 수 없다

4 「도로교통법 시행규칙」상 차마에서 제외하는 기구, 장치가 아닌 것은?

① 보행보조용 의자차
② 운전자가 내려서 끌거나 들고 통행하는 원동기장치자전거
③ 의료기기의 기준규격에 따른 전동휠체어
④ 전동이륜평행차

> **ADVICE**

"차"로 보는 것	① 자동차 → (승용, 승합, 화물, 특수, 이륜) ② 건설기계 (27종) ③ 원동기장치자전거 (125cc 이하) ④ 자전거 (자전거+전동킥보드) ⑤ 사람 또는 가축의 힘이나 그 밖의 동력으로 도로에서 운전되는 것
"차"로 볼 수 없는 것	① 열차, 지하철, 비행기, 케이블카 ② 유모차, 보행보조형 의자차, 노약자용 보행기, 세발자전거 ③ 놀이기구, 동력이 없는 손수레 ④ 이륜자동차, 원동기장치자전거 또는 자전거로써 운전자가 내려서 끌거나 들고 통행하는 것 ⑤ 도로의 보수 등 공사에 사용되는 기구 장치(사람이 타거나 화물을 운송하지 않는 것에 한정) ⑥ 실외 이동 로봇

ANSWER 1.④ 2.② 3.② 4.④

5 「도로교통법 시행규칙」상 〈보기〉의 안전표지 종류 중 주의표지에 해당하지 않는 것을 모두 고른 것은?

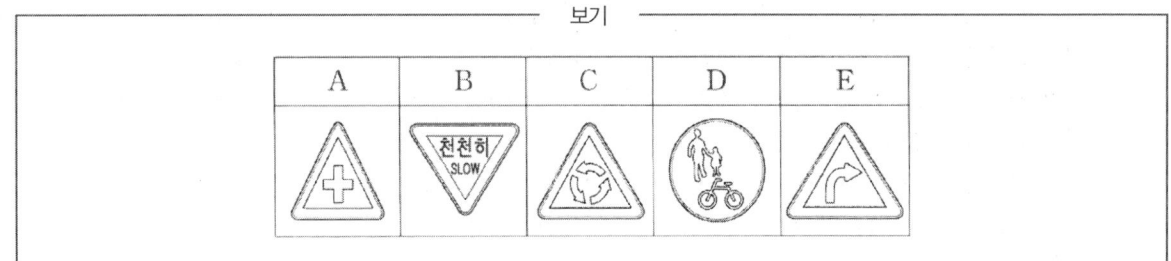

① A, C ② B, D
③ B, E ④ C, D

> **ADVICE** B = 규제표지
> D = 지시표지

6 「도로교통법 시행령」상 승합자동차 운전 중 범칙금액 7만원에 해당하는 범칙행위가 아닌 것은?

① 속도위반(40km/h 초과 60km/h 이하)
② 신호 · 지시 위반
③ 앞지르기 금지 시기 · 장소 위반
④ 철길건널목 통과방법 위반

> **ADVICE** ① 범칙금 10만원이다

7 「도로교통법 시행규칙」상 무사고운전자 등에 대한 표시장의 수여 상 및 종류 등에 대한 설명으로 가장 옳지 않은 것은?

① 무사고운전자의 표시장은 10년 이상의 사업용 자동차 무사고 운전경력이 있는 사람으로서 사업용자동차의 운전에 종사하고 있는 사람에게 수여한다.
② 교통성실장은 운전경력별 표시장의 종류에 속한다.
③ 교통질서장은 20년 이상의 운전경력을 갖추어야 한다.
④ 무사고운전자의 표시장과 유공운전자의 표시장의 수여는 연 1회 실시한다.

표시장의 종류	(도로교통법 시행규칙 136조) 무사고운전자 등에 대한 표시장의 수여상 및 종류 등
	① 교통안전장 : 30년 이상
	② 교통삼색장 : 25년 이상
	③ 교통질서장 : 20년 이상
	④ 교통발전장 : 15년 이상
	⑤ 교통성실장 : 10년 이상

8 「도로교통법 시행규칙」상 임시운전증명서의 유효기간에 대한 설명으로 가장 옳지 않은 것은?

① 임시운전증명서의 유효기간은 20일 이내로 한다.
② 운전면허의 취소처분 대상자의 경우에는 임시운전증명서의 유효기간을 40일 이내로 할 수 있다.
③ 운전면허의 정지처분 대상자의 경우에는 임시운전증명서의 유효기간을 40일 이내로 할 수 있다.
④ 경찰서장이 필요하다고 인정하는 경우에는 임시운전증명서의 유효기간을 1회에 한하여 30일의 범위에서 연장할 수 있다.

▶ADVICE ④ 경찰서장이 필요하다고 인정하는 경우에는 임시운전증명서의 유효기간을 1회에 한하여 20일의 범위에서 연장할 수 있다.

9 「도로교통법」상 〈보기〉의 ㈎, ㈏에 들어갈 내용으로 가장 옳은 것은?

───── 보기 ─────

최초의 운전면허증 갱신기간은 제83조 제1항 또는 제2항에 따른 운전면허시험에 합격한 날부터 기산하여 10년(운전면허시험 합격일에 65세 이상 75세 미만인 사람은 ___㈎___, 75세 이상인 사람은 ___㈏___)이 되는 날이 속하는 해의 1월 1일부터 12월 31일까지 이다.

	㈎	㈏		㈎	㈏
①	5년	2년	②	5년	3년
③	7년	2년	④	7년	3년

▶ADVICE ② (5년 / 3년)

✎ **ANSWER** 5.② 6.① 7.④ 8.④ 9.②

10 「도로교통법 시행령」상 밤에 도로에서 차 또는 노면전차를 운행할 때 켜야 하는 등화(燈火)의 종류로 가장 옳지 않은 것은?

① 노면전차 : 전조등, 미등, 번호등 및 실내조명등

② 견인되는 차 : 미등 · 차폭등 및 번호등

③ 원동기장치자전거 : 전조등 및 미등

④ 승합자동차 : 자동차안전기준에서 정하는 전조등, 차폭등, 미등, 번호등과 실내조명등

등화(燈火) 의무	밤에 차를 운행하는 경우 등의 등화
모든 차 또는 노면전차의 운전자는 다음의 경우에는 대통령령에 따라 전조등(前照燈), 차폭등(車幅燈), 미등(尾燈)과 그 밖의 등화를 켜야 한다. ① 밤(일몰 후부터 일출 전)에 차를 운행하거나 고장이나 그 밖의 부득이한 사유로 도로에서 주정차하는 경우 ② 안개, 눈, 비올 때 차를 운행하거나 고장이나 그 밖의 부득이한 사유로 도로에서 주정차하는 경우 ③ 터널 안을 운행하거나 고장 또는 그 밖의 부득이한 사유로 터널 안 도로에서 주정차하는 경우	차또는 노면전차를 운행(運行)할 때 켜야 하는 등화(燈火)의 종류 전북교육청(16) · 서울(17) ① 자동차, 이륜자동차 – 전조(前照) 등, 차폭(車幅)등, 미등(尾燈), 번호 등 – 단, 실내조명등은 승합자동차와 여객 자동차 운송사업 용 승용자동차만 해당한다. ② 원동기장치자전거 : 전조등, 미등 ③ 견인되는 차 : 미등 · 차폭등, 번호 등 ④ 노면전차 : 전조등, 차폭등, 미등, 실내조명등 ⑤ 자동차 등 외의 모든 차 : 시도경찰청장이 정하여 고시하는 등화
	도로에서 고장이나 부득이한 사유로 주정차(駐停車)할 때 켜야 하는 등화 ① 자동차(이륜자동차 제외) : 미등 및 차폭등 ② 이륜자동차 및 원동기장치자전거 : 미등(후부 반사기를 포함한다.) ③ 노면전차 : 차폭등, 미등 ④ 자동차 등 외의 모든 자동차 : 시도경찰청장이 정하여 고시하는 등화

1 「도로교통법 시행령」 제11조에서 규정한 자동차의 정차 또는 주차의 방법 등에 대한 설명으로 가장 옳지 않은 것은?

① 차도와 보도의 구별이 없는 도로의 경우에는 도로의 오른쪽 가장자리로부터 중앙으로 30센티미터의 거리를 두어야 한다.

② 여객자동차의 운전자는 승객을 태우거나 내려주기 위하여 정류소에 정차하였을 때에는 승객이 타거나 내린 즉시 출발하여야 한다.

③ 정차하거나 주차할 때에는 다른 교통에 방해가 되지 아니하도록 하여야 하지만, 고장으로 인하여 부득이하게 주차하는 경우는 예외가 될 수 있다.

④ 경사진 곳에 주차하는 경우, 주차제동장치를 작동한 후에 운전자가 운전석을 떠나지 않고 직접 제동장치를 작동하고 있으면 별도의 미끄럼 사고 방지 조치를 할 필요가 없다.

> **ADVICE** 모든 차의 운전자가 지켜야 할 정차 또는 주차의 방법 및 시간
> ㉠ 도로에서 정차할 때에는 차도의 우측 가장자리에 정차할 것.
> ㉡ 다만, 차도와 보도의 구별이 없는 도로의 경우에는 도로의 우측 가장자리로부터 중앙으로 50센티미터 이상의 거리를 두어야 한다.
> ㉢ 모든 차의 운전자는 도로에서 주차할 때에는 시도경찰청장이 정하는 주차의 장소·시간 및 방법에 따를 것
> ㉣ 정차하거나 주차할 때에는 다른 교통에 방해가 되지 아니 하도록 하여야 한다.
> ㉤ 다만, 다음의 경우에는 그러하지 아니하다.
> • 안전표지에 따르는 경우
> • 경찰공무원(의무경찰포함)의 지시에 따르는 경우
> • 제주특별자치도의 자치경찰공무원의 지시에 따르는 경우
> • 경찰공무원 또는 자치경찰공무원을 보조하는 자의 지시에 따르는 경우
> • 고장으로 인하여 부득이하게 주차하는 경우
> ㉥ 여객자동차의 운전자는 승객을 태우거나 내려주기 위하여 정류소 또는 이에 준하는 장소에서 정차하였을 때에는 승객이 타거나 내린 즉시 출발하여야 하며 뒤따르는 다른 차의 정차를 방해하지 아니할 것

✎ **ANSWER** 10.① / 1.①

2 「도로교통법 시행령」 제31조에서 어린이통학버스의 요건 등에 해당하지 않는 것은?

① 어린이교육시설에 고용된 운전자의 명의로 등록되어 있는 자동차일 것
② 자동차안전기준에서 정한 어린이운송용 승합자동차의 구조를 갖출 것
③ 어린이통학버스 앞면 창유리 우측상단과 뒷면 창유리 중앙하단의 보기 쉬운 곳에 행정안전부령이 정하는 어린이보호표지를 부착할 것
④ 교통사고로 인한 피해를 전액 배상할 수 있도록 「보험업법」 제4조에 따른 보험에 가입되어 있을 것

>ADVICE ① 운전자의 명의(X) 운영자의 명의(O)

3 「도로교통법령」상 자동차의 속도 제한에 대한 설명으로 가장 옳은 것은? (단, 개인형 이동장치는 제외한다.)

① 고속도로와 자동차전용도로 외의 일반도로에서 자동차의 최고속도는 시속 90킬로미터까지 지정할 수 있다.
② 일반적인 자동차 전용도로에서의 최고속도는 시속 60킬로미터, 최저속도는 시속 40킬로미터이다.
③ 자동차의 통행 속도는 국토교통부령으로 정하나 경찰청장이나 시·도경찰청장이 필요하다고 인정하는 경우에는 구간을 지정하여 추가로 속도를 제한할 수 있다.
④ 비가 내려 노면이 젖어 있고, 가변형 속도제한표지가 없는 경우 최고속도의 100분의 20을 줄인 속도로 운행해야 한다.

>ADVICE 비. 안개. 눈 등으로 인한 악천후 시 감속운행

최고속도 20% 감속 운행하는 경우	최고속도 50% 감속 운행하는 경우
① 비가 내려 노면이 젖어 있는 경우	① 폭우, 폭설 .안개등 가시거리가 100미터 이내인 경우
② 눈이 20밀리미터 미만 쌓인 경우	② 노면이 결빙되어 있는 경우
	③ 눈이 20밀리미터 이상 쌓인 경우

4 「도로교통법 시행령」에서 〈보기〉의 ㈎에 들어갈 내용으로 가장 옳은 것은?

───── 보기 ─────

제83조(출석지시불이행자의 처리) 「도로교통법」 제138조 제1항에 따라 출석지시서를 받은 사람은 출석지시서를 받은 날부터 __㈎__ 일 이내에 지정된 장소로 출석하여야 한다.

① 10   ② 15
③ 20   ④ 30

>ADVICE 10일

5 「도로교통법 시행령」 제28조에서 자동차 운전석 좌우 옆면 창유리 가시광선 투과율의 기준으로 가장 옳은 것은?

① 30퍼센트
② 40퍼센트
③ 60퍼센트
④ 70퍼센트

> ADVICE

구분	가시광선의 투과율
앞면	70
좌우 옆면 창유리	40

6 「도로교통법령」상 교통정리가 없는 교차로에서의 양보운전에 대한 설명으로 가장 옳지 않은 것은?

① 교차로에서의 양보운전 위반은 승용자동차등은 4만원, 승합자동차등은 5만원의 범칙금이 부과된다.
② 교통정리를 하고 있지 아니하는 교차로에 동시에 들어가려고 하는 차의 운전자는 좌측도로의 차에 진로를 양보하여야 한다.
③ 교통정리를 하고 있지 아니하는 교차로에 들어가려고 하는 차의 운전자는 이미 교차로에 들어가 있는 다른 차가 있을 때에는 그 차에 진로를 양보하여야 한다.
④ 교통정리를 하고 있지 아니하는 교차로에서 좌회전하려고 하는 차의 운전자는 그 교차로에서 직진하거나 우회전하려는 다른 차가 있을 때에는 그 차에 진로를 양보하여야 한다.

> ADVICE 교통정리를 하고 있지 아니한 교차로에서 양보운전(법 제26조)

교통정리를 하고 있지 아니하는 교차로에 들어가려고 하는 차의 운전자	교통정리를 하고 있지 아니하는 교차로의 다양한 경우
① 이미 교차로에 들어가 있는 다른 차가 있을 때에는 그 차에 진로를 양보하여야 한다. ② 그 차가 통행하고 있는 도로의 폭보다 교차하는 도로의 폭이 넓은 경우에는 서행하여야 한다. ③ 폭이 넓은 도로로 부터 교차로에 들어가려고 하는 다른 차가 있을 때에는 그 차에 진로를 양보하여야 한다. ④ 교차로에 동시에 들어가려고 하는 차의 운전자는 우측도로의 차에 진로를 양보하여야 한다.	① 교차로에서 좌회전하려고 하는 차의 운전자는 그 교차로에서 직진이나 우회전하려는 다른 차가 있을 때에는 그 차에 진로를 양보하여야 한다.

7 「도로교통법」 제12조에서 어린이 보호구역 지정에 대한 설명으로 가장 옳지 않은 것은?

① 「학원의 설립·운영 및 과외교습에 관한 법률」 제2조에 따른 학원 가운데 행정안전부령으로 정하는 학원의 주변도로 가운데 일정 구간을 어린이 보호구역으로 지정할 수 있다.

② 「유아교육법」 제2조에 따른 유치원의 주변도로 가운데 일정 구간을 어린이 보호구역으로 지정할 수 있다.

③ 「영유아보육법」 제10조에 따른 어린이집 가운데 보건복지부령으로 정하는 어린이집의 주변도로 가운데 일정 구간을 어린이 보호구역으로 지정할 수 있다.

④ 어린이 보호구역 지정시 자동차등과 노면전차의 통행속도를 시속 30킬로미터 이내로 제한할 수 있다.

〉**ADVICE** ③ 행정안전부령

제12조(어린이 보호구역의 지정·해제 및 관리)

① 시장등은 교통사고의 위험으로부터 어린이를 보호하기 위하여 필요하다고 인정하는 경우에는 다음 각 호의 어느 하나에 해당하는 시설이나 장소의 주변도로 가운데 일정 구간을 어린이 보호구역으로 지정하여 자동차등과 노면전차의 통행속도를 시속 30킬로미터 이내로 제한할 수 있다.

1. 「유아교육법」 제2조에 따른 유치원, 「초·중등교육법」 제38조 및 제55조에 따른 초등학교 또는 특수학교

2. 「영유아보육법」 제10조에 따른 어린이집 가운데 행정안전부령으로 정하는 어린이집

3. 「학원의 설립·운영 및 과외교습에 관한 법률」 제2조에 따른 학원 가운데 행정안전부령으로 정하는 학원

4. 「초·중등교육법」 제60조의2 또는 제60조의3에 따른 외국인학교 또는 대안학교, 「대안교육기관에 관한 법률」 제2조제2호에 따른 대안교육기관, 「제주특별자치도 설치 및 국제자유도시 조성을 위한 특별법」 제223조에 따른 국제학교 및 「경제자유구역 및 제주국제자유도시의 외국교육기관 설립·운영에 관한 특별법」 제2조 제2호에 따른 외국교육기관 중 유치원·초등학교 교과과정이 있는 학교

5. 그 밖에 어린이가 자주 왕래하는 곳으로서 조례로 정하는 시설 또는 장소

8 「도로교통법」 제64조에서 자동차의 운전자는 고속도로 등에서 차를 정차하거나 주차시켜서는 아니 되나, 예외가 되는 경우가 아닌 것은?

① 통행료를 내기 위하여 통행료를 받는 곳에서 정차하는 경우

② 도로의 관리자가 고속도로등을 보수·유지 또는 순회하기 위하여 정차 또는 주차시키는 경우

③ 자치경찰공무원의 지시에 따르거나 위험을 방지하기 위하여 일시 정차 또는 주차시키는 경우

④ 정차 또는 주차할 수 있도록 안전표지를 설치한 곳이나 정류장에서 정차 또는 주차시키는 경우

〉**ADVICE** ③ 자치경찰공무원은 제외한다.

9 「도로교통법 시행규칙」 제91조에서 운전면허 정지처분 개별기준상 벌점 40점을 받는 경우가 아닌 것은?

① 정차·주차 위반에 대한 조치불응(단체에 소속되거나 다수인에 포함되어 경찰공무원의 3회 이상의 이동명령에 따르지 아니하고 교통을 방해한 경우에 한한다.)
② 안전운전의무위반(단체에 소속되거나 다수인에 포함되어 경찰공무원의 3회 이상의 안전운전 지시에 따르지 아니하고 타인에게 위험과 장애를 주는 속도나 방법으로 운전한 경우에 한한다.)
③ 승객의 차내 소란행위 방치운전
④ 고속도로 버스전용차로 통행위반

ADVICE 고속도로 버스 전용차로 통행위반(벌점 30점)

10 「도로교통법령」상 자동차운전학원 기능교육 강사의 정원 및 배치기준이 바르게 연결된 것을 〈보기〉에서 모두 고른 것은?

───────── 보기 ─────────

ⓐ 제1종 대형면허 : 교육용 자동차 10대당 3명 이상
ⓑ 제1종 특수면허 : 교육용 자동차 3대당 1명 이상
ⓒ 제2종 보통연습면허 : 교육용 자동차 10대 당 2명 이상
ⓓ 제2종 소형면허 : 교육용 자동차 10대당 1명 이상

① ㉠, ㉡   ② ㉠, ㉣
③ ㉡, ㉢   ④ ㉢, ㉣

ADVICE 강사배치기준
ⓑ 제1종 특수면허 자동차 : 2대당 1명 이상
ⓒ 제2종 보통연습면허 : 자동차 10대당 5명 이상

1 〈보기〉는 「도로교통법」상 술에 취한 상태에서 자동차등 또는 노면전차를 운전한 사람에 대한 처벌규정이다. ㈎와 ㈏에 들어갈 말로 가장 옳은 것은?

보기

혈중 알코올농도가 0.2% 이상인 사람은 ___㈎___ 년 이상 ___㈏___ 년 이하의 징역이나 1천만 원 이상 2천만 원 이하의 벌금

㈎	㈏
① 1	2
② 1	3
③ 2	4
④ 2	5

》**ADVICE** 혈중알코올농도 0.2% 이상 : 2년 이상 5년 이하의 징역이나 1천만 원 이상 2천만 원 이하의 벌금

2 「도로교통법 시행규칙」상 일반도로와 고속도로에서의 자동차등(개인형 이동장치는 제외한다)과 노면전차 속도에 대한 설명으로 가장 옳은 것은?

① 눈이 20밀리미터 이상 쌓인 경우 최고속도의 100분의 50을 줄인 속도로 운행하여야 한다.

② 자동차전용도로에서의 최고속도는 매시 80킬로미터이다.

③ 편도 1차로 고속도로에서의 최고속도는 매시 100킬로미터이다.

④ 비가 내려 노면이 젖어있는 경우 최고속도의 100분의 50을 줄인 속도로 운행하여야 한다.

》**ADVICE** ② 자동차전용도로에서의 최고속도는 매시 90킬로미터, 최저속도는 매시 30킬로미터〈도로교통법 시행규칙 제19조 제1항 제2호〉

③ 편도 1차로 고속도로에서의 최고속도는 매시 80킬로미터, 최저속도는 매시 50킬로미터〈도로교통법 시행규칙 제19조 제1항 제3호 가목〉

④ 비가 내려 노면이 젖어있는 경우 최고속도의 100분의 20을 줄인 속도로 운행하여야 한다〈도로교통법 시행규칙 제19조 제2항 제1호 가목〉.

3 〈보기〉는 「도로교통법」상 어린이 보호구역 지정에 관한 사항이다. ㈎에 들어갈 내용으로 가장 옳은 것은?

보기

시장등은 교통사고의 위험으로부터 어린이를 보호하기 위하여 필요하다고 인정하는 경우에는 다음 각 호의 어느 하나에 해당하는 시설이나 장소의 주변도로 가운데 일정구간을 어린이 보호구역으로 지정하여 자동차등과 노면전차의 통행속도를 시속 ____㈎____ 킬로미터 이내로 제한할 수 있다.

① 20
② 30
③ 50
④ 60

>ADVICE 시장등은 교통사고의 위험으로부터 어린이를 보호하기 위하여 필요하다고 인정하는 경우에는 다음 각 호의 어느 하나에 해당하는 시설이나 장소의 주변도로 가운데 일정 구간을 어린이 보호구역으로 지정하여 자동차등과 노면전차의 통행속도를 시속 30킬로미터 이내로 제한할 수 있다〈도로교통법 제12조 제1항〉.

4 「도로교통법」상 운전면허를 받은 사람이 국외에서 운전을 하기 위하여 발급받은 국제운전면허증의 유효기간은?

① 발급받은 날부터 1년
② 발급받은 날부터 2년
③ 출국일로부터 1년
④ 출국일로부터 2년

>ADVICE 도로교통법에 따라 운전면허를 받은 사람이 국외에서 운전을 하기 위하여 발급받은 국제운전면허증의 유효기간은 발급받은 날부터 1년으로 한다〈도로교통법 제98조 제2항〉.

5 「도로교통법」상 보행자의 통행방법에 대한 설명 중 가장 옳지 않은 것은?

① 보행자는 보도와 차도가 구분된 도로에서는 보도로 통행하여야 한다.
② 보행자는 보도와 차도가 구분되지 아니한 도로 중 중앙선이 있는 도로에서는 우측으로 통행하여야 한다.
③ 보행자는 보행자우선도로에서 도로의 전 부분으로 통행할 수 있다.
④ 보행자는 보도에서 우측통행을 원칙으로 한다.

>ADVICE ② 보행자는 보도와 차도가 구분되지 아니한 도로 중 중앙선이 있는 도로(일방통행인 경우에는 차선으로 구분된 도로를 포함한다)에서는 길가장자리 또는 길가장자리구역으로 통행하여야 한다〈도로교통법 제8조 제2항〉.

6 「도로교통법 시행규칙」상 도로주행시험을 실시하기 위한 도로의 기준에서 총 주행거리의 최소 길이로 가장 옳은 것은?

① 3킬로미터 이상

② 4킬로미터 이상

③ 5킬로미터 이상

④ 6킬로미터 이상

> **ADVICE** 도로주행시험을 실시하기 위한 도로의 기준(제67조 제1항 관련)〈도로교통법시행규칙 [별표 25]〉

구분		설정길이 또는 횟수	도로 기준	기타
1. 총 주행거리		5킬로미터 이상	1) 주행여건이 양호한 도로 가) 교통량에 비해 폭이 넓은 도로 나) 보행자 및 차마의 통행량이 비교적 일정한 도로 다) 교통안전시설이 정비된 도로 2) 기능시험장의 구간을 총 주행거리의 일부로 포함 가능	
2. 지시속도에 따른 도로주행		1구간 400미터	시속 40킬로미터 이상의 속도로 주행할 수 있는 도로	도로 사정에 따라 300~500미터 내외로 도로주행구역을 설정할 수 있음
3. 차로변경		1회 이상	차로변경이 가능한 편도 2차로 이상의 도로	
4. 방향전환	가. 좌회전 (유턴포함) 또는 우회전	1회 이상	교통정리 중인 교차로 또는 교통정리 중이진 않으나 좌·우 방향이 분명한 교차로	도로주행시험 코스 내의 다른 교차로에서 각각 실시할 수 있으며, 반경 5킬로미터 이내에 신호교차로가 없는 경우에는 기능시험장 내의 교차로 이용이 가능
	나. 직진			
5. 횡단보도 일시정지 및 통과		1회 이상	교통안전표지가 설치된 횡단보도	교차로 또는 횡단보도가 있는 도로에서 실시하며, 반경 5킬로미터 이내에 횡단보도가 없는 경우에는 기능시험장의 횡단보도 이용이 가능

※ 비고 : 운전면허시험장 별로 4개 이상의 노선을 확보하여야 한다.

7 「도로교통법」상 교통단속을 회피할 목적으로 교통단속용 장비의 기능을 방해하는 장치를 제작·수입·판매 또는 장착한 사람에 대한 벌칙으로 가장 옳은 것은?

① 6개월 이하의 징역이나 200만 원 이하의 벌금 또는 구류
② 1년 이하의 징역이나 300만 원 이하의 벌금 또는 구류
③ 3년 이하의 징역이나 700만 원 이하의 벌금 또는 구류
④ 5년 이하의 징역이나 1,500만 원 이하의 벌금 또는 구류

> **ADVICE** 교통단속을 회피할 목적으로 교통단속용 장비의 기능을 방해하는 장치를 제작·수입·판매 또는 장착한 사람은 6개월 이하의 징역이나 200만 원 이하의 벌금 또는 구류에 처한다〈도로교통법 제153조 제1항 제3호〉.

8 「도로교통법 시행령」상 밤에 도로에서 자동차를 운행하는 경우 등의 등화 조작에 대한 설명으로 가장 옳지 않은 것은?

① 견인되는 차는 미등, 차폭등, 번호등을 켜야 한다.
② 서로 마주보고 진행할 때에는 전조등의 밝기를 줄이거나 불빛의 방향을 아래로 향하게 하거나 잠시 전조등을 꺼야 한다.
③ 교통이 빈번한 곳에서 운행할 때, 전조등 불빛의 방향을 계속 아래로 유지하여야 한다.
④ 도로에서 정차하거나 주차할 때 전조등, 차폭등, 미등, 번호등, 비상표시등을 켜야 한다.

> **ADVICE** ④ 자동차(이륜자동차는 제외한다)의 운전자가 도로에서 정차하거나 주차할 때 켜야 하는 등화의 종류는 자동차안전기준에서 정하는 미등 및 차폭등이다〈도로교통법 시행령 제19조 제2항 제1호〉.

9 「도로교통법 시행규칙」상 운전면허시험관이 기능시험 또는 도로주행시험을 실시하는 때의 준수사항으로 가장 옳지 않은 것은?

① 시험을 실시하기 전에 시험진행방법 및 실격되는 경우 등 주의사항을 응시자에게 설명할 것

② 앞 번호의 응시자를 도로주행시험용 자동차에 동승시키는 등 공정한 평가를 위하여 노력할 것

③ 응시자에게 친절한 언어와 태도로 정하여진 순서에 따라 시험을 진행하되, 시험진행과 관련이 없는 대화를 하지 아니할 것

④ 시험진행 중 교통사고가 발생하지 아니하도록 주의하고, 교통사고가 발생한 경우에는 즉시 소속기관의 장에게 보고할 것

> **ADVICE** 운전면허시험관의 준수사항〈도로교통법 시행규칙 제69조 제2항〉
> ㉠ 시험을 실시하기 전에 시험진행방법 및 실격되는 경우 등 주의사항을 응시자에게 설명할 것
> ㉡ 출발점에서부터 앞서가는 차와는 충분한 안전거리가 유지되도록 할 것
> ㉢ 다음 번호의 응시자를 도로주행시험용 자동차에 동승시키는 등 공정한 평가를 위하여 노력할 것
> ㉣ 응시자에게 친절한 언어와 태도로 정하여진 순서에 따라 시험을 진행하되, 시험진행과 관련이 없는 대화를 하지 아니할 것
> ㉤ 시험진행 중 교통사고가 발생하지 아니하도록 주의하고, 교통사고가 발생한 경우에는 즉시 소속기관의 장에게 보고할 것

10 「도로교통법 시행령」상 보호구역에 대한 실태조사가 필요한 경우 업무의 일부 위탁이 가능한 기관이나 단체로 가장 옳지 않은 것은?

① 「한국도로교통공단법」에 따른 한국도로교통공단

② 정관이나 규약 등에 교통안전에 대한 업무를 사업내용으로 정한 영리법인이나 단체

③ 「공공기관의 운영에 관한 법률」 제4조에 따른 공공기관 중 교통 관련 기관

④ 「지방공기업법」 제3조 제1항에 따른 지방공기업 중 교통 관련 기관

> **ADVICE** 보호구역에 대한 실태조사 업무의 위탁〈도로교통법 시행령 제8조의2〉
> ㉠ 시장등은 다음의 어느 하나에 해당하는 기관에 어린이 보호구역(이하 "어린이보호구역"이라 한다) 및 노인 및 장애인 보호구역(이하 "노인·장애인보호구역"이라 한다)에 대한 실태조사 업무의 일부를 위탁할 수 있다.
> • 「한국도로교통공단법」에 따른 한국도로교통공단(이하 "한국도로교통공단"이라 한다)
> • 「공공기관의 운영에 관한 법률」 제4조에 따른 공공기관 중 교통 관련 기관
> • 「지방공기업법」 제3조 제1항에 따른 지방공기업 중 교통 관련 기관
> • 「지방자치단체출연 연구원의 설립 및 운영에 관한 법률」 제2조에 따른 지방자치단체출연 연구원 중 교통 관련 기관
> • 정관이나 규약 등에 교통안전에 관한 업무를 사업 내용으로 정한 비영리법인이나 단체
> ㉡ 시장등은 ㉠에 따라 업무의 일부를 위탁한 경우에는 수탁기관 및 위탁업무의 내용을 해당 지방자치단체의 공보에 고시해야 한다.

1 〈보기〉는 「도로교통법」상 술에 취한 상태에서 자동차등 또는 노면전차를 운전한 사람에 대한 처벌규정이다. ㈎와 ㈏에 들어갈 말로 가장 옳은 것은?

─────── 보기 ───────

혈중 알코올농도가 0.2% 이상인 사람은 ___㈎___ 년 이상 ___㈏___ 년 이하의 징역이나 1천만 원 이상 2천만 원 이하의 벌금

	㈎	㈏
①	1	2
②	1	3
③	2	4
④	2	5

>ADVICE 혈중알코올농도 0.2% 이상 : 2년 이상 5년 이하의 징역이나 1천만 원 이상 2천만 원 이하의 벌금

2 「도로교통법 시행규칙」상 일반도로와 고속도로에서의 자동차등(개인형 이동장치는 제외한다)과 노면전차 속도에 대한 설명으로 가장 옳은 것은?

① 눈이 20밀리미터 이상 쌓인 경우 최고속도의 100분의 50을 줄인 속도로 운행하여야 한다.
② 자동차전용도로에서의 최고속도는 매시 80킬로미터이다.
③ 편도 1차로 고속도로에서의 최고속도는 매시 100킬로미터이다.
④ 비가 내려 노면이 젖어있는 경우 최고속도의 100분의 50을 줄인 속도로 운행하여야 한다.

>ADVICE ② 자동차전용도로에서의 최고속도는 매시 90킬로미터, 최저속도는 매시 30킬로미터〈도로교통법 시행규칙 제19조 제1항 제2호〉
③ 편도 1차로 고속도로에서의 최고속도는 매시 80킬로미터, 최저속도는 매시 50킬로미터〈도로교통법 시행규칙 제19조 제1항 제3호 가목〉
④ 비가 내려 노면이 젖어있는 경우 최고속도의 100분의 20을 줄인 속도로 운행하여야 한다〈도로교통법 시행규칙 제19조 제2항 제1호 가목〉.

 ANSWER 9.② 10.② / 1.④ 2.①

3 〈보기〉는 「도로교통법」상 어린이 보호구역 지정에 관한 사항이다. ㈎에 들어갈 내용으로 가장 옳은 것은?

보기

시장등은 교통사고의 위험으로부터 어린이를 보호하기 위하여 필요하다고 인정하는 경우에는 다음 각 호의 어느 하나에 해당하는 시설이나 장소의 주변도로 가운데 일정구간을 어린이 보호구역으로 지정하여 자동차등과 노면전차의 통행속도를 시속 ___㈎___ 킬로미터 이내로 제한할 수 있다.

① 20
② 30
③ 50
④ 60

ADVICE 시장등은 교통사고의 위험으로부터 어린이를 보호하기 위하여 필요하다고 인정하는 경우에는 다음 각 호의 어느 하나에 해당하는 시설이나 장소의 주변도로 가운데 일정 구간을 어린이 보호구역으로 지정하여 자동차등과 노면전차의 통행속도를 시속 30킬로미터 이내로 제한할 수 있다〈도로교통법 제12조 제1항〉.

4 「도로교통법」상 운전면허를 받은 사람이 국외에서 운전을 하기 위하여 발급받은 국제운전면허증의 유효기간은?

① 발급받은 날부터 1년
② 발급받은 날부터 2년
③ 출국일로부터 1년
④ 출국일로부터 2년

ADVICE 도로교통법에 따라 운전면허를 받은 사람이 국외에서 운전을 하기 위하여 발급받은 국제운전면허증의 유효기간은 발급받은 날부터 1년으로 한다〈도로교통법 제98조 제2항〉.

5 「도로교통법 시행규칙」상 도로주행시험을 실시하기 위한 도로의 기준에서 총 주행거리의 최소 길이로 가장 옳은 것은?

① 3킬로미터 이상
② 4킬로미터 이상
③ 5킬로미터 이상
④ 6킬로미터 이상

> **ADVICE** 도로주행시험을 실시하기 위한 도로의 기준(제67조 제1항 관련)〈도로교통법시행규칙 [별표 25]〉

구분		설정길이 또는 횟수	도로 기준	기타
1. 총 주행거리		5킬로미터 이상	1) 주행여건이 양호한 도로 가) 교통량에 비해 폭이 넓은 도로 나) 보행자 및 차마의 통행량이 비교적 일정한 도로 다) 교통안전시설이 정비된 도로 2) 기능시험장의 구간을 총 주행거리의 일부로 포함 가능	
2. 지시속도에 따른 도로주행		1구간 400미터	시속 40킬로미터 이상의 속도로 주행할 수 있는 도로	도로 사정에 따라 300~500미터 내외로 도로주행구역을 설정할 수 있음
3. 차로변경		1회 이상	차로변경이 가능한 편도 2차로 이상의 도로	
4. 방향전환	가. 좌회전 (유턴포함) 또는 우회전	1회 이상	교통정리 중인 교차로 또는 교통정리 중이진 않으나 좌·우 방향이 분명한 교차로	도로주행시험 코스 내의 다른 교차로에서 각각 실시할 수 있으며, 반경 5킬로미터 이내에 신호교차로가 없는 경우에는 기능시험장 내의 교차로 이용이 가능
	나. 직진			
5. 횡단보도 일시정지 및 통과		1회 이상	교통안전표지가 설치된 횡단보도	교차로 또는 횡단보도가 있는 도로에서 실시하며, 반경 5킬로미터 이내에 횡단보도가 없는 경우에는 기능시험장의 횡단보도 이용이 가능

※ 비고 : 운전면허시험장 별로 4개 이상의 노선을 확보하여야 한다.

✎ **ANSWER** 3.② 4.① 5.③

6 「도로교통법」상 용어에 대한 설명으로 가장 옳지 않은 것은?

① 자전거도로 : 안전표지 등 인공구조물로 경계를 표시하여 자전거 및 개인형 이동장치가 통행할 수 있도록 설치된 도로

② 신호기 : 문자, 기호, 등화를 사용하여 진행, 정지, 방향전환, 주의 등의 신호를 표시하는 장치

③ 긴급자동차 : 소방차, 구급차, 혈액 공급차량 등과 같이 긴급한 용도로 사용되고 있는 자동차

④ 정차 : 운전자가 승객을 기다리거나 화물을 싣거나 그 밖의 사유로 차를 계속 정지 상태에 두는 것

> **ADVICE** 정차 : 운전자가 5분을 초과하지 아니하고 차를 정차시키는 것으로서 주차 외의 정지 상태를 말한다〈도로교통법 제2조 제25호〉.

7 「도로교통법」상 운전면허증을 발급받으려는 사람이 모바일운전면허증을 추가로 신청하는 경우 발급권자로 가장 옳은 것은?

① 시 · 도 경찰청장

② 주민등록상 지자체장

③ 행정안전부장관

④ 주민등록상 행정복지센터장

> **ADVICE** 시 · 도경찰청장은 운전면허증을 발급받으려는 사람이 모바일운전면허증을 신청하는 경우 이를 추가로 발급할 수 있다〈도로교통법 제85조의2 제1항〉.

8 「도로교통법」상 자전거의 통행방법에 대한 설명으로 가장 옳지 않은 것은?

① 자전거의 운전자는 보도와 차도가 구분된 도로에서는 차도로 통행하여야 한다.

② 자전거에 탑승한 상태로 횡단보도를 이용해 도로를 횡단해서는 안 된다.

③ 자전거로는 길가장자리구역을 통행할 수 없다.

④ 어린이나 노인이 자전거를 운전하는 경우, 보도를 통행할 수 있다.

> **ADVICE** 자전거등의 운전자는 자전거도로가 설치되지 아니한 곳에서는 도로 우측 가장자리에 붙어서 통행하여야 한다〈도로교통법 제13조의2 제2항〉.

9 〈보기〉 중 「도로교통법 시행령」상 경찰청장이 교통정보센터를 구축하여 일반에게 제공하는 교통정보에 해당하는 것을 모두 고른 것은?

보기

㉠ 자동차등의 통행량, 속도 등 소통에 관한 정보

㉡ 교통안전시설, 차로, 도로의 부속물 등 도로 현황에 관한 정보

㉢ 어린이보호구역, 노인·장애인보호구역 등 보행자 보호를 위하여 필요한 정보

㉣ 교통사고, 도로공사, 도로의 파손 등 교통에 방해가 되는 상황에 관한 정보

① ㉠㉡

② ㉡㉢㉣

③ ㉢㉣

④ ㉠㉡㉢㉣

> **ADVICE** 경찰청장이 수집·분석하여 일반에게 제공하는 교통정보는 다음의 정보와 같다〈도로교통법 시행령 제84조의3 제1항〉.
> ① 자동차등의 통행량, 속도 등 소통에 관한 정보
> ② 교통안전시설, 차로, 도로의 부속물 등 도로 현황에 관한 정보
> ③ 어린이보호구역, 노인·장애인보호구역 등 보행자 보호를 위하여 필요한 정보
> ④ 교통사고, 도로공사, 도로의 파손 등 교통에 방해가 되는 상황에 관한정보
> ⑤ ①부터 ④까지의 정보에 준하는 것으로서 경찰청장이 필요하다고 인정하는 정보

10 「도로교통법」상 보행자 및 행렬 등의 통행방법으로 가장 옳지 않은 것은?

① 보행자는 보도와 차도가 구분된 도로에서는 보도로 통행하여야 한다.

② 보행자는 보도에서는 우측통행을 원칙으로 한다.

③ 학생의 대열과 그 밖에 보행자의 통행에 지장을 줄 우려가 있다고 인정하여 대통령령으로 정하는 사람이나 행렬은 차도로 통행할 수 있다.

④ 어떠한 경우라도 행렬은 도로의 중앙을 통행할 수 없다.

> **ADVICE** 행렬등은 사회적으로 중요한 행사에 따라 시가를 행진하는 경우에는 도로의 중앙을 통행할 수 있다〈도로교통법 제9조 제2항〉.

✎ **ANSWER** 6.④ 7.① 8.③ 9.④ 10.④

기준 법령

- 교통사고처리 특례법(약칭 : 교통사고처리법) [시행 2025. 6. 4.] [법률 제20634호, 2025. 1. 7., 일부개정]
- 도로교통법 [시행 2025. 7. 8.] [법률 제20647호, 2025. 1. 7., 일부개정]
- 도로교통법 시행규칙 [시행 2025. 6. 4.] [행정안전부령 제564호, 2025. 6. 4., 일부개정]
- 도로교통법 시행령 [시행 2025. 7. 8.] [대통령령 제35621호, 2025. 7. 1., 일부개정]
- 도로의 구조·시설 기준에 관한 규칙(약칭 : 도로구조규칙) [시행 2024. 7. 10.] [국토교통부령 제1360호, 2024. 7. 10., 일부개정]
- 자동차관리법 [시행 2025. 12. 4.] [법률 제20554호, 2024. 12. 3., 일부개정]
- 자율주행자동차 상용화 촉진 및 지원에 관한 법률(약칭 : 자율주행자동차법) [시행 2025. 3. 20.] [법률 제20391호, 2024. 3. 19., 일부개정]

가볍게! 빠르게! 확인하는 용어사전 시리즈

시사용어사전 | 경제용어사전 | 부동산용어사전

시사용어사전

매일 접하는 각종 기사와 정보! 공기업/언론사/기업체/공무원 채용을 준비하는 수험생과
현대인이 꼭 알아야 할 최신 시사상식을 쏙쏙 뽑아 이해하기 쉽도록 영역별로 정리

경제용어사전

주요 경제용어는 거의 다 실었다! 금융권/공기업/언론사/기업체/공무원 채용을 준비하기 전에,
경제 공부를 시작하기 전에 읽어보면 경제가 쉬워지도록 사전식으로 구성

부동산용어사전

부동산에 대한 이해를 높이고 부동산의 개발과 활용, 투자 및 부동산 용어 학습에도
적극적으로 이용할 수 있는 교재, 공인중개사 출제용어도 수록